Research Methods in Social Welfare

사회복지조사론

| 이세형 저 |

양 성 원

▎머리말▎

사회복지조사는 사회복지영역에서 가장 객관적이고, 과학적인 기술을 요구하는 학문이다. 이러한 객관성과 과학적인 입장의 근본은 인간의 욕구 해결이다. 인간의 욕구 해결은 아주 오랫동안 지속되어온 사회복지의 명제이다. 그만큼 사회복지조사는 욕구와 밀접한 분야라고 할 수 있다. 따라서 현대사회의 다양한 변화의 흐름 속에서 다양한 이들의 욕구에 대하여 확인하고, 이를 현실화시키는 과정에서 사회복지조사는 필수적인 학문이다. 많은 학생들이 사회복지조사에 대하여 어려움을 토로하고 있다. 이에 이 책에서는 가급적 쉬운 용어와 기본에 충실한 설명으로 학생들의 어려움을 해소하기 위해서 노력하였다. 이를 위해 각 장의 내용이 끝날 때마다 마인드맵을 활용하여 교재의 내용을 정리하였다. 마인드맵을 활용하여 시각적이고, 체계적으로 사회복지조사에 대한 이해를 높이리라 생각한다. 이렇듯 본 교재는 사회복지조사에 대한 기본기를 갖추고 손쉬운 학습을 위해 집필되었다.

이 책은 총 5개 분야 14장으로 구성되어 있다. 제1부 「사회복지조사에 대한 기초」에서는 사회복지와 사회과학에 대한 올바른 이해를 도모하고 이를 바탕으로 사회복지조사에 대한 전반적인 이해를 돕기 위한 내용이 수록되었다. 제2부 「연구문제와 가설」에서는 연구문제와 가설을 바탕으로 사회복지조사에 대한 측정과 척도를 설명하고, 관련하여 신뢰도와 타당도에 대한 관계를 설명하고 있다. 제3부 「자료수집」에서는 사회복지조사에 있어 자료수집에 대한 전반적인 내용을 심도있게 다루었다. 또한 각각의 방법에 대한 충분한 설명을 통해 자료수집에 대한 이해를 향상시키고자 하였다. 제4부 「조사설계」는 조사설계에 대한 기본내용을 정리하고, 이와 관련하여 조사설계의 유형과 단일사례조사에 대하여 수록하였다. 사회복지실천현장에서 활용하기 쉽도록 내용을 구성하였다. 제5부 「조사연구의 응용」에서는 사회복지현장에서 주로 활용되는 욕구조사를 비롯하여 최근 사회복지실천현장에서 주목을 받고 있는 질적연구와 프로그램 평가조사 등으로 구성되었다.

이 책은 앞서 제시한 것처럼 사회복지현장에서 사회복지조사에 대한 기본적인 이해를 돕기 위해 집필되었다. 따라서 사회복지사를 준비하는 학생이나 사회복지현장의 종사자를 비롯하여 사회복지현장에서 사회복지조사에 대한 이해가 필요한 이들에게 도움이 될 것이다. 이 책은 필자의 사회복지 전달체계에서의 현장경험과 사회복지조사론을 강의하면서 그간 중요하고 필요하다는 것들을 기반으로 하여 이미 훌륭한 저서들의 저작을 요약 및 정리한 부분도 많았다. 물론 본 서의 미흡한 부분은 앞으로도 꾸준히 수정 · 보완해 나갈 것이다.

마지막으로 이 책이 나오기까지 많은 도움을 주신 많은 분들께 감사를 드린다. 항상 유익한 조언과 격려를 해주신 은사님들께 감사를 드린다. 아울러 사회복지실천현장에서 만났던 모든 분들이 제 선생이었음을 고백한다. 먼 길 마다않고 연구실에 찾아와 격려해주신 목일수 부사장님과 출판을 허락해주신 강철원 대표님, 그리고 편집부 선생님들께도 깊이 감사드린다. 그리고 부족한 남편과 아빠를 한결같은 마음으로 이해하고 지지해준 가족과 사랑스러운 조카들, 그리고 언제나 든든한 버팀목이 되어 주시는 양가 부모님께도 존경과 감사함을 전한다.

2019년 8월

신구대학교 연구실에서 저자 이세형

차 례

PART 4 조사설계

PART 5 조사연구의 응용

PART 1

사회복지조사에 대한 기초

사 회 복 지 조 사 론

Research Methods for Social Welfare

Chapter 1

사회복지와 사회과학

[학습목표]

사회복지학은 사회과학의 한 분야로써 응용학문이자 실천학문이다. 이러한 사회과학은 과학적 방법을 기반으로 만들어지고 분석되어진다. 1장에서는 사회과학과 사회복지의 관계를 확인하고, 과학적 연구방법에 대하여 학습한다.

1. 사회과학이란 무엇인가?

1) 사회과학과 사회복지의 관계

사회과학(Social sciences)은 우리 사회의 다양한 현상과 인간관계를 연구대상으로 삼는다. 사회복지는 사회현상에 내재하는 여러 문제를 해결하기 위해 노력하는 학문이며, 이를 위해 실천적이고, 현장중심적인 성격을 가진다. 이러한 실천적 노력을 통해 다양한 대안을 제시하고, 나아가 문제 해결을 도모하는 것이 사회복지의 주요한 내용이다. 특히 사회복지는 인간의 다양한 생활 전반에 대한 풍부한 자료를 갖고 있기 때문에 사회과학의 근간이 되며, 이렇듯 사회과학과 사회복지는 상호 간의 밀접한 연관성을 가지고 있다. 이러한 밀접한 연관성을 기반으로 사회과학과 사회복지는 다양한 사회문제를 해결하고, 완화하는데 초점을 둔다. 또한 사회복지가 사회과학적 연구방법을 채용함으로써 얻는 효과는 과학성이라고 할 수 있다. 이러한 과학성은 객관성을 기반으로 한다.

사회과학이론의 특징

사회과학이론은 철학이 아닌 이론이어야 한다. 즉, 사회적 규칙성을 전제로 한다는 것이다. 또한 규칙은 일정한 패턴을 지니고 있다. 이러한 이론은 변수로 구성되는데 영향을 미치는 변수는 독립변수로 표현하고, 영향을 받는 변수는 통상 종속변수로 칭한다.

2) 과학이란 무엇인가?

(1) 과학의 정의

현대사회에 살고 있는 우리는 과학의 시대에 살고 있다. 쉽게 말해, 과학은 어떠한 현상에 내재되어 있는 속성과 법칙을 객관적인 방법으로 규명하여 보편적인 진리로 인식하는 것으로써, 그것을 응용하는 과정을 거친 진술이나 이론을 의미한다. 즉, 과학이란 지식 제공, 규칙성 일반화, 변수들 사이의 관계 진술, 이론을 바탕으로 한 현상을 예측하는 것을 목적으로 한다.

세계적으로 유명한 교수가 한 것일지라도 논리적이지 않고 객관성이 없는 방법으로 연구가 진행되었다면 과학이라고 하기 어렵다. 따라서 과학은 '누가 행하느냐'가 중요한 것이 아니고 '어떻게 하는가'가 중요하다. 즉, 방법론이 중요하다는 것이다. 과학은 현상에 내재하고 있는 속성과 법칙을 객관적인 방법으로 규명하여 보편적인 진리로 인식하고 그것을 응용하는 과정을 거친 진술이나 이론을 의미한다.

(2) 사회과학과 자연과학의 비교

과학은 크게 자연과학과 사회과학으로 나눈다. 이는 과학의 대상에 맞춘 범주로써 그 대상을 자연현상과 사회현상으로 나눈 기준이다. 자연과학은 자연현상과 물리적 현상을 대상으로 탐구 및 연구하는 활동이고, 사회과학은 인간의 행동과 인식, 태도, 사회제도 및 정책 등과 같이 사회에서 일어나는 현상을 다루는 학문이다. 또한 사회과학은 일반적으로 인간을 대상으로 연구하고 탐구하는 학문이기 때문에 자연과학과는 달리 완전히 통제된 상황에서 연구를 진행할 수 없다.

① 사회과학의 의의

사회과학은 과학적 연구를 바탕으로 인간에 관한 사회현상과 인간의 사회적 행위를 분석하고 종합하여 일반적인 법칙을 찾아내려는 지식체계(knowledge system)이다.

② 사회과학과 자연과학의 차이

과학의 분류는 인간의 지적인 발달을 그대로 반영한 것이라 볼 수 있다. 특히 인간의 지성이 발달하고 자연과 인간의 관계가 더욱 복잡해지면서 과학 역시 그 폭과 깊이를 확대하고 있다. 자연과학과 사회과학을 구별하는 기준이 명확하지는 않지만 사회과학은 끊임없이 자연과학으로부터 접근방법을 차용해 왔다.

〈표 1-1〉 사회과학과 자연과학의 특징에 대한 차이

사회과학	자연과학
인간 사회의 여러 현상을 과학적으로 연구	자연의 여러 현상을 과학적 · 체계적 연구
개방된 현장에서 실험하고, 변수로 인해 추론하기에 어려움 발생	폐쇄된 실험실에서 인과관계를 중심으로 연구
사회문화적 특성에 영향을 받음	사회문화적 특성에 영향을 받지 않음
사고의 가능성은 무한함	사고의 가능성 제한
사고의 도식화에 대한 의문제기	사고의 도식화 강조
명확한 하나의 결론을 내리기 어려움	명확한 하나의 결론을 내림
연구자의 가치관, 세계관에 영향을 받음	연구자의 개성이나 사회적 지위에 영향받지 않음

(3) 과학적 지식(scientific knowledge)의 특징

과학적 연구방법이란 어떤 현상에 대해 체계적이고, 논리적이며, 경험적인 관찰을 통하여 객관적으로 지식을 획득하는 방법을 의미한다. 즉, 어떤 현상에 대해 논리적으로 유추된 지식이 경험적으로 관찰된 사실과 일치할 때 과학적이라고 말할 수 있다. 이러한 과학적 지식의 특징을 살펴보면 다음과 같다.

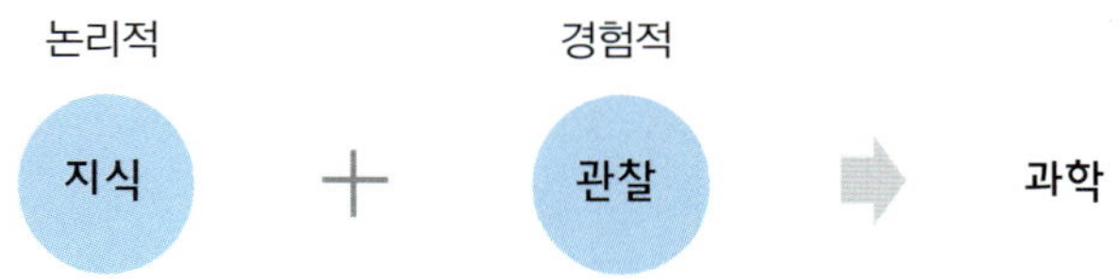

[그림 1-1] 과학의 정의

① 과학은 체계적(systematic)이고 논리적(logical)이다.

과학적 지식은 경험적 자료를 바탕으로 체계적으로 정리하고 분류한 지식이다. 이러한 과학적 방법은 합리적인 사고활동을 통해 나온 지식이다.

② 과학은 경험적으로 검증가능(empirically verifiable)해야 한다.

과학적 지식은 경험성을 갖고 있다. 이러한 경험적 검증이란 어떤 현상이 관찰과 측정을 통해 확인할 수 있어야 함을 의미한다. 즉, 경험적 자료를 수집하여 얻은 결론이라 하더라도 자료의 분석을 통하지 않은 결론은 과학이라 부르기 어렵다.

③ 과학은 결정론적(deterministic)이다.

과학적 지식은 자연발생적이거나 우연적인 현상을 통해 만들어지는 것이 아니라 어떤 현상을 설명할 때 원인을 가지고 있어야 한다. 또한, 그 원인이 논리적으로 확인되어야 한다.

④ 과학은 일반화(generalization)를 목표로 한다.

과학은 사회현상에 존재하는 논리적이고 규칙적인 패턴을 통해 일반화를 목표로 한다. 이러한 과정에서 과학은 객관성을 지녀야 한다.

⑤ 과학은 수정이 가능(modifiable)해야 한다.

과학은 현재 우리가 익히 알고 있는 지식을 바꾸어 놓을 가능성이 존재한다. 쉽게 말해 과학은 진리를 찾는 과정이 아니다. 그렇기 때문에 과학은 반증되고, 수정 가능하여 이를 통해 새롭고 객관적인 이론이 생성될 수 있다.

⑥ 과학은 객관적(objective)이어야 한다.

과학은 객관적이어야 한다. 즉, 개인의 주관적 개입이 최소화되어야 된다는 것을 말한다. 또한 어떤 연구라도 연구과정이 동일하면 같은 결론을 도출할 수 있어야 한다. 현재 이러한 객관성을 유지하기 위해 다양한 척도들이 개발되고 있다.

> ※ 바로가기
>
> 척도에 대한 설명은 Chaprter 4에서 상세히 다루고 있다.

⑦ 과학은 간결(concise)해야 한다.

과학은 가급적 적은 수의 원인을 통해 현상을 설명하는 것이 좋다. 즉, 가능한 한 적은 수의 요인이나 변수를 가지고 설명해야 한다.

⑧ 과학은 재생 가능(reproducible)해야 한다.

과학은 반복 가능하며, 재생 가능성을 전제로 해야 한다. 즉, 재생 가능성이란 다른 연구자가 동일한 조건하에서 동일한 관찰이나 실험을 전개하여도 그 결과는 동일하게 도출되어야 함을 의미한다.

⑨ 과학은 간주관적(inter-subjectivity)이다.

과학적 연구는 연구과정이 동일하다면, 같은 결론을 얻어야 한다는 것이다. 이를 다른 말로 상호주관성이라고도 한다. 동일한 실험을 행하는 두 과학자는 주관적 동기가 서로 다르더라도 결과는 같아야 한다.

(4) 지식 습득 방법

지식(knowledge)이란, 새로운 사실을 아는 상태를 말한다. 또한 어떠한 현상에 대하여 설명되어진 사실을 믿는 것이다. 이러한 지식을 습득하는 방법을 살펴보면 다음과 같다.

① 권위(authority)에 의한 습득

새로운 지식에 대하여 그 지식의 옳고 그름을 논하는 것은 쉽지 않다. 그렇기 때문에 지식을 습득하기 위해서 소위 특정한 분야의 전문가의 권위에 의존하는 경향이 있는데 이를 권위에 의한 지식 습득이라고 한다. 이러한 지식 습득에는 위험이 따르는데 전문가의 권위가 반드시 옳은 것은 아니기 때문이다.

② 전통(tradition)에 기반한 습득

오랜 기간에 걸쳐 사람들이 알고 있는 것을 사실 그대로 받아들여 지식을 탐구하는 방법이 전통에 기반한 지식 습득이다. 이는 지식 습득 방법 중에서 가장 흔한 방법이다. 그러나 전통에 기반한 지식 습득은 오늘날 빠르게 변화하는 시대적 상황을 따라가지 못하는 경우가 있다.

③ 경험(experience)을 통한 습득

경험을 통한 지식 습득은 스스로 직접적인 경험을 통해 지식을 습득하는 방법이다. 이러한 직접적인 경험은 개인에게 강력하게 작용된다. 그러나 개인의 주관이 많이 개입될 뿐만 아니라 경험하지 않는 사실을 알 수 없는 등의 어려움이 있어 객관성을 담보하기에는 한계가 있다. 또한 일반화하는 데도 어려움이 존재한다.

④ 직관(intuition)에 의한 습득

직관에 의한 지식 습득은 개인의 경험이나 삶의 태도에 의해 무의식적으로 형성되어진 일종의 판단이다. 직관에 의한 습득은 개인적인 느낌에 의해 습득되는 경우가 많아 과학적인 판단과는 다소 거리가 있는 지식 습득 방법이다.

⑤ 언론(press)을 통한 습득

언론을 통한 지식 습득은 인터넷을 비롯한 다양한 대중매체(TV, 신문, 잡지 등)를 통하여 지식을 습득하는 방법이다. 최근에는 SNS 및 유투브를 통한 지식 습득이 빈번하게 일어나고 있다. 그러나 충분한 검증 없이 유통되는 많은 정보들로 인해 왜곡된 지식을 전달하는 경우가 종종 발생하고 있다.

(5) 지식의 습득과정에서 일어나는 오류

① 부정확한 관찰

지식 습득과정에 있어 인간의 관찰은 통상 자신의 관점에서 무의식적으로 이뤄지는 경우가 많기 때문에 종종 부정확하게 관찰된다. 그러나 과학적 관찰은 의식적인 활동이며, 의도적인 관찰로 진행되기 때문에 부정확한 관찰로 인한 오류를 줄일 수 있다.

예) 어제 밑반찬을 배달한 봉사자가 무슨 옷을 입었는지 정확히 기억나지 못할 수도 있다.

② 과도한 일반화

소수의 사례를 가지고 일반적인 사실로 받아들일 때의 오류를 과도한 일반화라고 한다. 따라서 과학적 연구에 올바른 지식습득은 충분한 표본을 사용함으로써 오류를 줄이고 과도한 일반화를 예방한다.

예) 장애인 주차구역에 불법 주차한 승용차를 관찰하고, 그 후 모든 장애인 주차구역 승용차를 불법 주차한 차량으로 간주하는 것이다.

③ 선별적 관찰

어떤 현상에 대해 관찰한 내용들을 자신의 관점에만 부합되게 선별적으로 선택하고, 그 이외의 관찰은 버리는 경향을 말한다. 따라서 과학적 관찰이 이뤄지기 위해서는 조사 설계 단계에서 관찰의 수와 종류를 세심하게 살펴볼 필요가 있다. 또한 이를 통해 선별적 관찰이 이뤄지지 않도록 주의하여야 한다.

예) 사회복지사가 다문화 가정의 자녀가 게으르다는 것을 알고 나서, 다문화 가정의 자녀는 일반적으로 게으를 것으로 단정짓고, 그 다음부터 다문화 가정의 자녀의 게으른 행동에 대해서만 관심을 가지게 된 경우이다.

④ 꾸며낸 지식

꾸며낸 지식은 자신의 선입견을 유지하기 위해 억지로 그 이유를 끼워 맞추는 것을 말한다. 따라서 과학적 조사에서는 이러한 오류를 방지하기 위해 항상 객관적인 태도를 유지하는 것이 필요하다.

예) 사회복지관에서 일하는 사회복지사가 최선을 다해 직업교육 프로그램을 운영하였는데도 불구하고 효과적이지 않다는 평가가 나왔을 때, 결과보고서에 클라이언트에게 문제가 있었기 때문에라는 식의 결론을 내리는 것을 말한다.

⑤ 사후 발생적 가설(사후 소급가설)

어떤 경험이나 관찰을 하고 난 후 그에 대해 가설을 설정하는 것을 말한다. 이 가설은 이미 지나간 사건이므로 검증할 수 없다는 한계를 가진다. 즉, 연구문제에 대해 임시로 가설을 만들고 실제로 관찰을 통해 가설에 따른 연구문제를 증명한다. 그러나 가설 이후 관찰을 진행한 순서가 아니라 관찰을 먼저 한 후에 관찰 결과에 들어맞게 가설을 설정하거나 원래의 가설을 수정하는 경우가 있다. 이를 사후 발생적 가설(사후 소급가설)이라고 한다.

예) 대학생 봉사단을 모집하여 자원봉사에 대한 교육을 실시하였으나 참가한 사람들이 봉사단 활동을 열심히 하지 않을 경우, 교육 참가자들이 이기적이라고 추정하는 경우이다.

⑥ 비논리적 추론

일반적으로 논리적 추론은 근거가 있어야 하는데, 논리적 근거가 명확하지 않은 추론을 말한다. 과학적 방법에서는 분명한 논리체계를 사용함으로써 비논리적 추론을 피하기 위해 노력한다.

예) 발달장애인은 내성적이라고 생각하고, 활발한 발달장애인을 만났을 때 그 사람은 예외적이라고 단정하는 것이다.

⑦ 자아개입

지식탐구의 과정에 연구자의 자아가 개입되어 객관적으로 이해하기 어려운 경우를 말한다. 이는 객관성이 떨어지는 오류를 범하게 한다.

예) 노인복지관을 이용하는 노인들이 어떤 문제가 발생되었을 때 자신의 잘못으로 생각하지 않고 다른 사람들의 탓으로 돌리는 일들이 많다고 생각하는 오류를 범할 수 있다.

⑧ 탐구의 성급한 종료

어떤 사실을 분명하게 이해하기 전에 탐구를 종결함으로써 불완전한 지식을 낳게 되는 것을 말한다. 과학적 연구에서는 어떤 현상에 대해 성급히 탐구를 종결하지 않고, 언제나 과학의 결론은 수정 가능성을 위해 개방해두어야 한다.

예) 지역주민을 대상으로 한 욕구조사를 실시하는 과정에서 사회복지사가 믿고 있는 결론이 도출되었을 때 성급하게 조사를 중단하는 행위를 말한다.

⑨ 신비화

어떤 사실에 대하여 이해할 수 없는 초자연적 현상이라고 간주하거나 신비한 원인 탓으로 귀결 짓는 것을 말한다. 과학적 연구방법에서는 이러한 신비화를 배제하고 경험적으로 인식할 수 있는 것만을 연구대상으로 삼아야 한다.

예) 어떤 문제를 해결하는데 백일기도를 통해서 극복되었다고 결론지을 때를 말한다.

2. 과학적 연구방법이란 무엇인가?

1) 과학적 연구방법의 의의

과학적 연구방법(scientific method)은 과학적으로 지식을 획득하는 방법을 말한다. 과학적 연구방법은 연구절차가 논리적이고, 체계적이어야 하며 경험적으로 검증이 가능해야 한다. 이를 통해 다른 연구자에 의해 연구가 이루어진다고 해도 동일한 결과를 얻을 수 있도록 객관적이어야 한다. 이렇듯 과학적 연구방법은 연구의 과정과 절차가 엄밀하여야 한다.

과학의 목적

과학의 근본적인 목적은 사회현상 및 자연현상을 포함하여 모든 현상을 설명하는 것이며 이러한 설명을 우리는 이론이라고 부른다. 이론이란 사회 및 자연현상을 설명하고 예측할 목적으로 변수 간의 관계를 구체화시키는 과정을 통해 현상에 대한 견해를 제시하는 일련의 명제이다. 과학의 목적을 구체적으로 정리하면 다음과 같다.

첫째, 과학은 지식을 제공한다.
둘째, 과학은 규칙성을 알린다.
셋째, 과학은 변수들 사이의 관계를 기술하고 설명한다.
넷째, 과학은 이론을 바탕으로 현상을 예측한다.

사회과학의 한 분야로 과학적 특성을 갖고 있는 사회조사 역시 위의 목적을 기반으로 학습할 필요가 있다.

2) 과학의 분류

자연과 인간의 관계가 복잡해지면서, 과학의 분류 역시 체계적이고 복잡한 모습을 띠고 있다. 크게 자연과학과 사회과학으로 나누어 볼 수 있다. 통상적으로 사회복지는 사회과학 분야에서 응용과학에 해당된다.

(1) 자연과학

자연현상을 연구대상으로 삼고 실험방법에 의해 지식을 축적하는 분야

① 순수과학 : 그 자체를 이론적이고 체계적으로 연구하는 분야(물리학, 화학 등)
② 응용과학 : 순수과학의 이론이나 지식을 이용하여 인간 사회에 유용하게 사용할 수 있는 지식, 기술 등을 연구하는 분야(공학, 의학, 약학 등)

(2) 사회과학

인간과 관련된 다양한 사회현상 등을 연구대상으로 삼고 논리적 기반위에 사회조사방법 등을 실시하는 분야

① 순수과학 : 사회학, 심리학, 경제학, 정치학 등
② 응용과학 : 사회복지학, 행정학, 경영학, 교육학 등

(3) 사회과학의 한계

① 일반적으로 연구대상이 인간이다.

② 연구방법이 불완전하고 통제하기 어렵다.

③ 객관적 예측이 불확실하다.

④ 인간이 연구대상이라 과학적 분석이 쉽지 않다.

⑤ 인간을 연구대상으로 사용할 때 윤리적인 문제가 발생할 수 있다.

⑥ 연구자의 가치가 개입될 여지가 있다.

3) 과학적 이론

(1) 과학적 이론

이론이란 말은 본래 본다는 뜻에서 유래되었다. 다시 말해, 이론은 사물을 정확히 본다는 뜻이다. 따라서 이론은 어떤 현상을 질서 있게 또는 체계 있게 설명해주는 것으로 말할 수 있으며, 이러한 설명이 일반성을 가지게 되고 미래에 대한 예측력을 갖게 된다고 할 수 있다.

(2) 과학적 연구의 논리

과학적 연구의 논리는 크게 연역법과 귀납법으로 나뉜다. 일반적인 사실에서 특수한 결론에 도달하기도 하고 반대로 특수한 사실에서 일반적인 결론에 이르기도 한다.

① 연역법(deduction)

전통적인 과학적 연구의 접근방법으로 보편적이거나 일반적인 법칙으로부터 구체적이고 특수한 현상에 대한 지식을 추론해내는 접근방법이다. 연역법에서 가장 흔히 인용되는 대표적인 예로 삼단논법이 있다. 주로 실증주의자들이 사용한다.

가설		조직화		관찰, 경험		검증
모든 사람은 죽는다.	→	소크라테스는 사람이다.	→	그러므로 소크라테스는 죽는다.	→	모든 사람은 죽는다.

② 귀납법(induction)

개별적인 사실로부터 일반적인 원리 또는 이론으로 전개해 나가는 논리적 과정이다. 관찰에서 시작하여 일반적인 원리나 이론으로 전개해 나간다. 연구대상이 된 경험세계를 객관적으로 관찰하고 결과를 기록하고, 그 결과가 어떤 규칙에 따라 일정한 유형으로 전개되는 것을 발견하는 것이다. 귀납법에 의해서 임시적으로 결론내린 유형을 객관적 수준에서 증명하기 위해서는 계량적인 분석절차와 통계적 분석이 필요하다.

주제선정		관찰		유형발견		임시결론
인간의 죽음	→	소크라테스의 죽음을 관찰	→	다른 많은 사람들의 죽음을 관찰	→	그러므로 모든 사람은 죽는다.

※ 연역법은 합리적 추론에 의해서, 귀납법은 경험적 근거에 의해서 지식을 얻게 되는 방법이다.

③ 연역법과 귀납법의 통합

연역법과 귀납법은 상호보완적인 순환관계이다. 연역법과 귀납법은 각각 독립적으로 이론을 전개해나가는 것처럼 보이지만 실제 연구에서는 연역법과 귀납법은 순환적 관계로 상호 연결되어 있다. 이러한 과정은 시작점과 종착점이 없는 순환과정이다. 일반적으로 기존에 이론이 존재할 때는 연역법을 사용하고, 이론이 존재하지 않을 때는 귀납법을 사용하곤 한다.

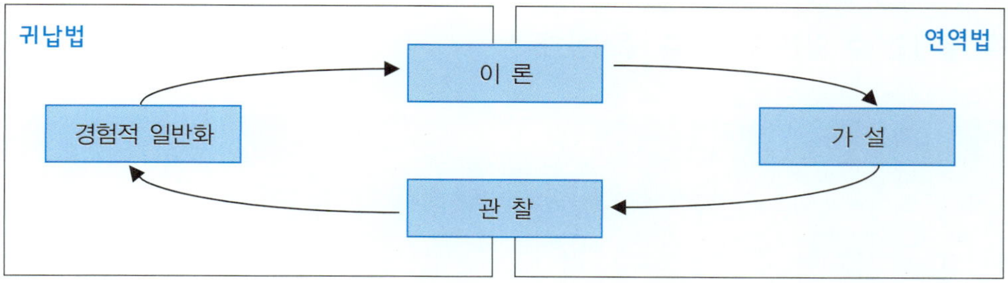

[그림 1-2] 연역법과 귀납법의 상호관계

일반적으로 기존이론이 존재할 때는 연역법을 사용하고, 기존이론이 존재하지 않을 때는 귀납법을 사용한다.

〈표 1-2〉 연역법과 귀납법의 비교

구분	연역적 방법	귀납적 방법
전제	연역적인 가정에서 출발	객관적이고 중립적인 관찰에서 출발
규칙성	기존 이론 및 가정이 처음부터 설정된 것으로 가정	행위가 대립되는 이해관계들 간의 상호작용 관찰에서 추론
중요한 사항	획일적인 연역적 전제	연구의 복잡성, 불확실성, 목적 및 수단의 모호한 관계 강조
결론의 타당성	전제의 타당성이 주요	일정한 확률 값을 가짐

4) 과학철학

과학의 궁극적 목적은 현상에 대한 규명과 이론을 정립하는데 있다. 과학적 방법에 대한 대표적인 견해는 귀납주의, 연역주의, 논리적 실증주의, 논리적 경험주의, 반증주의, 과학적 혁명을 들 수 있다. 구체적인 내용을 살펴보면 다음과 같다.

(1) 귀납주의

16세기 베이컨(F. Bacon)으로 대표되는 귀납주의는 특정한 사례를 실험하고 관찰함으로써 공통적인 것을 찾아내어 일반적인 것을 추론하고 이에 관한 법칙과 이론을 형성할 수 있는 귀납법을 중시한다.

특정한 사례를 실험하고 관찰함으로써 공통적인 것을 찾아내어 일반적인 것을 추론하고 이에 관한 법칙과 이론을 형성할 수 있는 귀납법 중시하며, 현상을 객관적으로 관찰, 실험하는 것만이 정확한 지식을 얻고 진리에 도달하는 방법이라고 한다.

(2) 연역주의

17세기 데카르트(R. Descartes)로 대표되며, 연역주의는 논리적 추론을 통해 일반적인 전제로부터 결론을 유도해내는 연역법을 중시한다. 보편적이거나 일반적인 원리나 법칙으로부터 가설을 형성하여 경험적 관찰을 통해 가설을 검증함으로써 과학이 발전한다고 주장한다.

(3) 논리적 실증주의

논리적 실증주의는 고전적 실증주의와 경험주의를 결합한 철학이다. 논리적 실증주의는 과학적인 증명을 중요시하여 초월적인 사고방식을 부정하고 진리는 검증으로 확인되었을 때만이 참된 의미를 가질 수 있다고 주장한다. 이론은 관찰을 통해 검증되어야 정당화될 수 있으며 그러한 방식으로 추론된 이론만이 유의미하다.

진술과 명제는 경험적으로 검증할 수 있는 경우에만 의미가 있다고 본다.

(4) 논리적 경험주의

과학의 이론들은 '확률적으로 검증되는 관찰'에 의해서만 정당화될 수 있으며 연속적인 경험적 검증을 거쳐 진리로 발전된다고 주장한다. 논리적 실증주의가 유일한 관찰에 의해 명제나 진술을 규명하기 어려운 점을 보완하여 진리를 가설로 세워 확인시킨다. 한계점은 소수의 관찰에 의해 논리적 판단을 행하는 것은 문제가 있으며 관찰수행자의 주관에 의한 측정오류를 배제할 수 없다는 것이다.

이론들은 연속적인 경험적 검증과정을 거쳐 진리로 발전되어 간다.

(5) 반증주의

칼 포퍼(K. Popper)로 대표되는 반증주의는 과학의 발전은 기존 이론의 모순에 대한 계속적인 반증과정을 통해 이루어진다고 본다. 논리적으로는 연역법에 의존한다. 또한 반증주의는 '과학은 진리추구의 과정'이며, 과학은 기존의 이론과 상충되는 현상을 관찰하는 데서 출발하여 기존의 이론에 엄격한 검증을 행해야 한다. 즉, 기존 이론의 모순에 대한 계속적인 반증과정을 통해 과학적 검증이 이루어지는 것이다. 즉, 경험보다는 인간의 이성이나 직관과 논리적 추론을 통해 일반적인 논리를 설정하고 경험적 관찰을 통하여 그러한 논리가 틀리지 않았다는 것에 근거를 들어 밝히는 것이 바람직하다고 보았다.

기존의 이론을 부정하고, 관찰을 통해 과학이 발전한다는 생각에서 기존의 이론에 대해 엄격한 경험적 검증을 진행한다.

(6) 과학적 혁명

토마스 쿤(Thomas S. Kuhn)은 정상과학과 과학혁명을 패러다임이라는 개념을 이용하여 설명하였다. 쿤(T. S. Kuhn)은 논리경험주의와 반증주의가 제시한 과학적 방법의 불변적인 기준과 누적적인 진보를 부정하면서 역사적 사실들과 더 잘 부합하는 이론을 제시하기 위해 새로운 과학관을 제시하였다. 과학이 발전하기 위해서는 기존 패러다임의 반증에서부터 시작해야 한다는 포퍼의 주장이 실제 과학의 역사적 흐름과는 일치하지 않는다는 문제점을 극복하기 위해 쿤은 과학적 혁명을 도입했다. 과학의 발전이 점진적 패턴으로 이루어지는 것이 아니라 변칙적으로 어느 한 순간의 급격한 변화에 의해 이루어진다고 본다. 즉, 기존 패러다임에 근본적인 오류가 내재되어 있음을 발견하게 되면서 위기에 봉착하게 되므로 그 패러다임에서 완전히 벗어난 새로운 패러다임으로 이동하게 된다는 것이다.

쿤(T. S. Kuhn)의 과학관의 특징

① 과학진보는 혁명적으로 이루어진다는 점
② 과학자 공동체의 사회적 성격이 과학적 이론 선택에서 중요한 역할을 수행한다는 점-과학적 이론 선택이 과학자 집단의 공동체 의식에 의해 결정

3. 사회복지 연구방법론이란 무엇인가?

1) 사회복지 연구방법론의 정의

사회복지 연구방법론이란, 인간의 존재와 사회현상을 과학적으로 탐구하기 위해 다양한 연구방법을 기술, 수집, 분석하는 기준이나 연구과정 전체를 지배하고 있는

이념, 철학 및 지식체계를 말한다. 사회복지실천 분야에서 일반적으로 방법론이란 실천과정을 분석하기 위해 사용될 수 있는 이론적으로 알려진 틀을 의미한다.

2) 사회복지 연구방법론의 특성

사회복지 연구방법론은 인간행동과 사회현상에 대한 법칙을 찾으려고 한다. 그래서 인간의 합리적인 사고 작용에 기초를 둔다. 또한 종합 과학적 접근방법을 사용하고, 객관적 접근방법을 사용한다.

3) 사회복지 연구방법론의 목적

(1) 보고(announcement)

연구수행의 결과를 추론이나 결론을 내리지 않고, 간단한 자료나 통계수치를 요약 정리하여 발표하는 것이다.

> 연구결과를 추론이나 결론을 내리지 않고 간단한 자료로서 발표한다.

(2) 기술(description)

누가, 언제, 어디서, 무엇을, 어떻게 하였는지 등에 대해서 사람이나 사건들에 발생하는 현상을 기술하거나 정의한다.

> 모집단의 특성을 드러내기 위한 것으로 인간의 행동이나 사회현상을 누가, 언제, 어디서, 무엇을, 어떻게 하였는가에 따라 정확하게 기술하는 것을 목적으로 한다.

(3) 설명(explanation)

연구방법론은 기술된 현상이 왜 발생했는지 그 원인을 밝히려 한다. 현상이 발생하는 원인과 그 결과를 설명하기 위해서는 일반적으로 가설을 설정하고 가설상의 인과관계를 검증하여 이론으로 발전시키려 한다.

어떤 사건이나 현상을 설명하기 위한 것으로 '왜?'에 해당하는 어떤 사실과의 관계를 파악하여 인과관계를 규명하거나 결과를 기초로 미래를 예측하기 위한 것, 즉 원인과 결과에 대한 추론이 주요목적이다.

(4) 예측(explanation)

예측은 수집된 자료를 분석하여 알려지지 않은 미래의 상황을 추정하는 것이다.

설명적 연구의 한 내용으로 구분하기도 하며, '앞으로 어떻게 될 것인가?'와 같이 추후 변화하거나 새로 발생하게 될 현상을 이론적 기반과 통계적 기법을 활용하여 예측(추리)하는 것을 목적으로 한다.

4) 연구방법론의 역할

연구목적을 위해 필요한 자료수집이나 분석을 위한 기준이나 방향을 제시한다. 인간의 행동과 사회현상을 지배하고 있는 법칙을 발견하도록 해주고, 연구결과의 객관화와 이론화에 기여할 수 있다. 양적 방법을 통해 경험적으로 인식할 수 있는 사회현상과 질적 방법을 통해 인간 내면의 가치를 설명하는 역할을 제공한다.

[마인드맵으로 보는 chapter 01 요약정리]

1. 사회과학과 사회복지

- **사회과학과 사회복지의 관계**
  - 사회과학은 사회현상과 인간관계를 대상으로 연구대상으로 삼는다. 사회복지는 이러한 사회현상에 내재하는 여러 문제를 해결하기 위해 노력하는 학문이다.
- **과학이란**
  - 정의
    - 과학이란, 현상에 내재되어 있는 속성과 법칙을 객관적인 방법으로 규명하여 보편적인 진리로 인식하는 것이다.
  - 특징
    - ①과학은 체계적이고 논리적이다.
    - ②과학은 경험적으로 검증 가능해야 한다.
    - ③과학은 결정론적이다.
    - ④과학은 일반화를 목표로 한다.
    - ⑤과학은 수정이 가능해야 한다.
    - ⑥과학은 객관적이어야 한다.
    - ⑦과학은 간결해야 한다.
    - ⑧과학은 재생 가능해야 한다.
    - ⑨과학은 간주관적이다.
  - 지식습득방법
    - ①권위에 의한 습득
    - ②전통에 기반한 습득
    - ③경험을 통한 습득
    - ④직관에 의한 습득
    - ⑤언론을 통한 습득
  - 지식습득과정에서 일어나는 오류
    - ①부정확한 관찰
    - ②과도한 일반화
    - ③선별적 관찰
    - ④꾸며낸 지식
    - ⑤사후 발생적 가설(사후 소급가설)
    - ⑥비논리적 추론
    - ⑦자아개입
    - ⑧탐구의 성급한 종료
    - ⑨신비화
- **과학적 연구의 논란**
  - 연역법 — 전통적인 과학적 연구의 접근방법, 보편적이거나 일반적인 법칙으로부터 구체적이고 특수한 현상에 대한 지식을 추론해내는 접근방법
  - 귀납법 — 개별적인 사실로부터 일반적인 원리 또는 이론으로 전개해 나가는 논리적 과정
- **과학철학**
  - 귀납주의
  - 연역주의
  - 논리적 실증주의
  - 논리적 경험주의

Chapter 2

사회복지조사의 이해

[학습목표]

사회복지조사의 개념을 이해하고, 사회복지조사의 분류를 비롯한 사회복지조사연구의 과정에 대하여 학습한다.

1. 사회복지조사란 무엇인가?

1) 사회복지조사의 개념

조사(research)란 사회현상을 파악하거나 해결하기 위한 방안을 강구하기 위해 합리적이고 과학적인 절차와 타당한 논리적 원칙에 입각하여 기존의 지식을 기각 또는 강화하거나 새로운 지식을 만들어 내려는 실천적인 지식 탐구활동이다.

또한 사회복지조사(social welfare research)란 사회복지의 목적을 달성하기 위한 수단으로 개인의 복지욕구 충족과 사회적 문제 해결 방안을 찾아 자료를 수집하는 지식 탐구활동이자 절차이다. 사회복지조사는 사회복지실천현장에서 필요한 지식들을 산출하는 방법에 관한 것이다.

조사는 연구목적을 달성하였다고 하더라도 외부로 공개되고 보고되어야 하는 공공성을 갖는다. 또한, 조사과정에서 사용된 언어는 명확하고 경험적으로 입증되어야 하며 객관성을 가져야 한다.

사회복지에 관한 지식들을 적절히 갖추어 나가기 위해서는 올바른 지식 습득의 방법이 일차적으로 중요하다. 아무리 많은 관심과 노력을 기울인다 해도 지식 습득의 방법들이 적절하지 못하면 건전한 지식 축적은 이루어지기 어렵기 마련인데, 현재 우리가 알고 있는 가장 효과적인 지식 습득의 방법은 과학적인 방법이다. 따라서 현재의 사회복지학이 사회과학적인 체계와 방법론에 의거하고 있는 것도 이러한 이유에서 찾을 수 있을 것이다.

2) 사회복지조사의 필요성

사회복지조사는 사회적으로 요구되는 정보의 획득과 축적을 위한 분야로써 다양한 필요성을 갖고 있다. 사회복지 개입의 효과성을 높이고, 클라이언트(복지서비스 소비자)의 복지욕구를 과학적으로 분석하며, 실천과정에서 클라이언트(복지서비스 소비자)에 관한 임상 자료 수집을 통해 실천지식과 기술을 과학적으로 발전시키는 것이 가능하다. 이처럼 과학적인 조사방법은 사회복지의 불완전한 지식을 실천현장에서 보충할 수 있게 해주는 방법이다. 사회복지조사 방법은 실천적인 이론들이 현장에서 개발되는 것을 돕고 그런 이론들이 타당한지의 여부를 검증할 수 있게 한다. 실천 이론들이 조사방법을 통해 경험적 검증과정을 거쳐 축적되어 가면 그것이 곧 궁극적으로는 사회복지의 일반적 지식 확대를 가져오게 되는 것이다. 그러므로 사회복지에 있어 과학적 연구방법은 사회복지의 이상과 가치를 더욱 빛내줄 뒷받침 요소로써 없어서는 안 될 중요한 방법이다. 사회복지조사 필요성의 주요한 내용은 다음과 같다.

① 효과적인 사회복지 프로그램 개발
② 클라이언트(복지서비스 소비자)의 능력 강화
③ 프로그램 평가 및 이론 형성
④ 정보 공유 및 홍보
⑤ 시대적 요구에 부응
⑥ 다양한 주체들의 참여증진 기회제공

3) 사회복지조사의 목적

사회복지조사의 목적은 클라이언트(복지서비스 소비자)에 대해 적합한 서비스를 제공하기 위해 프로그램을 계획하고 수행하는데 활용될 수 있는 지식을 산출하는 것이다. 구체적으로 탐색, 현상의 기술, 인과관계 설명, 가설의 검증, 예측, 각종 지표의 개발, 사회복지 프로그램 평가 등이 있다. 이를 통해 사회복지의 과학성과 전문성 및 책임성을 향상시킬 수 있다.

사회복지조사의 유용성

사회복지조사는 사회복지의 과학적 기초를 구성하는데 도움을 준다.
사회복지조사는 과학적 실천을 가능하게 해준다.
사회복지조사는 사회복지 이론과 기술체계를 구축하는데 유용하다.

4) 사회복지조사의 특징

(1) 응용조사와 순수조사의 양면성

인간의 욕구충족과 문제해결을 위하여 사회복지 정책이나 프로그램 계획 등에 즉각적으로 활용되고 있다. 그러나 동시에 사회복지조사는 지식 자체를 획득하려는 조사자의 지적 호기심의 충족이라는 목적도 지니고 있다. 지식을 획득하려는 기초조사의 성격과 해결에 필요한 지식을 산출하는 응용조사의 성격이 있다.

(2) 사회개혁 및 사회 개량적 특성

사회복지조사는 부정적인 사회현상 및 사회적 약자 문제를 주로 다루는 사회개혁 및 사회 개량적 특성을 지니고 있다. 사회복지조사는 주로 사회적 약자를 문제로 다루고 사회복지 증진과 사회문제를 해결하는 사회 개량적 특성이 있다.

(3) 계획적 특성

사회복지서비스의 대상자 선정과 욕구 종류 및 수준을 파악하여 사회복지서비스를 계획하고 지원하는 특성을 지닌다. 욕구조사를 통하여 대상자 선정과 욕구의 종류 및 수준을 파악하여 사회복지서비스를 체계적이고 계획적으로 제공할 수 있다.

(4) 평가적 특성

사회복지서비스의 효과성과 효율성 평가를 제공한다. 이를 통해 정책대안의 개입적 효과를 확인할 수 있다. 사회복지서비스의 효과성과 효율성을 평가하기 위한 도구로 활용된다.

(5) 시험적 특성

사회복지 프로그램이나 대안이 복지욕구에 적합한 것인지를 확인할 수 있다. 사회복지 프로그램이나 복지정책이 복지욕구에 적합한지 시험을 통해 상호작용과 상관관계를 분석해볼 수 있다.

(6) 과학적 특성

사회문제를 계량화할 수 있다. 이를 통해 통계적으로 검증할 수 있는 사회복지실천의 과학화를 추구한다. 사회복지 문제나 현상을 개념화하고, 변수를 조작하는 등 과학적 방법을 활용한다.

5) 사회복지조사의 한계

(1) 경험적 인식의 제한성

인간의 경험적 인식의 범위에는 한계가 있다. 사회복지조사는 현상에 대해 경험적으로 인식된 내용만을 포함하기 때문에 같은 연구의 경우라도 조사자마다 인식의 기준이 다를 수 있다.

(2) 시간과 비용의 제한성

사회복지조사는 정해진 시간에 한정된 비용으로 수행하기 때문에 제약을 받을 수 밖에 없다. 따라서 완벽한 사회복지조사에는 시간과 비용의 제한성이 생긴다.

(3) 지리적 제한성

사회복지조사는 조사대상이 폭넓게 분포하고 일정한 지역 내에서 수행되므로 표본의 대표성에 문제가 발생한다.

(4) 개인의 가치선호와 개입

사회복지조사를 진행하는 가운데 조사자 개인적 가치나 선호가 개입될 수 있다.

(5) 정치, 문화, 사회적 요인에 따른 제한성

사회복지조사의 결과는 논리적 타당성보다 조사 당시 사회적 사상이나 정치적 통제, 문화적 통제요인에 따라 수용 또는 거부가 될 수 있다.

사회과학의 한계성

1. 자연과학과는 달리 인간을 연구대상으로 함
2. 인간과 관련된 사회현상을 연구대상으로 하기 때문에 윤리적인 이슈가 중요함
3. 연구대상에 대한 통제와 조작이 어려움
4. 사회현상에 대한 설명은 환경 및 시간적 요인에 의해서 많이 달라질 수 있음

6) 사회복지조사의 윤리성

사회복지조사는 인간을 대상으로 하는 연구이기 때문에 연구윤리(research ehthics)를 중요시한다. 따라서 사회복지조사는 인간에게 도움이 되어야 한다. 연구내용이나 주제 자체가 사회적, 윤리적으로 문제시 될 수 있다. 그렇기 때문에 엄격한 윤리성이 요구된다.

(1) 연구내용 및 주제에 관한 사항

연구내용이나 주제가 사회적, 윤리적으로 문제가 될 수 없는지 살펴보아야 한다.

(2) 연구과정 및 방법에 관한 사항

사회복지조사는 연구대상이 인간인 관계로 연구대상을 수단으로 이용하는 문제에 대해 늘 주의를 기울여야 한다. 특히, 연구대상에게 신체적, 정신적 등 피해를 주는 연구는 피해야 한다.

(3) 연구주제 및 내용의 도덕성 중시

사회복지조사는 연구주제와 내용이 인간에게 해를 주는 것을 목적으로 해서는 안 된다. 또한 연구내용 및 주제가 사회적으로 어긋나지 않아야 한다. 사회복지조사는 연구대상자가 연구내용을 알고 이에 대하여 동의하여야 한다. 즉, 고지된 동의가 필요하다.

고지된 동의

고지된 동의는 연구대상자에게 연구목적, 내용, 방법을 설명하고 참여 여부를 묻는 것과 관련된다.

7) 연구결과와 관련한 윤리적 논제

(1) 연구대상자에 대한 익명성 보장

연구대상자의 개인 사생활 정보에 대한 비밀을 보장해야 한다. 또한 연구대상자 본인의 승낙과 공개적인 상황에서 자료를 얻었을 경우 신분을 밝혀야 한다.

(2) 자료원(data source)에 대한 비밀보장

자료원이란 자료가 제공된 근원을 의미하며, 법적인 문제와 관련될 때 자료원을 밝히도록 의무화된 경우가 우리나라에 있다.

(3) 연구결과와 사용권한 표절문제

사회복지조사는 조사대상자에 대한 익명성과 자료원에 대하여 비밀을 보장해야 한다. 또한 타인의 연구결과를 인용 없이 사용하는 경우 표절에 해당된다.

2. 사회복지조사의 분류는 무엇인가?

1) 연구목적에 따른 분류

(1) 탐색적 조사(exploratory research)

연구 설계를 진행하기 전에 예비적으로 실시하는 경우가 많다. 일반적으로 예비조사라고도 하며, 특정 조사설계를 확장하기 전에 주로 조사문제를 규명하기 위하여 실시되는 조사를 말한다. 탐색조사를 바탕으로 연구문제를 확인하고 변수를 파악한 후 변수 간 상관관계를 파악하여 변수를 정한다. 탐색적 조사는 정확한 조사문제나 조사내용, 정확한 조사계획과 절차가 없다. 즉, 조사자는 탐색적이고 창의적인 질문이 중요하다. 탐색적 조사에는 문헌조사, 전문가 의견조사, 특례조사가 있다.

탐색적 조사는 특정 조사설계를 확정하기 전에 주로 문제를 규명하기 위해서 예비적으로 실시하는 조사이다.

① 문헌조사

문헌조사는 조사의 대상이나 분야에 대해서 잘 모르는 경우에 행하는 최초의 조사로서 기존에 발간된 분야의 각종 문헌을 조사하는 것이다.

② 경험자 조사 또는 전문가 의견조사

조사문제에 대해 전문적인 지식이나 경험을 소유하고 그런 경험이나 지식을 과학적으로 전달해 줄 수 있는 사람들로부터 필요한 정보를 획득하는 방법이다.

③ 특례조사

연구문제의 설정이 빈약하거나, 가설을 설정하는 데 도움이 될 만한 기존의 이론이나 연구가 부족한 경우 사용하는 방법이다.

(2) 기술적 조사(descriptive research)

기술적 조사는 서술적 조사라고도 한다. 관심의 대상이 되는 사회현상의 상황, 현황 및 특정사항을 상세히 기술하는 것을 목적으로 하고 있다. 현재의 상황이나 상태를 밝히는 점에서는 탐색연구와 비슷하지만 기술연구는 보다 명확한 조사문제가 있고 조사 절차와 내용이 체계적이고 정확한 것이 다르다. 기술적 조사는 현상의 모양이나 분포, 크기, 비율 등을 알기 위해 하는 조사이다. 기술적 조사는 인과관계보다는 현상을 명확히 기술함으로써 어떤 개념과 개념 간의 관계를 추리할 수 있는 근거를 제공해 주는 것이다.

기술적 조사의 특징

- 발생빈도나 비율 파악
- 관련 변수 간의 상호관계성을 파악
- 미래 상황에 대한 예측

(3) 설명적 조사(explanatory research)

설명적 조사의 목적은 원인을 밝힘으로써 어떤 사건이나 현상을 설명한다. 설명적 조사는 '왜'라는 의문에 대한 해답을 하는 조사이다. 설명적 조사는 탐색적 조사나 기술적 조사를 근거로 기존의 이론이나 직관 또는 실험적 논적 사유로 가설을 설정하여 그 가설을 가정하거나 인과관계를 발견하는 것을 목적으로 하고 있다. 즉, 어떤 현상과 다른 현상 혹은 독립변수와 종속변수 간의 관계를 정립하는 일로서 설명적으로 탐구하는 것을 목적으로 하는 조사이다.

기술적 조사는 '사람들이 얼마나 수도 이전에 반대하는지'를 단순히 서술하는데 그치지만, 설명적 조사는 '왜 사람들이 수도 이전에 반대 하는가'를 밝히는 것으로서 인과관계를 규명한다.

〈표 2-1〉 조사목적에 따른 조사유형

구분	탐색적 조사	기술적 조사	설명적 조사
연구 목적	• 현상에 대한 이해 • 중요한 변수 확인 및 발견 • 미래 연구를 위한 가설 도출	• 관심 현상을 상세히 기록	• 질문에 대한 현상의 주요원인 설명 • 현상에 대한 인과관계 확인

2) 시간적 차원에 따른 분류

(1) 횡단조사(cross-sectional study)

조사를 어느 한 시점에서 광범위하게 한 번만 실시한다. 횡단이란 서로 다른 연령, 인종, 성별, 소득수준, 교육수준 등 광범위한 사람들의 표집을 말한다. 조사자가 조사대상에 대하여 관찰이나 자료 수집을 한 시점에서 한 번만 하는 조사를 의미한다. 이에 반해 종단조사는 시간의 흐름에 따른 조사대상의 특성변화를 측정하지만, 횡단조사는 특정시점에 다른 특성을 가지고 있는 집단들 사이의 차이를 측정하고자 한다. 횡단조사는 조사대상의 특성에 따라 집단을 나누어 비교분석하기 때문에 종단조사에 비해 표본의 크기가 상대적으로 크다.

예를 들면 횡단조사는 특정시점에 자원봉사 인식을 집단별로 조사하여 비교하는 것이고, 종단조사는 시간의 흐름에 따라 자원봉사 인식이 어떻게 변하고 있는가를 연구한다.

(2) 종단조사(longitudinal study)

장기간에 걸쳐 같은 연구문제에 대해 반복하여 조사를 실시한다. 종단조사는 조사대상을 일정한 시간 간격을 두고 적어도 2번 이상 관찰하거나 자료를 수집하는 조사를 말한다. 종단조사는 횡단조사보다 복잡하고 비용이 많이 들지만 시간적 경과에 따라 사회현상의 진행과정이나 변화 등을 연구하는데 사용한다. 종단조사에는 동류집단 조사, 패널조사, 경향조사 등이 있다.

- 종단조사의 장점 : 종단조사의 가장 큰 장점은 특정현상이 시간의 흐름에 따라 어떻게 변화하여 왔는지 그 과정을 일목요연하게 파악할 수 있다.

• 종단조사의 단점 : 비용이 많이 들며 응답자들이 첫 번째 조사에서는 비교적 객관적인 응답을 하지만 두 번째 조사부터는 그 연구문제를 알고 있어 선입관이 개입되어 객관적인 자료를 얻기가 어렵다.

① 동류집단 조사(cohort study)

동년배조사, 코오트(cohort)조사라고도 불린다. 특정인구 집단의 시간의 변화에 따른 변화의 모습을 조사한다. 조사대상자들이 동일인이 아니지만 동일 인구집단을 시간대별로 조사한다.

② 패널조사(panel study)

동일한 주제, 동일한 응답자에 대해 장기간 반복적으로 면접이나 관찰을 시행하는 조사이다.

③ 경향조사(trend study)

일반적으로 조사대상자들이 시간에 따라 어떻게 변하는가 하는 경향을 알아보는 것이다. 동일한 주제로 장기간 반복적으로 실시하나 응답자는 조사마다 동일하지 않다.

패널조사와 유사하지만 조사대상이 매번 동일한 대상자가 아니라는 점에서 차이가 있음

(3) 유사 종단적 연구(quasi-longitudinal study)

종단적인 방법에 의한 조사가 어려울 때 횡단적 조사를 통하여 종단적 결과를 얻기 위한 조사방법이다.

예) 대상을 각 연령대(10대, 20대, 30대, 40대...)별로 특정 주제에 대한 의견을 비교 연구함으로써 과거로부터 세대가 진행됨에 따라 주제에 대한 의식이 어떻게 변하는지 알아볼 수 있음

3) 조사용도에 따른 분류

① 순수조사(pure research)

기초조사(basic research)라고도 불린다. 순수하게 사회적 현상에 대한 지적인 이해와 지식 습득 그 자체에만 목적을 둔 조사이다. 조사자는 단순히 주변세계에서 자신의 관심사를 이해하는 것이 목적이다. 조사결과를 직·간접적으로 이용하고자 하는 생각은 없으며, 사회문제를 해결하는데 직접적인 도움을 주지 않을 수 있다. 그러나 여러 가지 특수한 정책이나 문제에 일반적으로 적용할 수 있는 기본적인 지식이나 원리, 법칙 등을 제공해 줄 수 있다.

순수조사는 순수하게 사회적 현상에 대한 지적인 이해와 지식 그 자체만을 획득하기 위해 수행되는 조사를 의미한다.

② 응용조사(applied research)

응용조사의 연구목적은 구체적인 실제 문제를 해결하기 위한 정보를 얻는데 있다. 예를 들어, 기업체, 정부, 병원, 교육기관, 사회복지기관 등에서 실시하곤 한다. 사회복지시설에서 많이 실시되고 있는 욕구조사도 응용조사의 형태이다. 조사결과를 간접적으로 사회적 현상에 응용함으로써 문제의 해결이나 개선을 위해 수행되는 조사이다.

③ 평가조사(evaluation research)

사회복지정책이나 프로그램의 효과성을 평가하기 위해 실시되는 조사이다. 조사의 목적은 지식의 획득이 아니라 프로그램의 지속, 중단 등의 여부를 평가하는 것이다. 응용조사의 하나로 사회복지 분야에서 책임성 요구와 관련하여 중요시된다. 사회정책이나 제도 등의 평가를 통해 사회정책에 대한 제언을 마련하기 위해 실시하는 조사이다.

4) 자료수집 성격에 따른 분류

(1) 양적 조사(quantitative study)

양적 조사는 객관적이며, 결과지향적인 성격을 갖는다. 정형화된 측정과 척도를 사용한다. 일반화가 가능하다. 주로 연역법을 사용하고 가설을 검증하여 사실을 확인한다. 조사대상자들에게 질문을 통한 응답을 통해 수치화된 자료를 수집하는 방법이다. 대상의 속성을 양적으로 표현하고 그들의 관계를 통계분석을 통해 밝혀내는 조사이다.

① 질문지 조사

질문지를 이용하여 자료를 수집하는 조사로서, 우편조사, 전화조사, 인터넷 조사 등이 있다.

② 면접

응답자로부터 원하는 정보나 의견, 신념, 태도 등의 표현을 얻기 위해서 서로 대면하여 언어적 상호작용에 의해 자료를 수집한다. 면접의 경우에는 응답자에게 직접 질문지가 주어지지 않고 응답자에게 질문을 읽어주고 조사자가 직접 응답내용을 기입한다는 점에서 질문지와는 다르다.

③ 실험

조사대상에 대한 여러 변수 간의 인과관계를 인위적으로 규정하고, 즉, 외생변수를 통제하고 독립변수를 조작하여 종속변수를 관찰함으로써 인과관계를 파악하는 것이다.

④ 내용분석

서적, 신문, 영화, 노래 등 기존자료를 객관적, 체계적으로 분석하여 어떤 정보를 얻어내는 방법이다.

⑤ 기존 통계자료 분석

정부기관이나 기존 연구자료에서 발표된 통계자료를 이용해서 새로운 정보를 얻어내는 방법을 말한다.

(2) 질적 조사(qualitative study)

질적 조사는 주관적이며, 과정지향적이다. 소수의 조사대상자를 대상으로 하거나, 특수한 대상이나 사례에 대해 수치화하기 곤란한 심도 있는 자료를 수집하는 방법이다. 일반화가 불가능하다. 귀납법을 사용하며, 소규모 분석에 유리하다. 언어, 몸짓, 행동 등의 상황과 환경적 요인들을 조사하는 방법이다.

〈표 2-2〉 **양적 연구와 질적 연구의 비교**

기준	양적 연구	질적 연구
패러다임	실증연구	해석주의, 비판주의, 구성주의
존재론	객관적으로 존재	주관적으로 존재
인식론	연구자는 존재하는 것으로 발견함	연구자는 연구대상과 상호작용을 통해 의미를 창조함으로써 인식함
가치론	가치중립적	가치지향적

기준	양적 연구	질적 연구
방법론	연역적 방법 위주	귀납적 방법 위주
연구문제	가치이론 활용	탐색적 연구
자료수집	실험 / 서베이 / 내용분석/ 기존통계 / 자료 활용	현지조사 / 민속방법론 / 경험 근거이론 / 사례연구 / 현상학적 연구

5) 조사대상의 범위에 따른 분류

(1) 전수조사(complete enumeration)

전수조사는 모집단 전체를 조사하는 것이므로 모집단 전체의 다양한 의견을 모두 알 수 있고, 전체 인구를 대상으로 하므로 지역별, 연령별 등 목적에 따른 분류가 가능하여 표본조사를 할 때 기초자료로 사용한다. 조사대상이라고 생각되는 모든 부분(모집단 전체)을 대상으로 하는 조사연구이다. 예를 들어, 인구조사 등 정밀도를 요할 때 활용한다.

조사의 정밀도를 요하는 경우에 사용되는 것으로 조사대상이라고 생각하는 모든 부분을 조사하는 방법이다. 모집단이 비교적 작은 경우에 추정도를 높이기 위해 사용한다.

(2) 표본조사(sampling study)

표본을 추출하여 조사하는 것만으로도 모집단 전체를 조사하는 것과 같은 효과를 기대할 수 있을 때 사용한다. 모집단의 일부만을 선출하여 조사대상 전체를 추정하는 조사이다. 표본추출 방법에 의해서 조사대상 전체의 일부분을 선출하여 전체를 추정하고, 전체집단을 모집단(populration)이라 하며, 선출된 부분을 표본(sample)이라 한다. 표본조사의 경우에도 알고자 하는 것은 표본의 특성이 아니라 모집단 전체의 특성이다.

☞ 전수조사가 필요한 경우는 국세조사와 같이 오차가 전혀 없어야 하거나 오차를 최소한으로 줄여 정확한 결과를 요하는 경우, 모집단의 규모가 비교적 적은 경우에 활용
☞ 표본조사에 대한 전문지식이 없을 때 전수조사를 실시하는 것이 바람직함

6) 조사 상황에 따른 분류

(1) 사례조사(case study)와 서베이조사(survey research)

특정 사례를 조사하여 현상이나 문제를 전체적으로 파악하고 집중적으로 분석하는 조사이다. 조사대상의 독특한 성질을 구체적으로 서술하며, 행동이나 특성의 변화와 양상, 요인들과의 인과관계를 파악하는데 유용하다. 서베이조사는 모집단을 대상으로 추출된 표본에 의하여 설문지 같은 표준화된 조사 도구를 사용한다. 서베이조사는 표본조사이며 설문지와 같은 도구를 사용하지만 실험을 행하지는 않는다. 지역사회 욕구조사가 대표적인 예이다.

(2) 현지조사(field study)

연구문제를 설정하거나 가설을 형성하기 위해 현장에 나가 직접 면접을 통해 자료를 수집하는 조사이다. 조사대상의 개인적 요인(가치적, 행동, 태도 등)과 사회적 요인(환경)을 조사하여 이들의 관계를 연구한다. 현지조사는 현지의 영향 요인에 대해 실험조작을 하지 않고 그대로 조사한다.

문제형성이나 가설설정을 위해 현장에 나가서 직접 면접을 통해 자료를 수집하는 방법이다.

(3) 실험조사(experimental study)

조사자가 외부적 요인들에 대해 의도적으로 통제하고 인위적으로 관찰조건을 조성함으로써 연구하는 것이다. 독립변수의 효과를 측정하거나 독립변수(원인변수)가 종속변수(결과변인)에 영향을 미치는 인과관계 가설을 검증하는 방법이다.

(4) 미시조사(micro research)

미시조사란 분석단위가 개인인 개별적 조사이다. 분석단위가 개인이거나 개별적이다.

(5) 거시조사(macro research)

거시조사란 사람들의 집합이나 큰 지역 등의 집합적 조사이다. 분석단위가 큰 지역사회이거나 조직체이다.

3. 사회복지조사연구의 과정이란 무엇인가?

사회복지실천과정에서 사회복지조사연구는 다양한 사회문제 해결을 위한 대안을 마련하고 이에 대한 해결책을 강구하기 위해 실시된다. 이를 위해 사회복지 실무자와 조사를 먼저 시작하는데 문제형성과정이란 어떤 어려운 점이 있다는 사실을 인식하고 그 어려운 점이 무엇인지를 정의하고 구체적으로 밝히는 것이다. 그 다음 단계로 실무자와 연구자는 문제 해결을 위한 여러 대안들을 만들고 이 중 가장 적합한 문제 해결 대안이 무엇인지를 선별하고 선택한다. 마지막으로 선택한 대안을 실행에 옮기고 그 결과를 평가하고 평가를 통해 얻어진 결과를 알린다. 즉, 사회복지조사연구 단계는 조사연구를 효과적이고 효율적으로 수행하기 위한 전략으로 자료를 수집하고 분석하는 전반적인 과정을 계획하는 것이다.

1) 연구문제의 형성(formulation of problem)

연구문제의 형성은 연구자의 개인적 경험, 가치, 이론적 배경, 사고력, 상상력에 따라 연구주제를 선정한다. 연구주제가 선정되면 연구 가능한 문제영역으로 축소시켜야 한다. 연구주제는 단 하나의 개념만을 포함하는데 반하여 연구문제는 둘 이상 개념 간의 관계를 다룬다는 점에서 서로 다르다. 연구의 주제, 목적, 이론적 배경, 중요성 등을 파악하고 이를 체계적으로 정립하는 과정이다. 연구문제의 형성은 주제 선정과 문제형성으로 나눌 수 있다. 주제 선정은 문제를 인식하고 특정 현상이 존재하는지 확인하는 과정이다. 문제형성이란 선정된 주제와 관련하여 연구대상의 문제를 구체적이고 체계적으로 표현하여 가설로 발전할 수 있도록 체계화하는 과정이다.

연구문제란?

연구문제는 일종의 의문이다. 모든 조사연구는 연구문제를 가지고 출발한다. 무엇이, 어떻게, 왜 그러한지에 대해 질문을 던지고, 그 질문에 대한 해답을 찾는 것이 연구의 목적이다. 문제라고 하는 것은 '무엇을 연구할 것인가' 또는 '무엇에 대하여 논문을 쓸 것인가?'라고 할 때의 그 '무엇'에 해당하는 내용을 말한다.

2) 가설의 형성(hypothesis formulation)

가설의 형성은 선정된 연구문제를 조사 가능하고 실증적으로 검증 가능하도록 구체화하는 과정이다. 가설은 조사대상과 자료수집, 검증방법 선정에 있어 구체적인 방향을 제시한다. 가설은 연구목적 및 연구문제와 일관성을 유지해야 한다. 세부적이고 경험적이며 현실적으로 연구 가능하며 측정 가능해야 한다. 문제에 대해 구체적인 해답을 제공할 수 있어야 한다.

3) 조사설계(research design)

조사설계는 조사연구를 효과적, 효율적, 객관적으로 수행하기 위한 논리적 전략이다. 가설을 검증하기 위하여 자료를 수집하고 분석하는 전반적인 과정을 계획, 통제하기 위한 전략이다. 어떤 이론을 가지고 구체적인 관찰에 의하여 그것을 검토하는 연역적인 논리를 구성한다. 관찰된 자료를 가지고 단계적으로 추상하여 이론을 형성해 가는 귀납적 논리를 취한다.

4) 자료의 수집(data collection)

자료는 관찰, 면접, 설문지 등 여러 가지 방법을 통해 수집된다.

조사 자료는 조사자가 직접 수집하는 1차 자료와 다른 주체에 의해 이미 수집된 2차 자료로 구분된다.

5) 자료 분석(data analysis)

자료 분석은 수집된 자료의 편집과 코딩과정이 끝나면 동계기법을 이용해 이루어진다. 통계분석방법은 조사설계 때부터 수집할 자료의 성격을 일관성 있게 결정해야 한다. 자료 분석이 끝나면 결과에 대해 의미 있는 해석이 이루어져야 한다.

6) 보고서 작성(report)

보고서는 연구를 객관적으로 증명하고 경험적으로 일반화시키기 위해 일정한 형식으로 기술하여 타인에게 전달하는 목적으로 작성한다. 보고서의 형태는 일반적인 형태 이외에 특정한 형식을 요구한다.

보고서 작성의 요령

① 전체적인 조사의 방향성을 정한다.
② 조사의 주제, 목적, 이론적 배경 등의 중요성을 파악하고 이를 체계적으로 정립하는 과정으로, 선정된 주제와 관련하여 연구대상의 문제를 보다 구체적이고 체계적으로 표현하여 가설로 발전할 수 있도록 체계화하는 과정이다.
③ 기존에 조사된 관련 통계자료, 전문가의 의견조사 등을 활용할 수 있다.
④ 연구문제 설정에서 비용, 시간, 윤리성 등이 고려되어야 한다.

※ 바로가기

보고서에는 여러 유형이 있다. 본 교재에서는 Chapter 14에서 상세히 다루고 있다.

[마인드맵으로 보는 chapter 02 요약정리]

2. 사회복지조사의 이해

- **사회복지조사의 개념**
  - 사회복지의 목적을 달성하기 위한 수단으로 개인이 복지욕구 충족과 사회적 문제 해결 방안을 찾아 자료를 수집하는 탐구활동
- **사회복지조사의 특징**
  - ①사회개혁 및 사회 계량적 특성
  - ②계획적 특성
  - ③평가적 특성
  - ④시험적 특성
  - ⑤과학적 특성
- **사회복지조사의 한계**
  - ①경험적 인식의 제한성
  - ②시간과 비용의 제한성
  - ③지리적 제한성
  - ④개인의 가치선호와 개입
  - ⑤정치, 문화, 사회적 요인에 따른 제한성
- **사회복지조사의 원리**
  - 연구내용 및 주제
  - 연구과정 및 방법
  - 연구주제 및 내용의 도덕성 중시(고지된 동의)
- **사회복지조사의 분류**
  - 연구목적에 따른 분류
    - 탐색적 조사
      - 문헌조사
      - 경험자조사
      - 특례조사
    - 기술적 조사
    - 설명적 조사
  - 시간적 차원에 따른 분류
    - 횡단조사
    - 종단조사
      - 동류집단 조사(코오트 조사)
      - 패널조사
      - 경향조사
  - 조사용도에 따른 분류
    - 순수조사
    - 응용조사
    - 평가조사
  - 자료수집 성격에 따른 분류
    - 양적 조사
    - 질적 조사
  - 조사대상 범위에 따른 분류
    - 전수조사
    - 표본조사
- **사회복지조사연구의 과정**
  - ①연구문제의 형성
  - ②가설의 형성
  - ③조사설계
  - ④자료의 수집
  - ⑤자료 분석
  - ⑥보고서 작성

PART 2

연구문제와 가설

사 회 복 지 조 사 론

Research Methods for Social Welfare

Chapter 3

연구문제와 가설설정

[학습목표]

사회복지조사에서 필요한 연구문제를 이해하고
조사에 따른 구성요소 및 가설과 가설검증의 개념을 학습한다.

1. 연구문제란 무엇인가?

1) 연구문제의 개념

연구문제(research problem)는 조사연구의 출발점으로써 조사자의 창의성, 문제에 대한 인식, 그리고 창의성에 의존한다. 일반적으로 연구문제에서는 둘 이상의 개념 간의 관계를 다루는데, 이들 관계에 대한 어떤 진술이 가능할 때 하나의 명제가 정립된다. 또한 의문문 형태로서 경험적 검증이 가능하도록 작성되어야 한다.

또한 연구문제는 의문문의 형태로 서술되어야 한다. 예를 들어 "어떤 요인들이 장애인복지서비스 이용자에 영향을 미치는가?"와 같은 형태로 서술되어야 한다. 이렇듯 명확하고 구체적으로 서술되어야 하고, 변수들 간의 관계에 대해서도 기술하고 있어야 한다. 또한 경험적 검증 가능성을 함축하고 있어야 올바른 연구문제라고 할 수 있다.

연구문제의 서술조건

- 의문문의 형태로 서술되어야 한다.
- 명확하고 구체적으로 서술되어야 한다.
- 변수들 간의 관계에 대해 서술되어야 한다.
- 경험적 검증 가능성을 함축하고 있어야 한다.

2) 연구문제의 선정기준

사회복지는 인간의 욕구를 충족시키고 나아가 사회문제를 해결하려는 제도적 및 의도적 노력이 요구된다. 그렇기 때문에 개인적으로나 사회적으로 관심이 되는 크고 작은 다양한 이슈에 대해서 민감하게 바라보아야 한다. 이 중에서 사회복지사는 사회복지조사 대상이 되는 모든 문제들을 모두 다루는 것이 아니라, 문제들 가운데서 연구할 가치가 있다고 판단되는 문제만을 선정하여 다루어야 한다.

① 독창성(originality)

기존의 것을 답습하는 것이 아니라 비교분석 또는 재구성하거나 새로운 관점이나 견해를 제시하는 것으로 연구문제는 독창성이 있어야 한다.

② 경험적 검증 가능성(empirical testability)

연구문제에 대한 해답이 가능하고, 구체적인 가설이 도출될 수 있으며 가설에서 사용된 조작적 정의를 통해 경험적으로 측정될 수 있어야 한다. 즉, 문제의 해답이 가능할 뿐만 아니라 그것에 대한 참과 거짓 여부를 경험적 차원에서 증명할 수 있어야 한다.

③ 윤리적 배려(ethical consideration)

연구문제의 해답이 사회구성원의 행복 증진에 기여하고 개인 사생활 등 정신적, 신체적 피해를 주지 않아야 한다. 즉, 사회복지조사는 일반적인 사회조사 윤리에 의해 영향을 받는다고 볼 수 있다.

④ 효용성(availability)

연구문제에 대한 해답이 무엇을 하려는 것인지 적절한 의도가 있어야 하고 실용적이어야 한다.

⑤ 현실성(reality)

연구문제의 해답을 찾는 데 드는 시간, 비용, 조사인력, 장비 등 현실적인 상황 등을 고려해야 한다.

3) 연구문제 선정에 영향을 미치는 요인

① 사회과학적 연구 패러다임

사회적 현상을 바라보기 위해 일련의 개념과 가정으로 구성된 관점이나 준거 틀로 연구자가 객관적인 실체를 서로 다른 패러다임으로 바라볼 때, 서로 다르게 인식하고 해석할 수 있다. 즉, 연구 패러다임은 연구자가 세상을 바라보는 정신적인 창이다.

② 조사자의 가치

연구자가 조사 가치가 있다고 생각하는 문제나 방법, 조사대상을 바라보는 방식 등에 영향을 미친다. 연구자의 가치가 서로 다른 경우 조사문제가 서로 달라질 수 있다. 또한 가설이나 조사결과를 해석함에 있어서도 영향을 미칠 수 있다.

③ 반응성 정도

반응성 정도는 호손 효과라고도 한다. 연구자가 있을 때와 없을 때 연구대상자의 행동이 달라져 조사자가 원하는 사회적 상황에 변화가 일어나 연구 자료에 영향을 미친다.

④ 연구자의 방법론

조사과정의 원리로 명확하고 논리적인 방법론에 입각하는지, 공감적 감정 이입에 의해 조사하는지 등의 차이로 나타난다.

⑤ 분석단위

사회복지조사에 있어서 분석단위는 매우 다양하며 일반적으로 개인, 집단, 공식적 사회조직 등으로 구분한다. 분석단위를 무엇으로 할 것이냐는 조사목적에 따라 결정된다. 분석단위와 관련하여 주의해야 할 오류는 생태학적 오류, 축소주의 및 환원주의, 개인적 오류 등이 있다.

〈표 3-1〉 분석단위 설명

분석단위	내 용
개인	• 클라이언트(복지서비스 소비자)의 개인적 속성 • 지역사회 주민의 욕구조사의 경우 분석단위는 개인을 말함
집단	동아리, 읍 · 면 · 동 단위, 시 · 도, 가족, 또래 등 국가 간 조사라면 집단에 해당
공식적 사회조직	학교, 교회, 지역사회복지시설 등
사회적 생성물	결혼식, 대중음악, 도서, 잡지 등 가공된 행위의 결과

⑥ 연구 해석상의 오류

가. 생태학적 오류(ecological fallacy)

집단을 분석단위로 조사하여 밝혀진 내용을 바탕으로 그 집단을 구성하는 개인들의 어떤 속성을 단정하는 경우이다.

예) 천주교 국가의 자살률이 이슬람 국가의 자살률보다 높다고 하여 천주교를 믿는 개인이 자살을 더 많이 하는 것은 아니다.

나. 환원주의/ 축소주의(reductionism)

어떤 현상을 설명하는데 사용하는 개념이나 변수들을 지나치게 제한하거나 한 가지로 귀착시키려는 경향이다.

예) 연예인의 자살을 한 가지 원인으로만 해석하려고 하는 것으로서 의사는 정신적 미약 등의 이유만으로 해석하려고 하고, 사회복지사는 사회체계적 접근으로만 해석하려는 것을 의미한다.

다. 개별주의적 오류(individualixitic fallacy)

개인을 분석단위로 조사하여 밝혀진 내용을 집단이나 사회에 적용하는 경우

예) 재원(개인)이는 모범생이므로 재원이가 속한 방송 동아리(집단) 학생 모두는 모범생일 것이다.

2. 조사연구의 구성요소는 무엇인가?

1) 개념(concepts)

개념이란, 관심의 대상이 되는 경험세계에서의 어떤 현상이나 사건, 사물, 현상의 속성을 추상적인 용어를 사용하여 관념적인 것으로 구성한 것이다. 개념은 경험적으로 인지할 수 있는 어떤 대상이나 현상을 대변하는 것이다. 개념은 용어, 단어 혹은 상징으로도 표현되며, 서로 다른 개체들이 가지고 있는 공통성을 나타내는 것이다. 특히 개념의 중요성은 이론이 개념과 개념 간의 관계에 의해 형성되는 데 있다. 이러한 맥락에서 정확한 의사소통을 위해서는 개념의 의미를 명료화하는 작업이 필요하다. 그리고 개념이 훌륭할수록 더 좋은 이론을 형성할 수 있다. 개념은 추상화하여 의미를 부과한 것이므로 개념 자체를 경험적으로 검증하기 위해서는 개념들이 명료하게 정의되어야 한다. 연구문제에 포함된 개념과 변수들에 대해 명확하고 구체적인 정의가 이루어져야 연구문제를 명확하게 서술할 수 있다.

개념의 주요 정의

- 단순히 정신적 이미지 또는 인식
- 어떤 현상이나 사물의 의미를 추상적으로 구성한 것

• 개념은 기존의 이론이나 지식에 연관되므로 연구를 체계적으로 수행할 수 있도록 한다.

2) 변수(Variable)

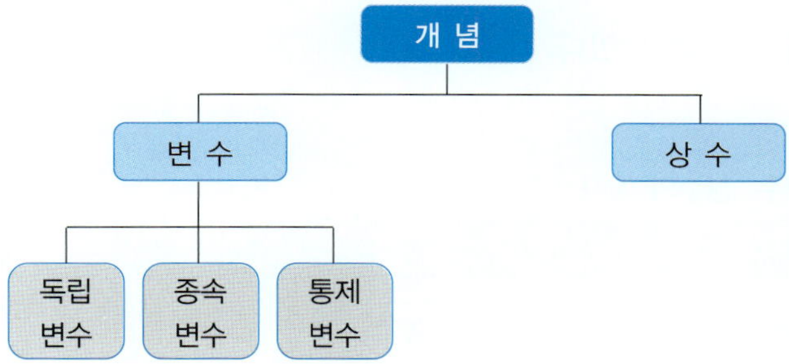

[그림 3-1] 개념 및 변수, 상수의 관계

(1) 변수

변수란 적어도 두 가지 이상의 값을 가지는 경험적 속성을 의미한다. 조작적 정의에 의하여 개념을 측정할 수 있으며 검증 가능한 형태이다. 그러나 이러한 것들의 특성, 속성이 두 가지 이상의 가치를 가질 때 우리는 이를 변수라 한다. 따라서 그 속성이 하나의 가치만을 가졌을 때에는 변수라 할 수 없다. 예를 들면 여자는 변수가 될 수 없다. 다른 예로 책상은 변수가 될 수 없으나 책상의 면적, 무게 등은 변수가 될 수 있다. 또 다른 예로 검정색은 변수가 될 수 없어도 색상은 변수가 될 수 있다. 즉, 변수는 문자 그대로 '변하는 수'를 의미한다.

※ 변수는 변하는 수

변수는 통계분석에서 분석에 쓰이는 최소단위이다. 조사가 끝나고 통계분석을 하기 위해서는 변수를 잘 정의하는 것이 매우 중요한데, 설문지에서 변수는 보통 하나의 질문이 변수가 된다.

(2) 상수(constant)

상수란 결코 변하지 않는 하나의 값을 의미한다. 범주가 한 가지뿐이거나 변하지 않는 속성을 지닌 것이다. 예를 들면 '도시'는 변수가 아니라 상수이다. 변수의 개발이나 범주는 양적으로 정해져 있지만 일부 변수는 숫자에 의해서라기보다는 낱말부호로 지정된 범주를 갖고 있다.

〈표 3-2〉 **개념, 변수, 상수의 예시**

개념	변수	상수
성(gender)	성별	남자(M) 여자(F)

(3) 기능에 의한 분류

① 독립변수(Independent Variable)

독립변수는 인과관계에서 다른 변수의 변화를 일으키는 원인이 되는 변수이다. 다른 변수를 설명하는 것으로 가정하는 변수이며, 영향을 미치는 원인이 되는 변수를 독립변수라 하며 독립변수의 영향을 받아 일정하게 변화하는 (결과)변수를 종속변수라고 한다. 독립변수는 원인변수, 설명변수, 예측변수라고도 한다. 즉, 독립변수는 다른 변수에 영향을 미치는 변수이다.

② 종속변수(dependent variables)

종속변수란 인과관계에서 결과(effect)로 나타나는 변수이다. 다른 변수에 의존하지만 다른 변수에 영향을 미칠 수 없는 변수이며, 결과변수, 가설적 변수라고도 한다.

독립변수 VS 종속변수

- A는 B에 영향을 미친다(이때 A는 독립변수, B는 종속변수임).
- 흡연은 폐암을 유발한다(이때 흡연은 독립변수, 폐암은 종속변수).

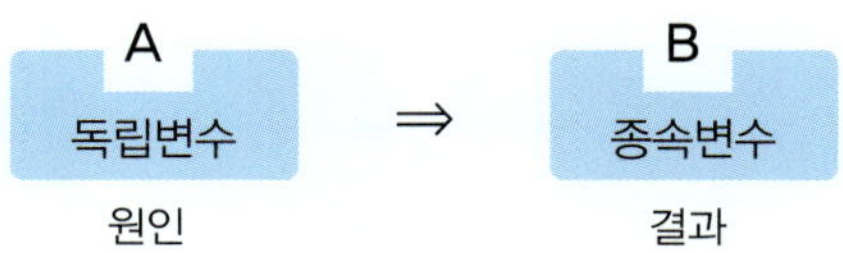

[그림 3-2] **독립변수와 종속변수의 관계**

③ **매개변수**(Intervening Variable)

매개변수는 독립변수의 결과인 동시에 종속변수의 원인이 되는 변수이다. 두 변수는 서로 직접적인 관계가 없는데 제3의 변수가 두 변수의 중간에서 연결시켜서 두 변수가 간접적으로 관계를 가지는 경우, 둘 사이에 놓인 변수이다. 즉, 매개변수는 독립변수와 종속변수의 관계를 설명하는데 개입이 되는 변수이다. 매개작용이 없으면 독립변수와 종속변수가 깨지는 관계이다.

예) 사회복지사의 근무만족도는 자아실현을 높이고 높아진 자아실현은 업무효율성을 향상시킨다.

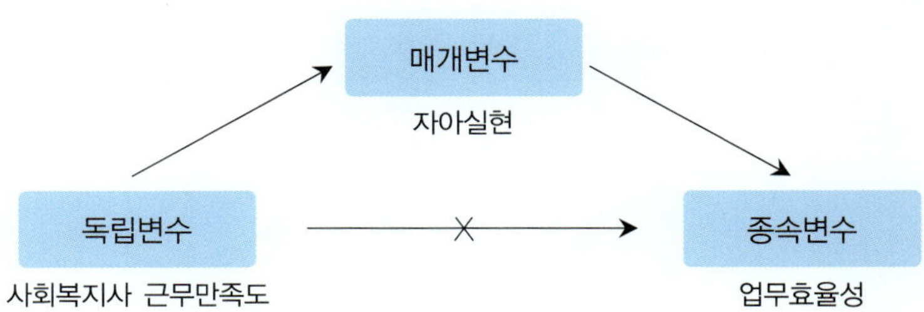

[그림 3-3] **매개변수**

④ 조절변수(moderating variable)

조절변수는 독립변수와 종속변수 사이의 관계를 체계적으로 변화시키는 원인변수로 독립변수와 종속변수 간의 관계의 크기를 조절(증가 또는 감소)하는 역할을 한다. 주로 상황을 나타내는 경우가 많다.

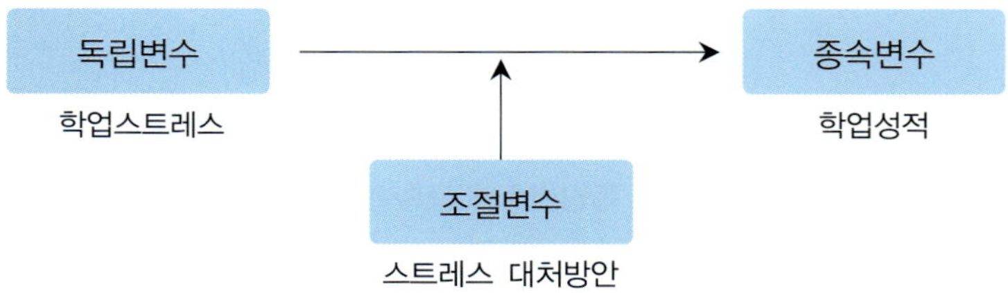

[그림 3-4] 조절변수

⑤ 외생변수(extraneous variable)

독립변수와 종속변수의 관계가 표면적으로 인과적 관계에 있는 것처럼 보이지만 실제로는 두 변수가 우연히 어떤 변수가 연결됨으로써 관계가 있는 것처럼 보이게 하는 제3의 변수이다. 독립변수가 종속변수에 표면상으로는 영향을 미쳐 인과관계가 있는 것처럼 보이지만 실제로는 두 변수 각각에 밀접한 관계를 갖고 있어 두 변수가 인과관계가 있는 것처럼 보이게 하는 제3의 변수로 그렇게 보이는 것일 뿐 실제로는 관계가 없는 경우, 두 변수는 가식적 관계이며 가식적 관계임을 밝히기 위해

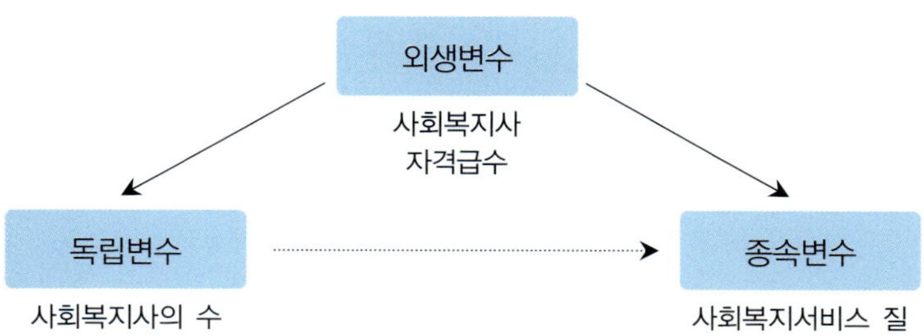

[그림 3-5] 외생변수

서는 제3의 변수를 통제해야 한다. 이때 가식적 관계, 허위관계를 만드는 제3의 변수를 외생변수라고 한다. 외생변수를 통제하지 못하면 독립변수와 종속변수의 인과관계를 규명하지 못한다.

⑥ 억압변수(suppressor variables)

억압변수는 하나의 변수와 긍정적으로 상관되어 있고 다른 변수와 부정적으로 상관되어 있어 독립변수와 종속변수 간의 관계를 누르고 있다. 두 변수의 참된 관계는 억압변수를 통제할 때 나타난다. 억압변수는 억제변수라고도 부른다.

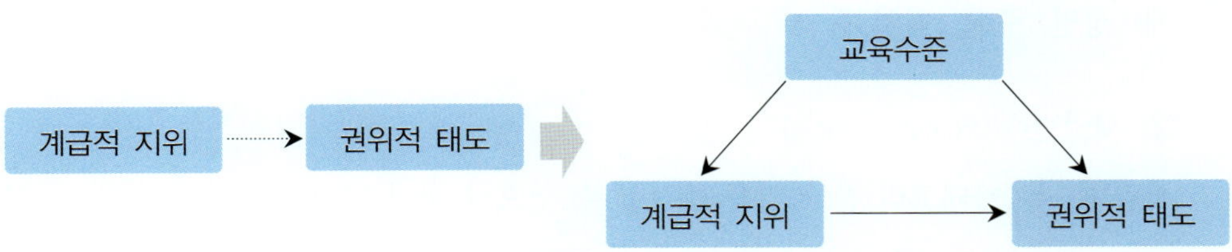

[그림 3-6] 억압변수

⑦ 왜곡변수(distorter variable)

독립변수와 종속변수 간의 관계를 정반대의 관계로 나타나게 하는 제3의 변수를 왜곡변수라고 한다.

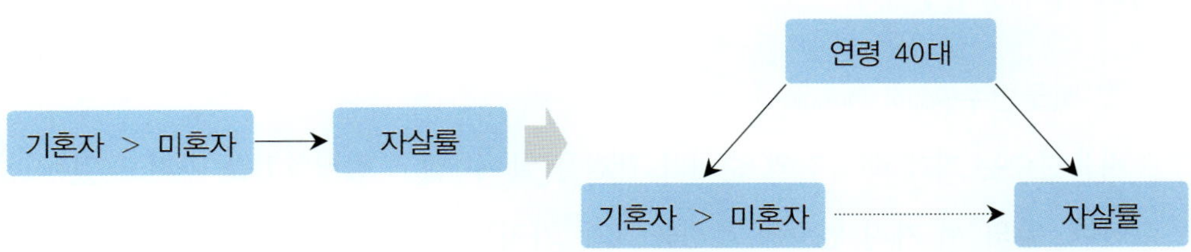

[그림 3-7] 왜곡변수

⑧ 통제변수(control variable)

독립변수와 종속변수 두 변수 간의 관계를 좀 더 정확히 파악하기 위해 두 변수 간의 관계에 영향을 미칠 수 있는 제3의 변수를 말한다.

(4) 속성에 따른 분류

① 명목변수(Norminal Variable)

명목변수는 어떤 사물의 특성을 상호배타적인 몇 개의 카테고리(범주)로 나눈 것이다. 서열이나 수치로 나타낼 수 없는 변수, 부여된 수치는 기호에 불과하다.

예) 성별, 종교, 직업 등

② 서열변수(Ordinal Variable)

서열변수는 카테고리 간 서열을 측정할 수 있으나 서열 간의 차이는 측정할 수 없는 변수이다. 명목변수처럼 측정대상의 종류를 구별할 수 있으면서 우열의 크고 작음이 있는 변수로, 예를 들어 초등, 중등, 고등, 대학교처럼 학교의 종류를 의미한다.

③ 등간변수(Interval Variable)

등간변수는 카테고리 간의 순서와 정확한 간격을 알 수 있는 변수이다. 온도나 IQ처럼 대상자의 특성을 측정한 값에 우열이 있으면서 두 숫자의 차이가 일정한 의미도 지니는 변수이다.

④ 비율변수(Ratio Variable)

비율변수는 카테고리 간의 순서와 간격을 알 수 있고 절대영점을 가지고 있는 변수이다. 앞의 세 가지 변수의 특성을 모두 가지는 변수 측정수준이 가장 높은 것으로 변수 값 간의 우열의 비교, 차이, 비율 모두가 의미 있는 변수이다.

(5) 연속성 여부에 의한 분류

① 연속형 변수(continuous variables)

연속변수는 변수가 수평선상의 모든 값이 연결되어 연속적인 모든 값의 의미를 가질 수 있어 연산이 가능하다. 연속변수는 수평선상의 연속적인 모든 값의 의미를 가질 수 있다. 변수의 값이 연속적으로 이어진 것으로 등간척도와 비율척도로 측정된다.

② 이산형 변수(discrete variables)

이산형 변수는 각 값의 사이가 떨어져 있어 값과 값 사이가 연결되어 있지 않고 분리되어 있다. 이산형 변수는 명목척도, 서열척도로 측정되는 변수이다. 이산이란 각 값의 사이가 떨어져 있어 그 사이의 값은 의미를 갖지 않는 것을 말한다.

3) 개념적 정의와 조작적 정의

개념은 추상화하여 의미를 부과한 것이므로 개념 자체를 경험적으로 검증하기 위해서는 개념들이 명료하게 정의되어야 한다.

(1) 개념적 정의(conceptual definition)

개념적 정의는 연구의 대상이 되는 사람이나 사물의 속성, 사회적 현상 등의 변수를 개념적으로 정의하는 것을 말한다. 각 개념에 대한 명확한 정의가 내려져 있지 않으면 연구결과의 해석상 혼란이 올 수도 있다. 그러나 개념적 정의는 사전적이고 추상적, 일반적, 주관적일 수 있기 때문에 추상적이고 주관적인 개념들은 경험적으로 측정이 가능하도록 실증적인 지표로 바꾸어야 한다. 연구에서 사용되는 주요 용어들을 개념적으로 정의하는 것으로 동일한 용어일지라도 사용되는 분야나 맥락에 따라 각기 다양하게 정의될 수 있다.

(2) 조작적 정의(operational definition)

추상적인 개념을 실증적, 경험적으로 측정 가능하도록 구체화하여 정의하는 것이다. 조작적 정의는 개념적 정의를 벗어나지 않는 범위에서 측정 가능하도록 재정의하는 것이어야 한다. 조사하고자 하는 개념들(또는 변수들)이 너무 추상적이어서 직접 조사하기가 어려운 경우가 있다. 이 경우 추상적인 개념들을 잘 대변하면서 경험적으로 측정 가능한 대체개념 또는 지수(indicator)를 정립해야 하는데 이를 조작적 정의라고 한다. 즉, 변수들을 관찰(측정) 가능한 용어로 변형하는 것을 말하며, 측정을 위하여 추상적인 개념을 현실세계의 구체적 현상과 연결시키는 과정이 조작적 정의이다. 특정한 변수를 조작적으로 정의하는 방법은 무수히 많을 수 있다. 어떠한 조작적 정의가 변수를 가장 정확하게 표현하고 있는지에 대한 평가가 쉽지 않다. 하나의 변수에 대해 여러 가지 조작적 정의가 사용될 수도 있다.

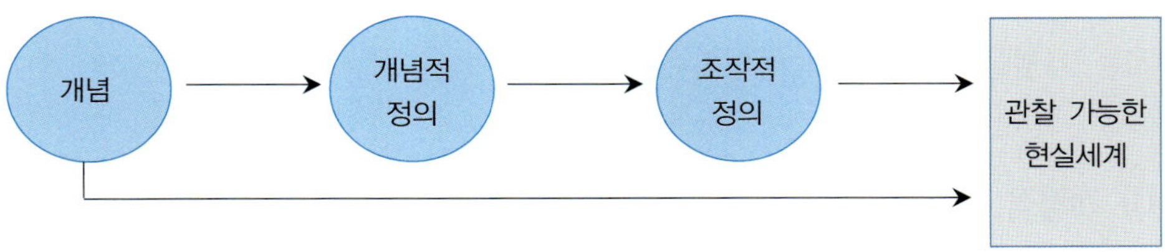

[그림 3-8] 조작적 정의의 과정

3. 가설과 가설검증은 무엇인가?

1) 가설의 개념

가설이란, 관련된 변수를 선정하고 변수들의 상태를 나타내는 두 문장을 하나의 조건문 형태로 표현하는 것이다. 가설이란 두 개 이상의 변수나 현상 간의 특별한 관계를 검증한 형태로 서술하여 변수들 간의 관계를 예측하려는 진술이나 문장이다. 가설은 실증적인 확인을 위해 구체적이어야 하고 현상과 관련성을 가져야 하며 아직 진실 여부가 확인되지 않은 사실이다. 조사과정에서 어떤 관계가 존재한다고 생각하면 먼저 그 관계를 가설로 진술하고 그 가설을 실증적으로 검증하게 된다. 과학적 방법의 첫 번째 단계는 문제의 선정이며 두 번째 단계로서 가설을 설정하여 연구문제를 구체화하고, 마지막 단계로 가설의 실증적 검증(참인지, 거짓인지)이 이루어진다.

※ 가설이란, 아직 검증되지 않은 잠정적 결론이다.

2) 가설의 특성

가설은 일반적으로 두 개 이상의 변수들 간의 관계를 검증 가능한 형태로 서술한 하나의 문장이다. 이러한 가설의 특성을 살펴보면 다음과 같다.

(1) 상호연관성

두 개 이상의 변수로 이루어진 가설은 그 관계를 나타낸다.

예) [연구문제] 경제적으로 어려운 사람들은 삶의 만족도가 낮을 것인가?
[가설] 경제적으로 어려우면, 삶의 만족도가 낮을 것이다.

(2) 문제 해결성

가설은 검증을 통해 문제를 해결할 수 있어야 한다. 이를 위해 가설은 현실성을 담보해야 한다.

(3) 검증 가능성

가설은 변수들 간의 관계를 실제 검증할 수 있어야 한다. 이를 위해 변수의 조작적 정의가 필요하다.

(4) 구체성

가설은 측정 가능한 변수 간의 관계이어야 한다. 즉, 가설은 추상적이기보다는 구체적으로 정의되어야 한다. 가설을 구체적으로 나타나기 위해서는 추상적 개념이 경험적 측정이 가능하도록 조작적으로 정의되어야 한다.

(5) 추계성

가설은 잠정적이고, 확률적인 표현으로 진술하여야 한다. 가설은 참이나 거짓을 나타내기 때문에 확률적으로 표현할 수 있어야 한다.

3) 가설 구성 시 고려사항

가설은 연구문제를 해결해 줄 수 있어야 한다. 가설은 연구 분야의 다른 가설이나 이론과 연관이 있어야 하고, 경험적으로 검증할 수 있어야 한다. 또한 가설은 간단명료해야 하며, 가능한 1개의 독립변수와 종속변수 간의 관계로 기술하는 것이 좋다. 다만, 너무 당연한 관계를 가설로 세우는 것은 좋지 않다.

※ 관련 변수의 선정과 변수들의 상태를 나타내는 문장을 조건문 형태의 복문으로 나타낸다.

–만약 A이면, B이다. → 장학금을 받으면 성실한 학생일 것이다.

–A할수록 B하다. → 수업참여율이 높을수록 성적 향상이 증가할 것이다.

4) 가설의 종류

① 연구가설

연구가설은 과학적 가설, 작업가설, 실험가설이라고 불린다. 이론으로부터 도출된 가설로서 검증될 때까지는 연구문제에 대한 잠정적인 해답으로 간주되는 가설, 'X와 Y는 관계있다'와 같은 형식의 문장이다.

예) 소득수준이 높을수록 복지예산 증액에 대해 반대할 것이다.

② 귀무가설

귀무가설은 '영가설'이라고도 불린다. 연구가설의 역(逆)으로서 주어진 연구가설에서 명시된 것을 부정하거나 기각하기 위해 설정하는 가설이다. 대립가설을 설정함으로써 오히려 연구가설을 지지하려고 한다. 즉, 'X와 Y는 관계가 없다'로 진술된다.

보편적으로 믿는 가설을 의미한다. 일반적으로 그대로 받아들여지는 가설이기 때문에 귀무 혹은 영(null)점이 되는 가설이라는 의미로 논문이나 연구보고서는 H_0로 표시한다.

예) 고소득계층과 저소득계층 간에 복지예산증액에 관한 의견에는 차이가 없을 것이다.

③ 대립가설

대립가설은 귀무가설에 대립되는 가설, 즉 귀무가설이 거짓일 때 채택하기 위해 설정하는 가설이다. 대립가설은 표본으로부터 주어진 증거에 의해 연구자가 주장하고자 하는 가설로서 간혹 연구가설과 동일시되기도 한다.

연구자가 기존 주장의 문제점을 발견하여 그에 반하는 새로운 주장을 하는 가설을 의미한다. 논문이나 연구보고서에는 H_1로 표시한다.

예) 소득수준이 높고 낮음에 따라 사람들의 복지예산 증액에 대한 의견은 다를 것이다.

〈표 3-3〉 **가설의 종류**

명칭	표기	내용
귀무가설	H_0	보편적으로 옳다고 믿어지는 가설
대립가설	H_1	귀무가설에 반대가 되는 새로운 주장

가설(hypothesis) 유형의 사례

A복지관에서 B초등학교 40명의 학생을 대상으로 학교사회사업 프로그램인 '행복한 교실'이 집단 응집력에 어떤 영향을 미치는지 알아보려고 한다. 각각 20명씩 실험집단(프로그램 실시대상)과 통제집단(프로그램 실시하지 않음)에 배치하고 연구자는 '행복한 교실'이 집단응집력을 향상시킬 것이라고 예측한다.

- 연구가설 : '행복한 교실에 참여한 집단이 참여하지 않은 집단보다 집단응집력이 강해질 것이다.'
- 귀무가설 : '행복한 교실에 참여한 집단과 참여하지 않은 집단 간에 집단응집력에 차이가 없을 것이다.'
- 대립가설 : '행복한 교실에 참여한 집단과 참여하지 않은 집단 간에 집단응집력에 차이가 있을 것이다.'

5) 가설검증의 과정

가설검증은 하나의 문제에 대한 가설을 설정하고, 이 가설의 옳고 그름을 객관적으로 판단하기 위하여 모집단에서 표본을 추출하고, 추출된 표본을 대상으로 변수를 측정한 다음, 여기서 얻은 표본의 특성 치를 이용하여 가설의 채택 여부를 결정하는 일련의 과정을 가리킨다.

(1) 가설의 설정

가설검증을 하려면 먼저 검증할 가설이 있어야 한다. 가설검증은 하나의 가설을 세워놓고 검증결과 그 가설이 맞거나 틀렸다고 하는 것으로 끝나지는 않는다. 검증을 위한 가설은 하나만으로는 부족하고 반드시 두 개가 필요하다. 즉, 직접검증의 대상이 되는 가설이 하나 있어야 하는데 이 가설은 검정결과 채택이 되면 받아들여지는 가설이고, 검정결과 이 가설이 채택되지 않을 경우에 대신 받아들여질 가설이 하나 더 필요하다. 전자의 가설을 영가설, 후자를 대립가설(실험가설)이라고 한다.

가설

둘 이상 변수의 관계에 대한 잠정적인 진술

① 영가설(귀무가설 H_0) – A와 B는 관계/차이가 없을 것이다. / 사실과 같다.

② 대립가설(연구가설 H_1) – 영가설의 반대. A와 B는 관계/차이가 있을 것이다. / 사실과 다르다.

검증결과 영가설과 대립가설 중 어느 하나를 받아들이게 되므로, 영가설과 대립가설은 서로 중복되어서는 안 되고 상호 배타적인 성질을 띤 것이어야 한다. 또한 대립가설은 영가설이 채택될 수 없을 때 자동적으로 받아들여지는 가설이므로 직접 검증할 필요가 없지만, 영가설은 직접 검증을 거쳐야 되는 가설이므로 검증이 가능하고 보다 검증이 쉬운 것이 영가설로 설정되어야 한다. 검증이 쉽다는 말은 영가설의 채택 여부가 분명히 결정될 수 있어야 한다는 것이고, 그러기 위해서는 영가설의 내용이 하나의 값만을 가리키는 것이 가장 바람직한데, 그러지 못할 경우에는 하나의 값을 포함한 그 이상이나 그 이하로 되는 것이 좋다.

(2) 검증방법의 결정

가설이 설정되었으면 검증할 자료를 구하기 위하여 표본을 추출하고 추출된 표본을 대상으로 변수를 측정하게 된다. 측정된 변수의 유형과 표본 크기에 따라 표본분포의 유형도 달라질 수 있으므로, 가설검증의 방법도 다를 수 있다. 가설검증의 방법이 다르면 영가설의 채택 여부도 변할 수 있고, 가설검증의 결과에도 영향을 미칠 수 있다. 그러므로 표본의 특성 치를 계산하기 전에 먼저 검증방법을 정확하게 규정한다는 의미에서 표본분포의 성격을 규명할 필요가 있다.

(3) 유의수준과 임계치의 결정

논문이나 연구보고서를 보면, '유의수준'이나 '유의확률'이라는 용어를 접하게 된다. 유의수준은 p값이라고도 불린다. 일반적으로 논문이나 연구보고서는 귀무가설에 대립가설을 세우고 이에 대하여 채택 또는 기각을 확인하는데 이때 연구자가 세운 '대립가설'을 채택할 것인지 혹은 기각할 것인지를 판단하는 기준이 바로 유의수준이다. 유의수준(significance level)이란 이처럼 가설검증에서 용납될 수 있는 오류의 정도, 혹은 가설검증이 오류를 범할 확률을 말하는 것으로서, 신뢰수준과 같은 의미이다. 사회과학에서 흔히 이용하는 유의수준은 5%(0.05), 1%(0.01), 0.1%(0.001)이다. 주로 5% 유의수준을 많이 사용한다.

※ 예를 들어, 유의수준=0.05일 때,
p값=0.03이라면(p<유의수준) 귀무가설은 기각되고, 대립가설이 채택된다.
p값=0.07이라면(p>유의수준) 귀무가설이 채택되고, 대립가설이 기각된다.

6) 좋은 가설의 평가기준

좋은 가설은 연구목적에 적합해야 한다. 가설에 담긴 모든 변수는 실증적으로 연구대상이 될 수 있어야 한다. 가설은 연구문제에서 제기된 의문에 하나의 답을 제시할 수 있어야 한다. 또한 가설은 가능한 한 단순한 것이 좋다.

[마인드맵으로 보는 chapter 03 요약정리]

3. 연구문제와 가설설정

- **연구문제**
  - 개념: 조사연구의 출발점이다. 연구문제는 둘 이상 개념 간의 관계를 다루는 경우가 많다.
  - 선정기준
    - ①독창성
    - ②경험적 검증 가능성
    - ③윤리적 배려
    - ④효율성
    - ⑤현실성
  - 연구 해석상의 오류
    - 생태학적 오류 – 집단 → 개인
    - 환원주의/축소주의 – 현상을 설명하는데 지나치게 한 가지로 귀착시키려는 것
    - 개별주의적 오류 – 개인 → 집단
- **연구의 구성요소**
  - 개념: 관심의 대상이 되는 경험세계에서 어떤 현상이나 사건, 사물, 현상의 속성을 추상적인 용어를 사용하여 관념적으로 구성한 것
  - 변수 — 변수는 문자 그대로 '변하는 수'를 의미
    - 독립변수
    - 종속변수
    - 매개변수
    - 조절변수
    - 외생변수
    - 억압변수
    - 왜곡변수
    - 통제변수
  - 상수 — 결코 변하지 않는 하나의 값을 갖는 변수
- **개념적 정의와 조작적 정의**
  - 개념적 정의 — 연구대상이 되는 사람이나 사회적 현상, 사물의 속성 등 주요 용어들을 개념적으로 정의한 것
  - 조작적 정의 — 추상적인 개념을 측정하도록 수치화, 구체화 하는 것
- **가설**
  - 개념: 가설이란, 아직 검증되지 않은 잠정적 결론이다.
  - 종류
    - 귀무가설 – 영가설 : 보편적으로 믿는 가설을 의미
    - 대립가설 – 귀무가설에 대립되는 가설
  - 검증 — 유의수준
    - 유의수준은 p값이라고도 불린다.
    - 대립가설이 채택되지 혹은 기각할지를 판단하는 기준
    - 사회과학에서 유의수준은 5%(0.05)를 많이 사용한다.

Chapter 4

사회복지조사의 측정과 척도

[학습목표]

사회복지조사에서 요구되는
측정과 척도의 개념을 학습한다.

1. 측정이란 무엇인가?

1) 측정이란 무엇인가?

사회복지조사에서 측정이란 어떤 상대, 특성, 태도, 행동 등의 이론적 개념을 계량화(quantifying)하는 과정을 말한다. 즉, 조사대상자의 속성 또는 변수에 대하여 일정한 규칙에 따라 숫자나 기호를 부여하는 체계적이고 과학적인 관찰과정이라고 할 수 있다. 측정은 측정하고자 하는 개념, 즉 변수에 따라 명목측정, 서열측정, 등간측정, 비율측정으로 나뉜다.

측정에서 숫자나 수치를 부여하는 규칙이란 측정하려는 대상이나 사건에 대하여 그것을 측정하기 위한 수치를 어떻게 배열하느냐 하는 것을 결정하는 것이다. 이러한 규칙은 추상적인 관념 세계의 현상이 경험적인 세계의 현상과 정확하게 일치할 수 있는 가능성을 높이기 위해 설계된 것이다. 따라서 측정은 추상적인 개념들을 경험적인 지표로 전환함으로써 추상적인 이론의 세계와 경험적 세계를 연결시켜주는 수단적 역할을 한다.

연구자는 자신의 연구를 위해 데이터를 수집하는데 이러한 자료들은 1차 자료와 2차 자료로 구분된다. 일반적으로 1차 자료는 조사자가 직접 수집한 데이터를 의미하고, 2차 자료는 1차 데이터를 타인이나 기타 기관이 정리해놓은 것을 의미한다.

측정의 정의

① 측정대상의 속성에 존재하는 일정한 규칙에 따라 숫자나 기호를 부여하는 과정이다.
② 측정이란 어떤 상대, 특성, 태도, 행동 등의 이론적 개념을 계량화(quantifying)하는 과정을 말한다.
③ 측정의 절차는 연구자가 측정하고자 하는 실제현상과 가능한 같은 형태가 되어야 한다.

2) 측정의 역할과 기능

(1) 측정의 역할

측정은 이론적 · 관념적 세계와 구체적 · 경험적 세계 간의 교량 역할을 한다. 즉, 추상적 개념들을 구체적인 측정도구를 통해 조작적으로 측정하여 경험적으로 인식하게 한다. 또한 측정은 주관적인 개념들을 객관화하여 표준화하는 역할을 수행한다. 이를 통해 후속연구나 관련연구를 가능하게 한다. 또한 측정은 자료를 수집하고 조직화하는 가장 기본적인 단계로서 후속연구나 관련연구를 가능하게 하는 필수적인 작업이다. 이를 위해 반복실험과 의사소통의 역할을 수행하기도 한다. 추상적인 개념이 측정을 통해 표준화됨으로써 특정 연구에 대한 반복실험을 가능하게 하고, 그 결과를 서로 간에 혼란 없이 상호 교류할 수 있게 한다.

측정의 주요 역할

① 측정은 가장 표준화된 묘사의 방법이다.
② 측정은 가장 간편한 묘사의 방법이다.
③ 측정은 자료를 수집하고 조직화하는 기본적인 단계로서, 통계적으로 분석될 수 있도록 자료를 처리함에 있어서 필수적인 절차이다.
④ 측정은 관념적 세계와 경험적 세계 간의 교량 역할을 해준다.

(2) 측정의 기능

측정은 일치 또는 조화의 기능을 수행한다. 측정은 경험적인 현실 세계와 추상적인 개념의 세계를 조화시키고 일치시키는데 사용되는 규칙과 절차를 제시해준다. 일체 내지 조화란 이론적 모델을 현실 세계와 연결하는 측정의 규칙이다. 측정은 관찰 자체를 주관적 판단보다 훨씬 더 객관적인 것이 되도록 함으로써 관찰에서 추리를 할 수 있도록 도와준다. 또한 측정의 주요기능은 계량화 기능이다. 측정은 사건이나 현상을 세분화 시키고 통계적 분석에 활용할 수 있는 정보를 제공해 준다. 측정은 반복과 의사소통의 기능을 갖고 있다. 측정은 연구결과를 다른 사람들과 반복하고, 그 결과를 확인하고, 반증할 수 있도록 해준다.

측정의 기능

- 일치, 조화의 기능
- 객관화, 표준화의 기능
- 계량화의 기능
- 반복, 의사소통의 기능

3) 측정수준

측정대상에 대하여 숫자나 기호를 우리가 측정하고자 하는 특성개념의 다양한 수준에 따라 부여하는 과정이다. 즉, 성별을 조사할 때 남성, 여성으로 측정하였다면 평균을 구할 수 없다. 그러나 무게, 길이에 부여된 숫자의 비율을 의미할 때는 사칙연산이 모두 가능하다.

(1) 명목측정(nominal measurement)

명목측정이란, 측정대상의 특성을 분류할 목적으로 대상에 숫자를 부여하는 것이다. 가장 낮은 수준의 측정으로 이름을 부여하는 명목적인 것을 의미한다. 통계분석 방법은 빈도, 백분율 등으로 보고할 수 있다. 명목척도는 상호배타성을 갖는다. 동일한 집단에 속해 있는 대상은 동일한 척도 값을 가져야 한다.

예) 운동선수의 등 번호는 선수가 누구인지 알게 해 줄 뿐이며 산술적 의미는 갖지 않는다.
예) 남자(1)와 여자(2)는 남자는 1, 여자는 2라는 의미일 뿐

(2) 서열측정(ordinal measurement)

서열측정이란, 측정대상 간의 순서를 밝혀주는 척도이다. 측정대상 간의 대소, 고저, 전후, 상하 등에 따라 서열화한다. 상호배타적인 특성과 함께 순서의 의미도 지닌다. 정확하게 계량화하기 어려운 응답자의 태도, 선호도, 사회계층 등의 측정에 이용된다. 서열 간의 간격이 동일하지 않고 절대량의 크기를 나타내지 않는다.

예) 반에서 1등한 학생과 2등한 학생의 성적 차이와 2등한 학생과 3등한 학생의 성적 차이는 같지 않다. 등수는 단지 순서만을 의미한다.
예) 장애등급, 소득수준, 생활수준

(3) 등간측정(interval measurement)

등간측정이란 속성에 대한 순위를 부여하되 순위 사이의 간격은 동일한 척도이다. 간격(숫자 간 간격이 같음)이므로 산술적 계산에 사용될 수 있다. 절대 영점(의미상으로 대상의 속성이 전혀 없음을 의미)이 없기 때문에 곱하기, 나누기 같은 비율계산에는 사용할 수 없다.

예) 지능지수(IQ)가 100인 학생이 50인 학생보다 두 배 더 머리가 좋다고 할 수 없다. 왜냐하면 지능지수가 0인 학생이 지능이 전혀 없다고 말할 수 없기 때문이다(절대영점이 존재하지 않음).
예) 도덕지수(MQ), 지능지수(IQ), 섭씨온도, 화씨온도, 물가지수, 생산성 지수, 사회지표 등

(4) 비율측정(radio measurement)

비율측정은 등간척도가 갖는 특성에 추가로 측정값 사이의 비율계산이 가능한 척도이다. 속성이 전혀 존재하지 않는 상태의 절대 영점이 존재한다. 0이 실제적 의미를 가지고 있기 때문에 모든 산술적 조작이 가능하다. 따라서 비율척도의 숫자는 속성의 실제 양을 나타낸다.

> 예) 사람은 0세보다 더 젊을 수 없으며, 몸무게는 0보다는 더 나간다. 따라서 20세는 10세보다 두 배 나이가 더 들었다(비율적 계산이 가능).
>
> 예) TV시청률, 투표율, 신문구독률, 가격, 저축금액, 생산원가, 연령, 무게, 신장, 출생, 사망률 등

〈표 4-1〉 **측정의 특성별 차이점**

구분	명목척도	서열척도	등간척도	비율척도
범주	O	O	O	O
순위	X	O	O	O
등간격	X	X	O	O
절대영점	X	X	X	X
산술적 계산	=	=〉〈	=〉〈±	=〉〈±×÷
통계 (평균의 측정)	최빈값	중앙값	산술평균	기하평균 모든 통계
적용가능 분석방법	빈도분석 교차분석 비모수 통계	서열 상관관계 비모수통계	모수통계	모수통계
예시	성별, 분류, 운동선수 배번종류	학교성적석차 사회계층	온도, 광고인지도 상품선호도 주가지수	투표율, 나이 가격

2. 척도란 무엇인가?

1) 척도의 의미

관찰된 현상에 대해 일정한 규칙에 따라 기호를 부여하는 것을 측정이라 하고 측정을 위한 도구를 척도라고 한다. 척도는 측정하고자 하는 대상에 부여하는 숫자나 기호들의 체계이다. 측정대상의 속성을 발견해서 측정대상의 속성에 따라 일대일로 상응하도록 숫자나 기호를 배치하는 것으로 일정한 규칙에 따라 관찰된 현상에 대해서 수치나 기호를 부여하기 위해 사용되는 도구가 척도이다. 척도는 측정대상의 질적 속성을 계량적인 변수로 변환시키는 수단이 된다.

☞ 자연과학에서는 측정대상이 주로 물질적이기 때문에 척도는 온도계, 체중계, 자, 저울 등이지만 사회복지와 같은 사회과학에서는 측정대상이 주로 비물질적이기 때문에 주로 논의되는 척도는 특정변수에 대해 종합적으로 측정하기 위해 논리적이고 경험적으로 연관된 하나의 또는 다수의 문항들로 구성된다.

2) 척도의 구성과 활용

어떤 현상을 측정하기 위한 도구는 세 가지가 있다. 지표, 지수, 척도가 그것이다. 관련내용은 다음과 같다.

(1) 지표(indicator)

지표란, 변수의 속성을 나타내는 요소로써 사회복지의 속성은 삶의 기본요소, 사회경제적 요소, 사회정치적 요소, 사회문화적 요소 등으로 표현된다. 이들 요소 하나하나가 사회복지라는 변수의 지표에 해당한다.

예) 사람들의 사회경제적 지위는 그 사람의 소득, 학력, 직업, 종교 등의 지표를 통해 파악

(2) 지수(index)

단순지표로는 변수의 속성을 정확하게 파악하기 어렵다. 따라서 정확한 측정을 위해서는 다의적이고 복합적인 측정치를 사용해야 한다. 이러한 복합측정치를 지수라 한다. 다의적이고 복합적인 특성을 갖고 있는 개념을 양적으로 측정하기 위해서 고안된 다수의 지표들을 하나로 묶어 단일 수치로 표현한 것이다. 지수는 측정대상의 개별적인 속성에 부여한 개별지표점수의 단순한 합이다. 또는 개별지표점수에 가중치를 곱해 합산하여 구성된다.

예) 사회지표, 소비자물가지수, 생산성지수, 행복지수 등

(3) 척도(scale)

척도는 측정대상의 개별적인 속성들을 종합적으로 측정함으로써 변수와 관련된 여러 차원을 측정하고 각각의 차원에(각각의 지표에) 점수를 할당하여 항목 간(지표 간)에 서열을 가릴 수 있도록 해준다. 지수는 지표의 점수를 단순히 합하지만 척도는 측정대상의 속성에 따라 점수를 부여함으로써 강도 구조를 포함하고 있다는 장점이 있다.

※ 지수와 척도라는 용어는 구분하는 기준이 명확하지 않아서 혼용하기도 하는데 경험적으로 쉽게 인식할 수 있는 지표들로 구성된 것을 지수라고 하고 사람들의 태도 관련된 변수를 측정하기 위한 것은 척도라고 하는 경우가 있다.

3) 척도의 종류

(1) 명목척도(nominal measurement)

명목척도는 숫자나 순서의 개념과는 상관없이 이름만 붙여지는 척도이다. 자료의 분류만을 위한 척도이다. 자료에 부여되는 숫자에는 의미가 없고, 상징적인 의미만을 가진다. 이와 같이 학력, 종교 등과 같이 수(數)와는 관계없는 내용을 설정해 측정할 때 사용하는 척도를 명목척도라고 한다.

예) "당신의 성별은 무엇입니까?" ① 남 ② 여

(2) 서열척도(ordinal scale)

서열척도는 순서척도라고 한다. 서열척도는 숫자 혹은 수치와는 관련없고 단순하게 순서(서열)를 구분하기 위해 만들어진 척도이다. 측정된 값들 사이에 상대적인 서열관계만 알 수 있도록 숫자나 기호를 부여하는 과정이다. 서열화 척도에는 평정척도, 총화평정척도, 리커트 척도, 거트만 척도화 등이 있다.

① 평정척도

평정척도는 각 항목의 합산을 통하여 서열을 산출한다. 평정척도는 응답자에게 주어진 대상 또는 사회현상에 대해 몇 개의 의미 있는 배열된 범주들 가운데 하나 또는 일정한 연속선상의 한 점을 선택하도록 함으로써 대상의 속성이나 사회현상을 평정하는 방법이다. 평가척도에는 평가자, 대상, 연속성의 세 가지 요소가 있다. 평정척도는 척도를 구하기 쉽고, 사용이 간편하며 비용과 시간적으로 경제적이고 적용범위가 넓다는 장점이 있으나 평가자의 주관적인 판단에 의존하여 평가자의 심리적인 편향에 좌우될 수 있는 단점을 갖고 있다.

> 예) 학생들의 성적을 수, 우, 미, 양, 가 또는 90점 이상 수, 80점 이상 우로 평가하는 방법

〈표 4-2〉 **평정척도의 장단점**

장점	단점
• 구하기가 쉽다. • 사용이 편하다. • 경제적이다.	• 평가자의 주관적 판단에 의존 (평가자의 심리적 편향 좌우)

가. 도표식 평정척도법

평정척도에서 가장 흔히 사용하는 방법이다. 선과 언어를 합하여 구성한 것으로 선을 긋고 중간 중간에 숫자 또는 해설을 붙여서 평가자로 하여금 대상의 위치 또는 태도를 기호로 표시하도록 하는 방법이다.

> 예) 귀하가 이용하는 장애인복지관에 근무하는 사회복지사들은 친절한가요?
>
> 매우 친절하다 보통이다 매우 불친절하다

나. 범주(카테고리) 평정척도법

특정 범주척도는 도표를 사용하지 않고 어떤 속성을 나타내는 문장이나 항목을 그 정도에 따라 범주별로 제시하고 그 가운데서 가장 적합한 것을 고르게 하는 방법이다.

> 예) 당신의 직업만족도는 무엇인가요? (해당내용에 'O' 하시오)
>
> 매우 만족( ) 만족( ) 보통( ) 불만족( ) 매우 불만족( )

다. 숫자-언어식 평정척도법

측정대상의 특성에 따라 평가자가 일정한 숫자나 언어를 부여하여 평가하는 방법이다.

예) ① 매우 만족 ② 만족 ③ 보통 ④ 불만 ⑤ 매우 불만족

라. 점수 부여식 평정척도법(평정방식 평정척도법)

평점방법에 의한 척도는 조사대상의 속성이나 특성에 대해서 평가자가 그의 의견이나 태도를 수치로 평점 하는 것이다. 평정방법에 의한 척도는 조사대상의 속성이나 특성에 대해서 평가자가 그의 의견이나 태도를 수치로 평정하는 것이다. 이 경우 평점의 양극은 0에서 100으로 지정되어 있으나 이 사이에는 아무런 구분이 명시되어있지 않다.

예) 우리 지역의 사회복지관에 근무하는 사회복지사들은 친절하다.
0 ---------------(친절도)--------------- 100

② 총화평정척도

총화평정척도는 응답자가 응답하는 여러 질문의 문항 값을 총합하여 계산한다. 총화평정척도에서는 전체의 점수가 높으면 그 개념의 속성이 더 많거나 크거나 또는 강한 것을 의미한다.

③ 리커트 척도

하나의 개념을 측정하기 위해 여러 개의 문장을 이용하는 척도이다. 실용적이어서 사회과학에서 널리 사용한다.

어떤 변수를 측정하고자 할 때 한 문항만으로는 불충분하며, 적절하게 선택되고

분석된 일련의 다수 문항들로 척도를 구성할 때 변수를 보다 정확하게 측정해낼 수 있다. 리커트 척도는 총화척도를 변형한 것으로 하나의 개념을 측정하기 위해 여러 개의 문장을 이용하는 척도이며, 문항 간의 일관성이 높아야 한다. 리커트 척도는 신뢰도와 타당도를 높이기 위해 하나의 문항보다 여러 개 문항들을 하나의 척도로 사용하는 것에 기초하고 있으며, 내적 일관성 검증을 통해 신뢰도가 낮은 항목은 삭제할 필요가 있다. 리커트 척도는 사용이 용이하여 사회과학에서 널리 활용된다. 척도 구성 시 시간과 비용이 절감되고, 평가자의 주관 개입을 배제하고 응답범위에 따라 정밀성 확보가 가능하다. 이에 반해 리커트 척도의 단점은 얻어진 총점은 등간변수가 아닌 실제로 서열척도로 척도 간의 간격이 불분명하다. 또한 척도 구성 시 모집단을 대표하는 표본선정에 어려움이 있다.

〈표 4-3〉 리커트 척도의 장단점

장점	단점
• 사용이 간편함 • 일관성으로 높은 신뢰도와 타당도 확보 • 평가자의 주관개입 배제	• 모집단을 대표하는 표본선정이 어려움 • 척도 간의 간격이 불분명 (등간변수가 아닌 서열척도)

예) 리커트 척도의 예시 : 우울증 측정

척도문항	전혀 아니다	아니다	그저 그렇다	그렇다	매우 그렇다
1. 나에게는 희망이 없다고 생각한다.	1	2	3	4	5
2. 내 인생은 실패작이라고 생각한다.	1	2	3	4	5
...					

④ 거트만 척도

거트만 척도는 척도 도식법이라고도 하며, 단일 차원적 특성, 태도, 현상 등을 측정하기 위해 마련된 누적척도의 하나이다. 척도를 구성하는 문항 자체가 일정한 기준에 의해 미리 서열성을 부과하여 구성하는 것으로 누적척도에 해당한다. 거트만 척도의 장점은 경험적 관측을 토대로 척도를 구성하여 이론적으로 우월하고, 문항이 누적적이어서 응답결과로부터 응답을 예측할 수 있다. 단점은 질문문항의 내용을 강도에 따라 일관성 있게 누적되도록 작성이 어렵고, 두 개 이상의 변수를 동시 측정하는 다차원적인 척도 사용이 불가능하다.

예) 거트만 척도의 예시

질문문항	강도
1. 외국인 근로자가 우리나라에 있는 것은?	
2. 외국인 근로자가 우리 지역에 있는 것은?	
3. 외국인 근로자와 같은 집에 사는 것은?	

〈표 4-4〉 거트만 척도의 장단점

장점	단점
• 경험적 관측을 토대로 척도구성 • 문항이 누적적이어서 응답결과로부터 예측이 가능 • 단일차원	• 질문 내용의 강도에 따라 일관성있게 누적되도록 작성이 어려움 • 다차원적 척도 사용 불가능

⑤ 사회적 거리척도

보가더스가 인종적 편견의 강도를 측정하기 위해 만든 것으로 이를 사회적 거리척도라고 한다. 누적척도라고도 하며, 한 묶음의 문항들이 논리적인 서열로 배열되어 있으면 응답자들도 그 문항들에 대답한 유형에 따라 순위로 배열할 수 있다. 응답자 자신과 다른 사회적 범주의 구성원 간에 인지되는 거리를 측정하려는 거트만 척도와 같이 누적적인 항목으로 구성되는 누적척도이다. 보가더스의 사회적 거리척도는 소수민족, 사회계급 등에 대한 사회적 거리감의 정도를 측정하기 위해 하나의 연속성을 가진 문항들로 구성된 척도이다.

예) 보가더스 사회적 거리척도

수준		범주	미국인	영국인	중국인
최고 수준 ↑ ↓ 최저 수준	7	혼인하여 친척관계를 가진다.			
	6	친구로서 같은 동호회회원으로 활동하겠다.			
	5	이웃으로서 같은 지역에 살겠다.			
	4	내가 종사하는 회사에서 함께 일하겠다.			
	3	우리나라 국민으로 받아들이겠다.			
	2	우리나라 방문객으로 받아들이겠다.			
	1	우리나라에 들어오지 못하게 하겠다.			

응답요령 : 각 문항에 대한 귀하의 인상적인 반응에 응답을 나타내십시오. 각 국민에 대한 귀하의 일반적인 생각을 토대로 해당 빈 칸에 'O' 표 하십시오.

〈표 4-5〉 **사회적 거리척도의 장단점**

장점	단점
• 집단 상호 간의 거리 측정에 유용 • 예비조사에 적합	• 사회적 거리 순위만을 표시한 것으로 친밀감의 크기를 나타내지는 않음 • 조사의 정확성 확보 어려움

수행절차

① 사회적 거리감을 측정할 수 있는 문항을 만들거나 수집한다(결혼가능 / 개인적 친구 / 이웃 / 직장 / 국민 같이 사회적 거리라는 연속성을 가진 문항들).
② 조사대상자들에게 자신의 의견과 일치되는 문항에 표시하도록 한다(서열척도도 가능).
③ 척도 구성에 적절한 문항을 선정한다(내적 일관성 없는 문항은 제외).

④ 선정된 각 문항에 대한 점수를 합산하여 각 소수민족에 대한 사회적 거리를 파악한다.

(3) 등간-비율 척도(ratio scale)

비율척도는 등간척도의 성질과 함께 무(無)의 개념인 0 값도 가지는 척도를 의미한다. 즉, 수의 개념이 모두 들어가 있는 척도이다. 비율척도는 숫자로 응답할 수 있는 주관식 질문이라고 보면 된다. 설문지에 '나이'를 묻는 질문이라면 비율척도이고, 보기에 ① 10대 ② 20대 ③ 30대로 질문하면 등간척도가 된다.

척도의 개별 값 간에 일정한 거리와 절대 영 값이 존재해야 하는 속성을 갖추어야 하는데 일반적으로 사회과학에서는 쉽지 않은 측정이다. 등간-비율 척도에는 서스톤 척도와 의미 분화척도, 요인척도가 있다.

① 서스톤 척도

리커트 척도 구성의 간격이 동일하지 않다는 단점을 보완하기 위한 것으로 측정의 양 극단을 동일한 간격으로 만들어 수치를 부여하는 등간척도지만 널리 사용하지는 않는다. 서스톤 척도는 등간의 간격을 갖는 척도로 문항평가자들을 통해 사전평가를 시행하고, 이 결과를 분석하여 각 문항에 대한 중앙값을 척도 치로 부여한다.

예) 서스톤 척도의 예

개인주의	가중치	찬성
1. 사회의 의견을 받아들이기 위하여 개인의 의견을 억누르는 것은 자신의 숭고한 목적을 달성하는 길이다.	1.1	
2. 인간은 다수의 의견을 따를 때 가장 좋은 대접을 받는다.	2.7	
3. 논쟁이 생겨서 친구와 의견일치를 보지 못하는 것은 어리석은 일이다.	4.3	
4. 인간의 능력발전은 자신에게 중요한 목적이 되어야 한다.	6.5	
5. 타인의 요구에 쉽게 따르면 자기개성이 희생된다.	5.7	

② 요인척도

요인척도는 변수들 간에 존재하는 상호관계의 유형을 밝혀 상호 밀접하게 연관되어 있는 변수들의 묶음을 발견하고 이를 보다 적은 수의 가설적 변수, 즉 요인들로 축소시키기 위한 통계적 기법이다. 따라서 요인척도에서 먼저 어떤 항목이 척도 내에 포함될 수 있는지를 파악하기 위하여 변수들 간의 상관관계를 계산한다. 요인척도는 컴퓨터 프로그램을 사용하고 항목들의 가중치 부여가 용이하지만 손수 계산이 어려운 단점이 있다.

요인분석을 이용하여 구성문항의 단일 차원성을 확인하고 각 문항의 상대적 영향력을 알 수 있게 함으로써 등간변수 척도의 속성을 가질 수 있게 하는 척도 구성 방법이다.

〈표 4-6〉 요인척도의 장단점

장점	단점
• 컴퓨터 통계 프로그램 사용 • 항목들의 가중치 부여	• 손수 계산이 어려움 • 분석을 위한 도구 필요

(4) 의미 분화척도

의미 분화척도는 어떤 개념에 함축되어 있는 의미를 평가하기 위해 구성하는 척도로 쉽게 만들 수 있고, 비교적 적은 수의 문항으로 신뢰도를 확보할 수 있다. 응답자가 간단하게 응답할 수 있는 장점이 있다. 즉, 어떤 개념에 대한 생각이나 느낌을 다양한 차원에서 평가하기 위해 그에 대한 형용사를 정하고 양 극단에 서로 상반되는 형용사를 배치하여 그 속성에 대한 평가를 내리도록 하는 척도이다.

예) 의미 분화척도의 예 : 당신은 사회복지사에 대하여 어떤 느낌을 갖고 있습니까?

	7	6	5	4	3	2	1	
이타적이다.								이기적이다.
친절하다.								불친절하다.
다정다감하다.								냉정하다.
헌신적이다.								헌신적이지 않다.

〈표 4-7〉 주요 척도의 종류

척도	설명
리커트	• 단순합계척도의 대표적 방법. 설문조사에서 가장 보편적으로 사용 • 개별문항에 응답자가 답한 점수를 합산해 해당개념의 점수를 산출
거트만	• 누적척도의 대표적인 방법, 단일 차원 • 개별 항목들이 일정한 기준에 의해 일관성 있게 서열을 이루고 있는 것이 특징 • 예 : 보가더스의 사회적 거리척도
서스톤	• 리커트 척도의 단점을 보완 • 어떤 사실에 대해 가장 우호적인 태도와 가장 비우호적인 태도를 나타내는 양 극단을 등간격으로 구분하여 여기에 수치를 부여하는 등간척도
의미(어의) 분화	• 개념에 함축된 의미를 평가하기 위해 고안 • 일직선으로 도표화된 척도의 양극단에 서로 상반되는 형용사를 배열

[마인드맵으로 보는 chapter 04 요약정리]

4. 사회복지조사의 측정과 척도

- **측정**
  - 개념: 일정한 규칙에 따라 대상자에게 값을 배정하는 절차
  - 수준
    - 명목측정
      - 측정대상의 특성을 분류할 목적으로 숫자를 부여하는 것
      - 수치적 의미는 아무런 의미가 없음
    - 서열측정
      - 측정대상 간의 대소, 고저, 전후 등에 따라 서열화만 가능
      - 서열간격은 동일하지 않음
    - 등간측정
      - 측정대상을 속성에 따라 구분
      - 서열 간 간격이 동일한 척도
    - 등간측정
      - 측정수준이 가장 높은 수준의 척도
      - 절대적인 '0'이 존재하기 때문에 모든 산술적 조작이 가능
- **척도**
  - 개념: 관찰된 현상에 대해 일정한 규칙에 따라 기호를 부여하는 것을 측정이라 하고, 측정을 위한 도구를 척도라고 한다.
  - 종류
    - 평정척도 — 각 항목의 합산을 통하여 서열을 산출한다.
    - 총화평정척도 — 응답자가 응답하는 여러 질문의 문항 값을 종합하여 계산한다.
    - 리커트 척도 — 하나의 개념을 측정하기 위해 여러 개의 문장을 이용하는 척도이다.
    - 거트만 척도 — 척도도식법이라고도 하며, 단일차원적 특성, 태도, 현상 등을 측정하기 위해 마련된 누적 척도의 하나이다.
    - 사회적 거리척도 — 인종적 편견의 강도를 측정하기 위해 만든 것이다.
    - 서스톤 척도 — 리커드 척도 구성의 간격이 동일하지 않다는 단점을 보완하기 위한 것으로 측정의 양 극단을 동일한 간격으로 만들어 수치를 부여하는 등간척도이다.

Chapter 5

신뢰도와 타당도

[학습목표]

사회복지조사와 관련하여 신뢰도와
타당도에 대한 개념과 그 관계에 대하여 학습한다.

1. 측정의 오류는 무엇인가?

1) 측정의 오류

연구자가 측정하고자 하는 측정대상의 값과 실제 측정도구를 사용하여 얻어진 측정값과의 차이를 의미한다. 추상적인 개념들을 경험화 하는 측정과정에서는 많은 오류가 발생할 수 있다. 이러한 오류는 크게 체계적 오류와 무작위적 오류(또는 비체계적 오류)로 구분할 수 있다.

(1) 체계적 오류(systematic error)

체계적 오류는 변수에 일정하게 또는 체계적으로 영향을 주는 요인을 의미한다. 체계적 오류란 측정대상에 대하여 어떤 영향이 체계적으로 미침으로써 그 오류가 항상 일정한 방향으로 일어나 측정결과가 모두 높아지거나 또는 모두 낮아지게 되는 편향된 경향을 보이는 것이다. 즉, 측정하려는 개념이 아닌 다른 내용이 측정되는 자료의 수집방법이나 수집과정을 통해 개입되는 유형의 오류이다. 체계적 오류는 일정한 방향으로 편향되어 나타난다.

① 고정반응(response set)

② 사회적 적절성(social desirability bias) : 조사자의 의도에 맞추거나 그 사회의 가치 기준에 부합하는 것을 택하려는 경향이다.

③ 문화적 차이(cultural gap bias) : 측정과정에서 문화적 차이나 인구사회학적 차이가 개입하여 발생하는 오류를 말한다.

(2) 비체계적 오류(random error)

오류가 발생하는 과정에서 일정한 유형이 존재하지 않는 경우, 즉 체계적 오류와 같이 일정한 패턴이 없이 일관적이지 않은 무작위적 오류가 존재하는 경우를 말하며, 이 경우에는 오류를 통제하기가 더 어렵다. 다음과 같은 통제하기 어려운 요인에 의해 무작위적 오류가 발생하기도 한다. 첫째, 측정자로 인한 오류는 측정자의 피로, 건강, 사명감, 기분, 동기, 관심, 긴장 등과 같은 신체적·정신적·정서적 요인으로 인해 발생한다. 이들 요인은 수시로 변화할 수 있다. 둘째, 측정대상자로 인한 오류도 측정자와 마찬가지로 긴장, 불안, 피로, 기분 등과 같은 측정대상자 개인의 신체적·정신적·정서적 요인이 수시로 변화하기 때문에 발생할 수 있다. 셋째, 측정 상황적 요인으로 인한 오류이다. 예를 들어 측정시간, 측정 장소, 좌석배열, 소음, 조명, 통풍, 측정 장비, 부모 참석 등이 예측하지 못한 차이를 가져올 수 있다. 예를 들어 아동을 면접할 때 부모의 참석 하에 면접하는 경우와 아동만 독자적으로 면접하는 경우는 동일한 질문임에도 응답내용이 크게 달라질 수 있다. 넷째, 측정도구와 관련해 발생하는 오류이다. 예를 들어 관찰조사표나 관찰지침서와 같은 측정도구에 대한 충분한 교육이 선행되지 않은 상태에서 다수의 관찰자가 측정대상에 대해 관찰을 실시할 경우 측정도구에 대해 서로 다른 해석을 하고 서로 다른 측정결과를 나타내게 된다.

(3) 비체계적 오류 해결방안

비체계적 오류의 해결방법으로는 측정도구의 내용을 명확히 해야 한다. 또는 측정항목의 모호성을 줄이고 되도록 구체화해야 한다. 가능한 측정항목을 늘리고 항목의 선택범위를 넓혀야 한다. 연구자들의 측정방식이나 태도에도 일관성을 가져야 한다. 무엇보다 신뢰도와 타당도를 확보한 측정도구를 활용할 필요가 있다.

2. 신뢰도의 개념이란 무엇인가?

1) 신뢰도의 개념

신뢰도란 측정도구가 측정하고자 하는 현상을 일관되게 측정하는 능력을 말한다. 측정도구를 동일한 응답자에게 반복해서 적용했을 때 일관된 결과가 나오는 정도를 측정도구의 신뢰도가 있다고 한다. 신뢰도는 동일한 대상에 대하여 반복적으로 적용된 특정기법이 매번 같은 결과를 나타내는 정도이다. 측정도구가 측정하고자 하는 현상을 일관되게 측정하는 능력을 말한다. 측정도구를 동일한 응답자에게 반복해서 적용했을 때 일관된 결과가 나오는 정도를 측정도구의 신뢰도라고 한다.

※ 신뢰도란, 특정 측정도구가 얼마나 안정적이고 일관성이 있는지의 정도이다.

어떤 조사결과가 부정확한 측정 자료에서 우연히 발견된 것이 아니라는 확신을 주어야 한다. 측정된 결과치의 일관성, 정확성, 의존 가능성, 안정성, 예측 가능성과 관련된 개념이고, '동일한 개념에 대해 측정을 되풀이했을 때, 동일한 측정값을 얻을 가능성'을 의미한다.

※ 신뢰도를 측정결과의 일관성이라는 의미에서 볼 때 이를 판단할 수 있는 기준은

- 시간상의 안정성 : 척도를 다른 시기에 적용하여도 같은 결과를 가져오는가?
- 하위집단간의 대표성 : 측정도구를 다른 하위집단에게 조사하여도 같은 결과를 가져오는가?
- 같은 개념을 측정하는 각각의 다른 척도를 한 대상에게 적용하여도 같은 결과를 가져오는가?

2) 신뢰도의 측정방법

(1) 신뢰성 측정방법

① 재검사법(test-retest method)

재검사법이란, 동일한 측정도구를 동일한 조사대상자에게 시차를 두고 2번 적용한 결과를 비교하여 두 번의 점수에 대한 상관관계를 계산하여 평가하는 측정의 일관성, 즉 신뢰도를 확인하는 방법이다. 여기서 도출된 상관계수가 높으면 신뢰도가 높다고 할 수 있다. 재검사법의 장점은 적응이 간편하고 측정도구 자체를 직접 비교할 수 있다는 것이다. 이에 반해 단점은 조사가 두 번째 조사에 영향을 미치는 것을 제거할 수 없다는 문제가 있다. 또한 외부현상을 파악하기 곤란하다는 것이다. 즉, 측정도구의 적용기간 사이에 측정대상에 어떤 변화가 일어날지 모른다는 것이다. 쉽게 말해, 통일의식조사의 경우 첫 번째와 두 번째 조사 사이에 남북공동성명이 있었다면 그러한 외부상황이 응답자들의 통일의식에 영향을 줄 수 있다는 것이다. 또한, 두 번 조사해야 한다는 현실적인 어려움도 존재한다.

같은 대상에 대해 2회 이상 동일한 측정을 반복하여 동일한 측정대상에 대해 동일한 상황하에서 동일한 측정도구를 사용하여 측정하였을 때 두 측정값 사이의 차이를 상관관계로 분석하는 방법이다.

〈표 5-1〉 재검사법의 장단점

장점	단점
• 시행이 용이하다. • 절차가 간단하다.	• 검사효과가 발생할 수 있다. • 두 검사 사이에 시간간격을 두고 측정할 경우 성숙효과가 발생할 수 있다.

② 반분법(spilt-half method)

반분법이란, 측정도구의 질문들을 무작위적으로 반씩 나누어 둘로 만든 후 이 두 부분을 따로 떼어서 적용하는 것이 아니라 내용적으로만 갈라놓고 실제로는 본래의 측정도구를 그대로 적용하는 것이다. 측정도구를 조사대상자들에게 적용한 다음 두 부분의 결과를 비교하여 상관관계를 계산해봄으로써 신뢰도를 측정하는 방법이다.

측정도구의 반분 가능 조건은 우선 측정도구가 경험적으로 단일 차원적이어야 한다. 둘째, 양분된 각 측정도구의 항목 수는 그 자체가 각각 완전한 척도를 이룰 수 있도록 충분히 많아야 한다. 그러나 적은 문항의 경우에도 많이 사용된다.

- 반분하는 방법은
① 문항 전체를 순서에 따라 전과 후로 반분하는 전후법
② 짝수법과 홀수법 문항으로 반분하는 기우법
③ 무작위로 반분하는 단순무작위법, 문항 난이도, 문항변별도 등 문항 특성에 따라 반분하는 방법 등이 있다.

반분법의 장점이란 반분된 측정도구로 동시에 측정이 가능하기 때문에 재조사방법의 단점을 보완할 수 있고 서로 측정시간이 다를 때의 시간 간격으로 인해 파생되는 외부변수의 영향을 배제할 수 있으며 동일 대상의 속성을 한 번만 측정하므로 반복검사에서 나타나는 검사효과도 배제할 수 있다. 이에 반해 단점은 반으로 나누어진 각각의 측정문항들을 완전히 동등하게 만들기 어렵고 측정문항이 적은 경우는 사용할 수 없다는 것이다. 반분법은 척도의 항목을 이분하는 방법, 즉 항목의 조합에 따라 다른 상관관계가 나타나는 것이다. 따라서 어느 조합을 사용하느냐에 따라 신뢰도 계수가 다르게 나타난다. 어떤 경우는 신뢰도가 확보되고 어떤 경우는 신뢰도가 확보되지 못하는 결과가 나타날 수 있다.

〈표 5-2〉 반분법의 장단점

장점	단점
• 검사효과를 제거할 수 있다. • 외생변수의 문제를 제거할 수 있다.	• 반으로 나눈 각 측정항목들을 완전히 동등하게 만들기 어렵다. • 원래 척도 문항이 적은 경우에는 사용할 수 없다.

③ 대안법(alternative-form method)

대안법은 유사한 두 가지 형태의 측정도구를 만들어 이것을 각각 동일한 측정대상에 차례로 적용하여 봄으로써 측정한 뒤 두 측정값의 상관관계를 분석하여 신뢰도를 측정하는 방법이다. 이 방법은 동일한 현상을 측정하는데 사용될 유사한 측정도구를 개발하는 것이 어렵고 설사 개발해도 두 척도가 대등한지 여부를 평가할 객관적 방법이 없다는 단점 때문에 잘 사용되지 않는다.

〈표 5-3〉 대안법의 장단점

장점	단점
• 검사-재검사법의 시험효과와 외생변수 문제를 극복할 수 있다.	• 시험효과를 배제할 수 없다. • 두 개의 측정도구를 개발하는 것이 어렵다.

④ 내적 일관성(internal consistency measure)

내적 일관성 분석법은 동일한 개념을 측정하기 위해 여러 개의 항목을 이용할 경우 cronbach's alpha 계수를 이용하여 신뢰도를 저해하는 항목을 측정도구에서 제외시킴으로써 각 항목들의 내적 일관성을 높이는 방법이다. 이 분석기법은 신뢰도 분석에서 가장 많이 이용되는데, 측정도구에서 측정하고 있는 개념을 구성하고 있는 문항들이 서로 동질적인가를 확인하여 이질성을 띤 문항은 분석에서 제외시킨다. 신뢰도는 cronbach's alpha 계수를 기준으로 측정하며 일반적으로 항목 전체의 cronbach's alpha 계수가 0.6 이상이 면 항목들이 동질적이므로 내적 일관성이 있다고 판단한다. 신뢰도 계수는 cronbach's alpha로 표현한다.

크론바흐 알파(Cronbach's alpha)

- 기본 논리는 반분법, 질문들을 구성하는 모든 문항들이 서로 강한 관련성을 가지고 있다는 논리에 근거함. 즉, 각 문항들의 관련성은 각 문항이 측정하고자 하는 잠재력을 가지고 있다는 논리에 근거함
- 질문문항 각각에 대해 상관계수를 구해 그들의 평균에 의해 신뢰도를 판정
- 상관계수들의 평균이 크면 클수록 크론바흐 알파 값이 커진다.
- 현재 신뢰도를 측정하는 기법으로 가장 널리 쓰는 방법
- 장점
  ① 한 척도는 언제나 하나의 크론바흐 알파 값을 갖는다.
  ② 신뢰도가 낮을 경우 이를 높이기 위해서 어느 문항을 수정 또는 제거해야 할 것인가를 결정할 수 있다.
- 크론바흐 알파는 0~1 사이의 값을 가지며, 일반적으로 계수가 0.6 이상이 되어야 만족할 만한 수준이 된다.

3) 신뢰도를 높이는 방법

① 신뢰도를 높이는 방법은 측정 항목의 모호성을 제거해야 한다. 설문문항이 조사응답자에게 모두 동일한 의미로 해석되도록 해야 한다.

② 측정 항목의 수를 늘려야 한다. 그 이유는 항목수가 많을수록 정규분포를 이루기 때문이다.

③ 중요한 질문의 경우 동일하거나 유사한 질문을 2회 이상이어야 한다. 만약 응답이 일관성이 있다면 높은 신뢰도를 가질 수 있다.

④ 조사자가 잘 아는 내용이어야 한다.

⑤ 이전의 조사에서 이미 신뢰성이 검증된 척도를 활용하는 것이 좋다.

3. 타당도의 개념이란 무엇인가?

1) 타당도의 개념

타당도란 측정도구 자체가 측정하고자 하는 개념이나 속성을 정확히 반영하는 정도로써 신뢰성보다 상위수준으로 '측정하고자 하는 개념이나 속성을 정확히 측정하였는가'를 의미한다. 타당도는 조사자가 측정하고자 하는 개념이나 속성을 측정하기 위하여 개발된 측정도구가 그 개념과 속성을 얼마나 정확히 측정하는가를 의미한다. 측정하려는 개념(변수)에 대한 의미를 측정도구가 충분히 잘 반영하고 있는 정도를 말하기도 한다. 즉, 측정도구는 그 개념이 내포하고 있는 구성요소들 중에서 정말 중요한 것을 정해야 한다.

예) 영어시험문제, 자격증 시험문제에서의 타당도의 역할을 규정한다면 시험문제는 학생(수험생)들이 반드시 알아야 되는 문제를 중심으로 출제하여야 한다.

타당도/타당성이란 '측정하고자 하는 개념을 얼마나 정확히 측정하였는가'이다.
- 타당도란 측정한 값과 대상의 진정한 값과의 일치 정도를 의미
- 타당한 측정도구는 측정하고자 하는 바를 정확하게 측정하며, 측정대상이 서로 다를 경우 그만큼을 정확하게 다른 값으로 나타내주어야 함

2) 타당도의 유형

(1) 내용타당도(content valldlty, 액면타당도)

측정도구를 구성하고 있는 내용(content)이 가지고 있는 대표성의 정도를 의미한

다. 즉, 측정도구를 구성하고 있는 내용들이 자신이 측정하고자 하는 개념을 포함하고 있는 정도를 말하는 것이다.

측정하고자 하는 속성이나 개념을 얼마나 대표성 있게 포함하고 있는가에 대해 주관적 또는 상호 주관적으로 판단하는 것이다. 타당성을 확보하기 위해 연구에서 사용하는 개념에 대한 전문가, 측정도구 개발에 대한 전문가, 혹은 예비 측정 대상자들을 통해 측정 내용들에 대한 타당성을 확인해야 한다. 내용타당도 평가는 궁극적으로 주관적 판단에 의존할 수밖에 없는 한계를 지니고 있다.

(2) 기준타당도(criterion-related validity)

특정 개념에 대하여 이미 타당도가 확인된 다른 측정도구를 기준으로 삼아 현재 개발된 도구의 타당도를 판단하는 것이다. 내용타당도보다 높은 수준의 검증방법으로 경험적인 근거를 통해 타당도를 확인하는 방법이다.

내용타당도와 달리 통계처리에 의해 타당도를 검증하기 때문에 객관성이 높은 방법이다.

① 동시타당도(concurrent validity)

연구자의 척도가 그 측정집단의 현재 특성을 기대되는 방향으로 구분할 수 있는 정도를 말한다.

동시타당도는 공인타당도라고 번역하는 경우도 있다. 작성한 측정도구를 이미 존재하고 있는 신뢰할 만한 다른 측정도구와 비교하는 방법이다. 동시타당도는 기존의 설문지를 구하기가 어렵고 새로운 질문지와 기존 설문지를 모두 조사해야 한다는 어려움이 있다.

예) IQ테스트에 관한 질문지를 만든 경우 새로운 질문지를 통한 IQ점수와 기존의 질문지에 대한 IQ 점수와 상관관계를 통해 척도의 타당도를 구한다. 즉, 새로운 질문지에서 높은 점수를 얻은 학생이 기존의 시험에서 높은 점수를 얻고 새로운 질문지에서 낮은 점수를 얻은 학생이 기존의 시험에도 낮은 점수를 얻으면 타당도가 높다고 할 수 있다.

② 예측타당도(predictive validity)

예측타당도는 해당 척도와 논리적으로 관련되어 있는 미래의 사건이 외부적인 기준으로 이용되는 방법이다. 운전면허시험의 타당도를 측정하기 위한 경우 운전면허시험의 고득점자가 실제로 운전을 잘한다면 타당도가 높다고 할 수 있다. 단점은 사회현상을 조사하는 경우 적절한 외부기준을 찾기가 어렵다는 것이다. 즉, 측정결과로 나타난 점수나 척도평가자가 조사대상자의 차후 태도나 예견할 수 있는 정도를 말한다.

※ 기타 타당도 유형

○ **집단 비교법**

집단 비교법은 상반된 태도나 특성을 가진 2개의 집단을 선정하고 그 두 집단에 측정도구를 적용하여 그 결과의 차이가 상반된 태도를 나타내는가를 보는 것이다. 단점은 상반된 태도나 특성을 가진 집단을 구하기가 쉽지 않다는 것이다. 예를 들어, 두 집단 간에 장애인에 대한 태도 외에 다른 태도나 특성의 차이가 있어 결과에 차이가 나타날 수 있다.

예) 장애인에 대한 태도를 측정하기 위한 측정도구를 개발할 경우, 측정도구의 타당도를 측정하기 위해 장애인을 위한 활동에 적극적으로 참여하거나 우호적인 태도를 가진 사람과 반대로 잘 참여하지 않고 비우호적인 사람들에게 같은 측정도구를 사용하여 차이를 비교한다.

○ **기준문항에 의한 타당도**

질문지에 질문내용의 응답자들을 판별하는데 기준이 될 수 있는 문항을 포함시켜 질문지를 만든 후 이를 조사대상자에게 적용하며 그 기준이 되는 문항에 대한 점수와 다른 문항들의 합계점수 간의 상관관계에 의해 타당도를 검증하는 방법이다. 기준문항에 의한 타당도 장점은 질문지를 조사대상자에게 한 번 적용하여 그 결과를 가지고 상관관계를 구할 수 있다는 점과 편리하고 실용적이어서 널리 활용된다는 것이다.

예) 노인복지정책에 대한 의견조사의 경우 연령을 기준문항으로 이용할 수 있을 것이다. 이는 연령이 많을수록 노인복지정책에 긍정적인 대답을 할 것이라는 점이다.

(3) 구성타당도(construct validity)

구성타당도는 개념타당도라고도 한다. 측정하고자 하는 개념이 관련을 맺고 있는 개념이나 가정을 토대로 하여 그 개념의 전반적인 이론적 틀 속에서 측정도구의 타당성을 경험적으로 검증하는 방법이다. 외적 기준을 활용할 수 없는 추상적인 속성을 측정하는 방법을 마련하는데 주로 사용되는 방법이다. 추상적인 개념들을 측정할 수 있는 도구들을 효과적으로 분석하는 방법이며 1950년대 이후 행동과학 및 정신심리학과 관련된 개념들의 측정도구 개발과 관련하여 발달된 것으로 효과적인 측정도구 개발에 커다란 공헌을 한 방법이다. 내적 구성에 기초한 근거를 측정하는 통계적 기법으로 상관 계수법, 실험 설계법, 요인 분석 등이 있다. 구성타당도는 이해타당도, 집중타당도, 판별타당도로 구성되어 있는데 이 세 가지의 타당도가 높아야 개념타당도가 높다고 할 수 있다.

① 수렴타당도(convergent validity)

동일한 개념측정을 위한 측정치간 높은 상관관계를 의미한다. 이론적으로 관련있는 변수와 상관관계가 있는 것으로 보일 때 수렴타당도가 있다고 한다.

② 판별타당도(discriminant validity)

이론적으로 상관없는 변수와 서로 연관되지 않는 것으로 나타날 때 판별타당도가 있다고 한다.

③ 이해타당도(nomological validity)

특정 구성개념을 이론적 구성도에 따라 체계적, 논리적, 포괄적으로 이해하고 있는 정도를 말한다.

4. 타당도와 신뢰도의 관계는 무엇인가?

신뢰도와 타당도의 관계를 이해하기 위해서는 각각의 의미를 잘 파악할 필요가 있다. 신뢰도와 타당도는 항상 정의(positive relationship) 관계를 갖는 것은 아니다. 타당도가 높으면 당연히 신뢰도가 높지만 반드시 그 역이 성립하는 것은 아니다.

(1) 타당도가 높은 측정은 항상 신뢰도도 높다.
(2) 타당도가 낮다고 해서 반드시 신뢰도가 낮은 것은 아니다.
(3) 신뢰도가 높다고 해서 반드시 타당도가 높다는 것을 의미하지는 않는다.
(4) 신뢰도가 낮은 측정은 항상 타당도가 낮다.
(5) 신뢰도는 높고 타당도가 낮은 측정도 있다.
(6) 신뢰도가 낮고 타당도가 높은 측정은 없다.

즉, 타당도와 신뢰도의 관계에서 타당도가 높은 측정은 반드시 신뢰도가 높지만, 신뢰도가 높다고 해서 반드시 타당도가 높은 것은 아니다.

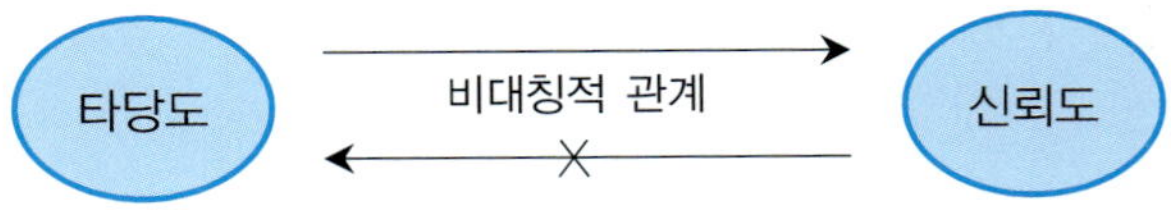

[그림 5-1] **타당도와 신뢰도의 관계**

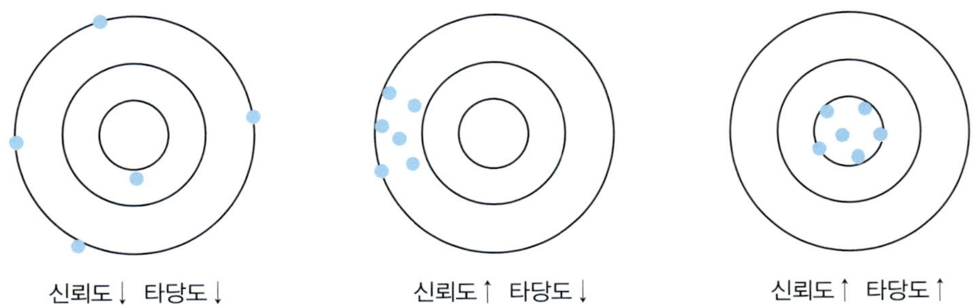

[그림 5-2] **신뢰도와 타당도의 관계**

신뢰도와 타당도에 영향을 미치는 요인은 조사도구와 조사환경에 있다. 조사도구는 질문문항의 모호성, 측정문항 수, 측정시간 등으로 구성되어 있다. 조사환경은 조사 당시의 상황, 조사대상자, 조사자의 해석 등이 있다.

※ 조사자의 해석

개방형 질문의 경우에는 조사자의 주관이 개입될 여지가 많고 폐쇄형 질문의 경우에도 수집된 자료를 어떻게 부호화하였느냐 또는 측정결과를 어떻게 해석하느냐에 따라 신뢰도와 타당도에 영향을 미칠 수 있다.

예) 노동자에 대한 정리해고에 대해 5점 척도로 조사한 결과 적극반대 30%, 반대 5%, 중립 25%, 찬성 30%, 적극찬성 10%였다고 하자. 이 경우 노동자를 대변하는 연구자는 적극반대 30%, 적극찬성 10%밖에 되지 않는다고 할 수 있고 사용자를 대변하는 연구자는 반대가 35%, 찬성 40%라고 할 수 있다.

[마인드맵으로 보는 chapter 05 요약정리]

5. 신뢰도와 타당도

- **측정의 오류**
  - 체계적 오류 — 변수에 일정하게 또는 체계적으로 영향을 주는 요인에 의하여 일정한 방향과 크기로 측정값에 영향을 미치는 오류이다.
  - 비체계적 오류 — 오류가 발생하는 과정에서 일정한 유형이 존재하지 않는 경우, 즉 체계적인 오류와 같이 일정한 패턴없이 무작위로 영향을 미치는 요인들에 의한 측정상의 오류를 말한다.
- **신뢰도**
  - 개념: 특정도구가 얼마나 안정적이고 일관성이 있는지의 정도
  - 방법
    - 재검사법 — 동일한 대상에 대하여 동일한 척도를 일정한 시간간격을 두고 측정한 뒤 그 측정값을 서로 비교하는 방법
    - 반분법 — 하나의 척도를 둘로 나누어 동일한 대상에 대하여 동시에 측정을 실시한 후 각각 측정값의 상관관계를 계산한 것
    - 대안법 — 서로 다른 두 개의 척도를 동일 대상에 대하여 동시에 사용하는 것
    - 내적일관성 — 동일한 개념에 대해 여러 개의 항목으로 구성된 척도를 이용할 경우, 항목들 사이의 상관관계를 측정하여 신뢰도를 측정하는 방법
- **타당도**
  - 개념: 해당도구가 자신이 측정하고자 하는 측정대상을 측정하는 척도
  - 방법
    - 내용타당도 — 측정도구를 구성하고 있는 내용이 가지고 있는 대표성의 정도를 의미
    - 기준타당도
      - 개념: 특정 개념에 대하여 이미 타당도가 확인된 다른 측정도구를 기준으로 삼아 현재 개발된 도구의 타당도를 판단하는 것
      - 종류
        - 동시타당도 — 연구자의 척도가 그 측정집단의 현재 특성을 기대되는 방향으로 구분할 수 있는 정도
        - 예측타당도 — 측정결과로 나타난 점수나 척도 평가자가 조사대상자의 차후 태도나 해결할 수 있는 정도
    - 개념타당도
      - 수렴타당도
      - 판별타당도
      - 이해타당도
- **신뢰도와 타당도의 관계**
  - 타당도가 높은 측정은 항상 신뢰도가 높다.
  - 타당도가 낮다고 해서 반드시 신뢰도가 낮은 것은 아니다.
  - 신뢰도가 높다고 해서 반드시 타당도가 높다는 것을 의미하지는 않는다.
  - 신뢰도가 낮은 측정은 항상 타당도가 낮다.
  - 신뢰도는 높고 타당도가 낮은 측정도 있다.
  - 신뢰도가 낮고 타당도가 낮은 측정은 없다.

Chapter 6

표 본 추 출

[학습목표]

표본추출의 기본개념과 표집에 관련한 용어를 알아보고 나아가 표본추출의 주요방법에 대하여 학습한다.

1. 표집의 기본개념은 무엇인가?

1) 표집의 정의

사회과학에서 어떤 현상에 대해 조사할 때 조사 내용을 완벽하게 대표해주는 대상을 찾아 필요한 정보를 얻기란 쉬운 일이 아니다. 따라서 조사는 전체 모집단에서 모집단을 가장 잘 대표할 수 있는 사람이나 집단을 선택하여 그들을 조사대상으로 삼으려 하는데, 이것이 바로 표본이다.

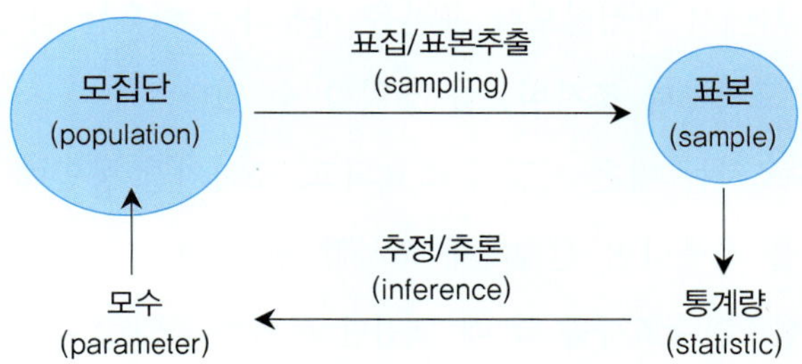

[그림 6-1] 표집

이렇게 표본을 선택하는 과정을 표본추출 또는 표집이라고 한다. 즉, 표집이란 모집단으로부터 조사대상을 선정하는 과정으로 조사문제와 자료를 생산하는 과정에서 무엇을 또는 누구를 관찰대상으로 할 것이냐 또는 누구를 설문의 응답자로 할 것이냐를 결정하는 것이다.

일반적으로 사회과학에서 표본추출은 모집단(연구대상) 가운데 자료를 수집할 일부의 대상을 표본으로 선택하는 과정이다. 원래는 알고자 하는 대상 전체를 상대로 자료를 수집하는 것(전수조사)이 이상적이기는 하지만 현실적으로 많은 비용과 노력이 들기 때문에 전체 대상 중 일부를 선택(표본)하고 이 표본에 대한 자료를 바탕으로 모집단 전체의 특성을 추정하게 된다. 연구자가 관심을 가지고 있는 연구대상 전부를 포함하고 있는 집단을 모집단이라 하고, 이 모집단에서 일정 부분을 추출하여 하나의 표본을 구성하는 작업을 표본추출 또는 표집이라고 한다. 사회과학조사에서 표본을 이용하는 조사가 선호되는 이유는 첫째, 경제적이며, 둘째, 신속하고 정확한 조사가 가능하고, 셋째, 사회조사에 있어서 많은 경우 연구자가 자신이 관심을 가지고 있는 연구대상 전체를 정확하게 확정하기 어려운 경우가 많기 때문이다.

2) 표집의 장점

실제 사회복지조사에서 모집단보다 표본을 사용하는 이유는 다음과 같다.

(1) 경제성 : 전수조사보다 조사비용을 절약할 수 있다.

(2) 신속성 : 전수조사는 많은 시간이 소요되고, 조사기간 동안에 상황이 변할 수 있지만 표본을 사용하면 신속하게 조사할 수 있다.

(3) 조사의 가능성 : 전수조사를 할 때 모집단 전체를 파악할 수 없는 경우가 있으며 조사가 현실적으로 불가능하다. 따라서 조사를 가능하도록 하기 위해서 표본이 사용된다.

(4) 자료의 정확성 : 조사업무량이 많지 않아 유능한 조사자들에 의해 조사될 수 있으므로 연구대상을 정확히 파악할 수 있다.

(5) 높은 응답률 : 응답자로부터 높은 응답률과 협력을 얻을 수 있다.

(6) 조직적 반발의 방지 : 많은 사람들의 감정을 상하게 하지 않을 수 있고, 감정이 상한 사람은 똑같은 질문을 접한 다른 응답자의 신원을 모르기 때문에 공통된 관심을 가지고 조직화될 가능성이 적다.

(7) 신뢰도 : 전수조사는 상당수의 면접자 또는 조사자가 필요하기 때문에 신뢰도 문제가 발생할 가능성이 높다.

3) 표집의 단점

(1) 모집단을 대표할 수 있는 표본을 찾기 어렵다. 표본이 모집단을 대표하지 못할 경우 표본을 대상으로 조사한 결과를 전체의 결과로 말할 수 없다. 즉, 일반화 가능성이 낮다.

(2) 모집단의 크기가 작은 경우에는 표집에 큰 의미가 없다. 모집단의 크기가 작은 경우에는 모집단 자체를 조사하면 되기 때문에 표본을 추출하는 것이 의미가 없다.

(3) 표본설계가 복잡한 경우에는 오히려 시간과 비용이 더 많이 소요될 수 있으며, 표본설계가 잘못된 경우 오차가 많이 발생할 수 있다는 단점이 있다.

4) 표본추출 과정

모집단 확정 (population)	• 연구의 대상이 되는 집단으로서 통계적인 추정에 의해 정보를 얻으려는 대상 집단 • 모집단은 연구대상, 표본단위, 범위, 시간 등의 요소를 고려하여 확정
↓	
표본프레임 결정 (sampling frame)	• 연구대상이나 표본단위가 수록된 목록으로 표본이 추출될 최종적 집단
↓	
표본추출방법 결정	• 확률 표본추출방법 • 비확률 표본추출방법
↓	
표본크기 결정	• 신뢰구간접근법 • 가설검증접근법
↓	
표본추출	

[그림 6-2] 표본추출 과정

표본추출 시 오차를 줄이는 요인

① 모든 조사대상이 표본으로 추출될 동등한 기회를 가질 때 오차는 줄어듬
② 표본이 클수록 오차는 줄어듬
③ 동질적인 모집단은 이질적인 모집단보다 오차를 줄일 수 있음

2. 표집용어에는 무엇이 있는가?

1) 모집단(population)

연구대상의 전 대상 중에서 실제로 조사를 할 수 있는 현실적인 연구대상이다. 시간, 공간, 자격을 구체화시켜 정의한다. 모집단 가운데 표본이 실제로 추출되는 모집단을 연구모집단 또는 조사모집단이라고 한다. 연구자가 관심을 가지고 연구하고자 하는 대상들의 전체 집합이다. 이는 실제 연구대상이 되는 전체집단으로서 연구자가 전수조사를 통해 자료를 수집하거나, 표본조사 결과를 가지고 통계적 기법을 활용해 추정하려는 대상집단을 말한다.

2) 표집요소(sampling element)

정보수집 대상의 단위, 개인이거나 가족, 사회모임, 기업, 집단 등이 요소가 될 수 있다. 모집단을 구성하고 있는 개별대상으로 요소에 해당하는 것으로는 특정한 속성을 가진 개별인간, 가족, 집단, 기관, 지역사회, 국가 등이 해당된다. 자료가 수집되는 대상의 단위로서 자료 분석의 기초가 된다.

3) 표본(sample)

전체 모집단의 부분집합 또는 부분이다. 연구자에 의하여 연구목적에 따라 정의된 모집단 가운데에서 일정한 체계적인 추출과정을 거쳐 실제로 선발된 부분이다. 모집단으로부터 측정대상으로 선택된 일부이다.

4) 표집단위(sampling unit)

표집과정의 각 단계에서 표집대상이 된 요소들의 단위를 말한다. 예를 들어 전국단위 조사에서 시 · 도를 1차 표집하고 표집된 시 · 도에서 시 · 군 · 구를 표집하고, 시 · 군 · 구에서 읍 · 면 · 동을 표집하고 읍 · 면 · 동에서 개인을 표집할 경우, 표집단위는 시 · 도, 시 · 군 · 구, 읍 · 면 · 동, 개인이 되는 것이다. 표집과정에서 선발이 고려되는 요소로서 모집단에서 표집을 추출하는 과정이 한 번의 절차로 이루어질 경우에는 모집단의 요소가 바로 표집단위가 된다.

5) 관찰단위(observation unit)

직접적인 조사대상으로 자료가 수집되는 요소 또는 요소들의 집합체이자 자료수집 단위이다. 관찰단위는 분석단위와 대체로 일치하지만 반드시 일치하지는 않는다. 관찰단위는 모집단 혹은 표본에서 자료의 수집이 이루어지는 요소이다. 자료수집의 단위가 관찰단위이고 자료수집 내용에서 실제 분석하는 단위가 분석단위이다.

예) 장애인 근로자가 근무하는 기관의 직장상사(관찰단위)와의 면담을 통해서 장애인 근로자(분석단위)의 직장적응에 관한 정보를 수집할 수 있다. 관찰단위와 분석단위가 일치하지 않는 경우에는 적절한 정보를 얻을 수 있도록 세심한 주의가 필요하다.

관련 용어 예시

2019년 맞춤형 재가복지 서비스를 이용한 경험이 있는 70세 이상의 노인을 대상으로 조사를 실시하였다. 표본은 맞춤형 재가복지 서비스 이용자 명부로부터 무작위로 300명을 추출하였다.

- 모집단 : 맞춤형 재가복지 서비스 이용 노인
- 표집틀 : 맞춤형 재가복지 서비스 이용자 명부
- 표집단위 : 개인
- 표집장법 : 무작위
- 관찰단위 : 개인

6) 표집틀(sampling frame)

연구대상 모집단에서 개별요소 하나가 선택될 비율을 의미한다. 표본으로 추출될 요소들의 전체 명단을 의미한다. 달리 말하면 표본이 실제로 추출될 표집단위의 총합이라고 할 수 있고 모집단의 명부이다.

7) 통계치(statistics)

조사표본에서 특정 변수가 가지고 있는 특성을 요약한 것을 말한다. 표본에서 특정 변수의 특징을 말한다.

8) 모수(parameter)

통계치를 근거로 확률적으로 추정하여 모집단의 특성을 요약하고 묘사한 것을 말한다. 통계치란 표본을 관찰하여 얻어진 자료를 의미하고 모수치란 모집단을 대상으로 한 자료를 말한다. 모집단에서 어떤 변수의 속성을 말한다.

9) 표본조사(sampling study)

표본조사를 거쳐 모집단의 일부를 표본으로 선정하고 그 표본에 대해서만 실시하는 조사를 말한다. 표본을 일차적으로 기술통계의 분석대상으로 본다. 표본조사의 궁극적인 관심은 표본을 통해 모집단을 설명하는 것이다.

10) 전수조사(population study)

연구대상 전체인 모집단을 대상으로 실시하는 조사이다.

11) 표집간격(sampling interval)

표집간격은 모집단으로부터 표본을 추출할 때 추출되는 개별 요소 간의 간격을 말한다.

12) 표집오차(sampling error)

표집오차는 표본들의 분포에서 각 특성의 값 사이의 표준편차를 의미한다. 표준오차는 신뢰간격을 계산하는데 사용한다. 표본의 통계치들이 모집단의 모치수와 정확히 일치하지 않고 그 주위에 분산되어 있는 정도이다.

13) 신뢰구간(confidence levels)

신뢰구간은 통계치를 가지고 모수치를 추정할 때, 이 추정 값의 오차범위를 의미한다. 즉, 신뢰수준 95%라고 하는 경우 실제 모수치와 추정된 모수치 사이의 오차범위가 ±5%라는 의미이다. 신뢰구간은 모집단으로부터 표본을 체계적 또는 계통적 표집방법으로 추출할 때 사용하는 용어이다.

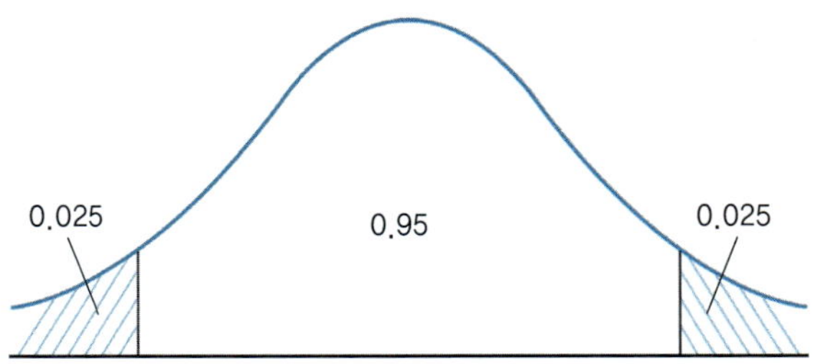

[그림 6-3] 신뢰구간

예) 신뢰수준 95%로 통계치의 평균이 100만원이라면 실제 모수치의 평균은 95만원에서 105만원 사이에 있는 것으로 이해하면 됨

예) 우리나라 20대 청년이 10만명이라고 할 때, 이들을 모두 조사하는 것은 현실적으로 어렵다. 따라서 A대학교에 입학한 학생들의 키의 평균을 구해보니 170cm가 나왔다고 할 때, 이 170cm를 표본평균이라고 한다. 그런데 여기서 나온 170cm를 전국 진짜 평균이라고 하기 어렵다. 이때, 신뢰수준이 95% 정도라고 한다면 전국평균이 165cm~175cm 사이에 있는 것으로 이해하면 된다. 여기서 165cm~175cm라는 예측된 구간을 '신뢰구간'이라고 한다. 신뢰구간이란 이 구간 내에 실제 모수가 존재할 것으로 예측되는 구간으로 정의할 수 있다.

3. 표본추출의 방법은 무엇인가?

표본추출의 표집방법은 기본적으로 두 가지 형태가 있다. 하나는 확률표집(probabilistic sampling)이고, 다른 하나는 비확률표집(nonprobabilistic sampling)이다.

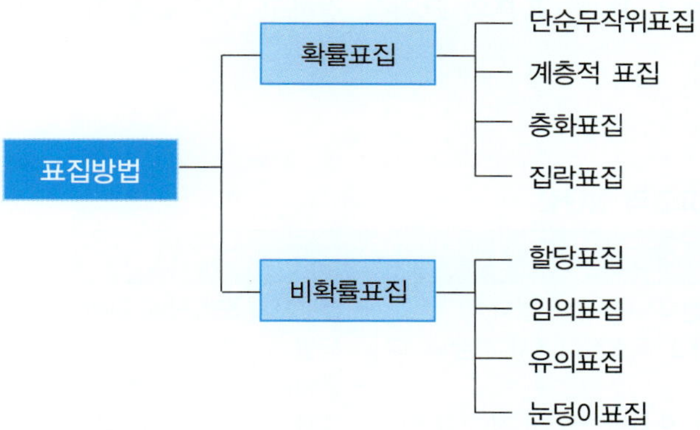

[그림 6-4] **표집방법의 유형**

1) 확률표집(Probability sampling)

모든 연구대상이 표본으로 추출될 확률이 알려져 있고, 표본추출을 위해 무작위적 방법을 적용하는 경우이다. 확률표집은 모집단의 모든 구성요소가 표본으로 추출될 확률 혹은 기회가 동일한 것을 말한다. 각각의 사례가 모집단으로부터 표본으로 추출된 확률을 알 수 있는 표집방법이다.

(1) 단순무작위표집(Sample random sampling)

단순무작위표집은 확률표집 가운데 가장 기본적인 표집방법으로 아무런 의식적 조작 없이 표본을 추출하는 방법이다. 이 유형은 모집단의 각 요소가 표본으로 뽑

힐 확률이 동일하며 이론적으로 모집단의 특성을 가장 잘 반영해 주는 표집방법이다. 단순무작위표집에서 필요 요건으로 첫째, 모집단의 목록이 필요하다. 둘째, 한 사례를 표집하는 것이 다른 사례의 표집확률에 영향을 주어서는 안 된다. 표본추출 방법은 첫째, 모집단의 모든 표본단위가 선택될 확률이 같도록 표본단위를 선택하고, 둘째, 모집단을 확정하고 표본프레임을 작성하는 것이다. 셋째, 각각의 표본에 고유번호를 부여하고, 넷째, 표본의 크기를 정하고 난수표를 이용하여 표본의 번호를 확정, 추출한다.

〈표 6-1〉 단순무작위표집의 장단점

장점	단점
• 모집단에 대한 사전지식이 필요 없다. • 추출기회가 동등하고 독립적이어서 표본의 대표성이 높다. • 자료의 분류에 있어 오차의 개입이 적다(표본오차의 계산이 용이).	• 연구자가 모집단에 대해 가지고 있는 지식을 활용할 수 없다. • 동일한 크기의 표본인 경우 층화표집보다 표본오차가 크다(층화표집은 동질적인 층에서 표출하는 것이다). • 비교적 표본의 규모가 커야 한다. • 표본프레임의 작성이 어렵다(불완전한 목록표에 의한 확률표집은 결과적으로 비확률표집이 된다).

단순무작위표집의 추출방법

① 모든 사례를 목록화(list)하고
② 각 사례에 번호를 붙인 후
③ 제비뽑기나 난수표 방식으로 추출함

(2) 계층적 표집(Systematic sampling)

계층적 표집은 체계적 표집으로도 불린다. 무작위표집의 장점을 살리면서 모집단에서 일정한 순서에 따라 표본을 추출하는 방법으로 전체 모집단에서 무작위표집의 표집 틀에 일련번호를 부여하고 전체 모집단을 원하는 표본 수로 나누어 표집 비율을 정하며 이렇게 결정된 표집 비율에 따라 모집단에서 일정 비율로 표본을 반복적으로 선정한다. 최초의 표본집단을 무작위로 선정한 후 일정한 간격으로 표본을 추출한다.

예) 전체학생이 30명으로 기록된 출석부에서 표본 6명을 추출하여 면접조사를 실시한다고 가정할 때 이때의 표본구간은 5이다.

〈표 6-2〉 계층적 표집의 장단점

장점	단점
• 표본추출이 용이하다. • 모집단 전체에 걸쳐 공평하게 표본을 추출할 수 있어 대표성이 높다.	• 모집단의 배열이 일정한 주기성 또는 특정 경향성을 가지고 있을 때에는 편견이 개입되어 대표성이 문제가 된다.

(3) 층화표집(stratified random sampling)

층화표집은 표본이 층화 혹은 집단화되어 있는 경우 집단별 특성(성별, 연령, 학력, 직업 등)에 따라 상호 배타적이고 포괄적인 소집단들로 나눈 후 각 집단별로 표본구간과 무작위 출발점을 정하여 표집하는 방법이다. 층화표집은 모집단을 보다 동질적인 몇 개의 층으로 나누고 이러한 각 층으로부터 단순무작위표집, 또는 계통적 표집을 하는 방법이다. 모집단을 동질적인 소집단으로 층화시키고, 각 집단의 크기에 따라 단순무작위방법을 사용하여 추출한다. 모집단을 상호독립적이고 포괄적인 소집단으로 분류하고, 소집단에서 얻은 표본의 비율을 정하여 집단별 표본수를 결정한다. 층화표집은 모집단의 속성에 대한 이해를 바탕으로 한다. 동일한 집단 내에서 발생하는 표집오차가 이질적인 집단 내에서 발생하는 표집오차보다 더 작다는 확률분포 논리에 기초한다.

① 비율적 층화표집(proportionai stratified sampling)

비율적 층화표집은 표본의 크기를 소집단의 크기에 따라 비율적으로 결정하고, 모집단에서 각 층이 정하는 크기에 비례하여 각 층에서 추출되는 표본의 크기를 할당하여 추출하는 방법이다. 단순무작위나 체계적 표본보다 대표성이 있지만 몇 개의 층을 설정할 때 분류오차가 생길 가능성이 있다.

② 비비율적 층화표집(Disproportional stratified sampling)

비비율적 층화표집은 소집단의 크기와 분산도를 함께 고려하여 표본을 추출한다. 표본추출을 능률적으로 하기 위해 각 층에 상이한 가중치를 주어서 추출하는 방법이다. 전체 모집단에서 차지하는 비율이 극히 작은 하위 집단들은 비례적인 방법으로 포함되지 않을 가능성이 있다. 전체 모집단의 특성보다는 각 층이 대표하는 부분집단의 특성을 알아볼 때 사용한다. 각 층의 크기와 상관없이 각 층에서 같은 수의 표본을 추출하는 방법이다.

③ 최적분할 비비율 층화표집(Optimum Allocation Disproportional stratified sampling)

최적분할 비비율 층화표집은 비비율 층화표집의 한 방법으로 표본의 크기를 각 층에 할당함에 있어서 표본오차가 최소가 되도록 하는 방법이다. 동질적인 층은 비교적 적은 수의 표본 선정, 이질적인 층은 보다 많은 수의 표본을 선정함으로써 결과적으로 가장 적은 표본의 크기로 정확성의 수준을 유지한다.

예) 고등학교 3학년 학생 900명을 성적순에 의해 90명을 표본을 추출할 경우
  -상위그룹 80점 이상 → 모두 90점

-중위그룹 50점 이상 80점 미만 → 50점~79점
-하위그룹 50점 미만 → 40점~49점

〈표 6-3〉 최적분할 비비율 층화표집의 장단점

장점	단점
• 중요 집단은 빠뜨리지 않고 표본에 포함시킬 수 있다. • 일정한 정확성을 보다 적은 비용으로 확보할 수 있다. • 동질적 대상은 표본의 수를 줄이더라도 대표성을 높일 수 있다. • 모집단의 각 층화집단의 특수성을 알 수 있으며 비교가 가능하다.	• 층화 시 모집단에 대한 지식이 필요하다. • 무엇에 초점을 두어 층화하는가 하는 문제가 제기된다. • 층화 시 근거가 되는 명부가 필요하며, 없을 경우 많은 시간과 노력이 소요된다. • 모집단을 층화하여 가중하였을 때, 원형으로 복귀하기가 어렵다.

(4) 집락표집(Cluster sampling)

집락표집(군집표집)은 모집단을 구성하는 모든 대상자 명단을 확보할 수 없는 경우에는 집락, 즉 자연집단에서 무작위로 개인을 추출하는 방법이다. 표본들을 군집으로 묶어 집단을 선택하고, 선택된 집단 내에서 표본을 추출한다. 모집단을 일차적 군집으로 나누고, 이들 군집 안에서 각기 따로 표본들을 무작위로 추출한다. 상위군집에서 하위군집으로 이동하면서 표본단위들을 추출한다. 집락표집의 기준은 첫째, 몇 단계에 걸친 표집을 한 것인가? 둘째, 군집의 수는 몇 개로 할 것인가? 셋째, 각 군집 내의 단위, 사례수는 몇 개로 할 것인가? 이다.

예) 서울시 시민의 교통수준에 대한 의식조사를 실시하는 경우, 각 동을 무작위로 추출한 다음에 이 동에서 표본을 설정하는 방법이다.

〈표 6-4〉 집락표집의 장단점

장점	단점
• 시간과 비용을 절약(광범위한 모집단에 이용가능) • 전체 모집단의 목록표를 작성하지 않아도 된다(모집단의 목록이 없을 때 사용 가능).	• 집락이 동질적이면 오차의 개입 가능성이 높다. • 단순무작위표집보다 특징을 과대 또는 과소하게 나타낼 위험성이 높다.

〈표 6-5〉 층화표집과 집락표집 비교

층화표집	집락표집
모든 부분집단에서 표본선정	추출된 군집에서만 표본선정
부분집단 간 이질적, 집단 내는 동질적	부분집단 간은 동질적, 집단 내는 이질적

2) 비확률표집(Non-probability sampling)

비확률표집은 모집단의 구성요소가 표본으로 추출될 확률을 알 수 없는 표집방법이다. 조사자가 주관적으로 표본을 선정하는 표본추출방법이다. 무작위표집을 전혀 사용하지 않아 모집단의 각 요소가 표본으로 선정될 확률이 동일하지가 않다. 그렇기 때문에 표본이 모집단을 잘 대표하는지를 알 수 없어 일반화하기 어렵다는 단점이 있다. 비확률표집의 종류는 할당표집, 임의표집, 유의표집, 눈덩이 표집이 있다.

〈표 6-6〉 비확률표집의 장단점

장점	단점
• 사용하기 쉽고, 시간과 비용이 적게 든다.	• 확률표집보다 정밀성이 낮고, 표본오차를 구하기 어렵다.

(1) 할당표집(Quota Sampling)

조사자가 임의로 만든 할당표본틀을 이용하여 표본을 선정하는 방법이다.

먼저 모집단에서 보고자 하는 특성에 따라 몇 개의 범주로 나눈 다음 범주별 크기에 비례하여 표본수를 할당하고, 할당된 수만큼 조사자가 임의표집을 수행한다. 모집단을 일정한 카테고리로 나눈 다음 이들 카테고리에서 표본을 작위적으로 추출하는 방법이다. 층화표집과 유사하나, 마지막 단계에서 표본추출이 작위적으로 이루어진다는 점에서 차이가 있다. 사회과학에서 가장 많이 사용된다. 표집방법은 첫째, 집단을 특성에 따라 범주화하고 할당량을 결정(예 : 연령, 성별, 교육, 소득 등)하고, 둘째, 모집단의 특성에 따라 표본을 추출(각 카테고리를 대표하는 사례수를 할당)한다. 마지막으로 할당된 사례수를 작위적으로 추출한다.

> 예) 복지관 이용자 100명을 표본으로 할당표집할 경우 이용자 남녀의 비율(6 : 4)을 고려하여 비례적으로 표본 수를 할당하면(60명 : 40명) 할당표집이 된다.

〈표 6-7〉 **할당표집의 장단점**

장점	단점
• 같은 크기의 무작위표집보다 적은 비용으로 표본을 추출할 수 있다. • 신속한 결과를 원할 때 적절하다. • 각 집단을 적절히 대표하게 하는 층화의 효과가 있다.	• 무작위성을 보장하는 수단의 결여로 일반화가 어렵다. • 조사자가 접근하기 쉬운 사람들만 조사할 가능성이 많아 표본오차가 커질 가능성이 높다.

(2) 임의표집(Accidental or convenient Sampling)

임의표집은 우발적 표집, 편의표집이라고 하며, 특별한 원칙이나 계획 없이 편리성에 의거하여 우발적으로 표집하는 방법이다. 표본선정의 편리성에 기준을 두고 조사자가 임의로 사례를 추출하는 방법이다. 가장 대표성이 낮은 표집방법으로 조사자가 임의로 시간과 공간을 정해두고 표본을 우발적으로 선택하는 방법이다. 모든 표집방법 중 비용과 시간 면에서 가장 효율적인 방법이다.

예) 조사자가 30명의 표본을 선정하고자 할 때, 거리에 나가서 지나가는 사람들을 대상으로 응답해 응해주는 30명을 선정하여 조사하는 것이다.

〈표 6-8〉 **임의표집의 장단점**

장점	단점
• 시간과 비용이 절약	• 일반화 가능성의 제약과 많은 편견이 개입

(3) 유의표집(Purposive Sampling)

유의표집은 의도적 표집이라고도 한다. 연구자가 연구목적에 가장 잘 부합할 수 있다고 판단하는 사람들을 표본으로 하기 위해 의도적으로 선정하는 방법이다. 조사자의 판단에 의해 또는 조사목적에 의해 표집을 선정하는 방법이다.

조사자가 조사의도에 맞는 대상을 표본추출하는 것으로써 그 대상은 조사목적을 가장 잘 반영하는 사람들이 된다.

〈표 6-9〉 **유의표집의 장단점**

장점	단점
• 비용이 적게 들고 편리하며, 할당표집이나 임의표집보다 조사목적을 충족시키는 요소를 정밀하게 고려한다.	• 표본의 대표성을 확인할 방법이 없고, 모집단에 대한 상당한 사전지식이 필요하다.

(4) 눈덩이 표집(Snowball Sampling)

눈덩이 표집은 처음 표본을 선정한 다음 그 표본을 통해 연구대상을 점차 확대하는 방법이다. Goodman(1961)에 의해 사용되기 시작한 표본추출 방법이다. 상호작용하는 연결망을 가진 사람들이나 조직들을 대상으로 연구할 때 많이 사용되는 방법으로 눈덩이를 키우듯이 연결망을 통해 원하는 만큼 많은 수의 표본을 추출하는 방법이다. 이 표집은 모집단에 대한 사전 정보가 거의 없어 탐색적으로 조사할 때, 주로 사용되는 방법이다.

예) 북한이탈주민의 특성을 파악하기 위해 표본을 추출하고자 할 경우, 북한이탈주민의 모집단을 파악하기가 쉽지 않다. 이때 처음 2명의 북한이탈주민을 알았다면, 그들로부터 각각 2명씩 북한이탈주민을 소개받고 다시 소개받은 사람들로부터 각각 2명씩 표본을 늘려가는 것이다.

〈표 6-10〉 **눈덩이 표집의 장단점**

장점	단점
• 하나의 연결망을 가진 사람들의 특성을 파악하고자 할 때 적절한 표본추출 가능 • 모집단을 파악하기 곤란한 대상을 표본추출 할 수 있다.	• 일반화가 어렵고, 편견이 개입될 소지가 많다.

3) 대표성과 표본의 크기

(1) 대표성

대표성이란 추출된 표본의 특성이 모집단의 집합적 특성과 일치하는 정도에 의해 평가된다.

대표성이 있다는 것은 추출된 표본이 모든 변수의 분포에 있어서 모집단과 마치 그것을 복사한 것처럼 동일하다는 것이다. 표본을 추출할 때 확률표집방법을 활용하면 대표성은 크게 향상될 것이다. 확률표집은 다음과 같은 두 가지 장점을 지닌다. 첫째, 확률표본은 비확률 표본보다 대표성을 가진다. 왜냐하면 확률표집은 표본이 한쪽으로 치우치는 편의(bias)현상을 방지할 수 있게 해주기 때문이다. 둘째, 확률이론은 우리에게 표본의 대표성, 즉 표본의 정확성을 추정할 수 있도록 해준다. 다른 말로 하면 조사자가 추출한 표본이 모집단을 대표하도록 하고 있는지의 여부를 추정할 수 있도록 해준다.

표본의 대표성

- 표본의 크기가 클수록 대표성이 높아진다.
- 모집단의 구성요소가 동질적일수록 대표성이 높아진다.

(2) 표본의 크기와 결정요인

표본의 크기는 모집단으로부터 추출한 표집단위의 총수이다. 모집단으로부터 추출한 표집단위의 수를 몇 개로 할 것인가라는 표본의 크기를 결정하는 문제는 비용이나 시간을 절약하면서도 표본의 통계치로 모집단의 모치수를 정확하게 추론할 수 있을 것인가, 즉 표본이 모집단을 적절히 대표할 수 있을 것인가 하는 문제이다. 표본의 크기를 실제적으로 결정하는데 고려해야 할 요인들을 살펴보면 다음과 같다. 첫째, 모집단의 동질성 정도이다. 모집단의 동질성이란 모집단의 구성요소들이 연구자가 연구하고자 하는 어떤 속성들을 유사하게 가지고 있는 정도를 의미한다. 둘째, 표집방법 및 조사방법의 유형이다. 셋째, 분석범주 및 변수의 수이다. 넷째, 이론과 표본설계이다. 다섯째, 소요되는 비용, 시간, 인력이다. 신뢰도와 정확도를 향상시키는 데는 많은 인력과 시간과 비용이 소요되므로, 일정수준의 신뢰도와 정확도가 보장된다면 오히려 연구 설계나, 조사원에 대한 훈련, 자료의 처리 및 분석에 더 많은 비용을 사용하여 비표집 오차를 줄이도록 하는 것이 결과적으로 바람직할 수 있다.

[마인드맵으로 보는 chapter 06 요약정리]

- **6. 표본추출**
  - **표집**
    - 개념: 모집단으로부터 조사대상을 선정하는 과정
    - 장단점
      - 장점
        - 경제성
        - 신속성
        - 조사 가능성
        - 자료의 정확성
        - 높은 응답률
        - 조직적 반발의 방지
        - 신뢰도
      - 단점
        - 모집단을 대표할 수 있는 표본을 찾기 어렵다.
        - 모집단의 크기가 작은 경우에는 표집에 큰 의미가 없다.
        - 표본설계가 복잡하면 오히려 시간과 비용이 더 많이 소요된다.
    - 주요개념
      - 모집단 — 연구대상의 전 대상
      - 표집요소 — 자료가 수집되는 대상의 단위로서 자료분석의 기초
      - 표본 — 모집단으로부터 측정대상으로 선택된 일부
      - 모수 — 모집단에서 어떤 변수의 속성
      - 표본조사 — 표본을 일차적으로 기술통계의 분석단위로 보고, 표본조사의 궁극적인 관심은 표본을 통해 모집단을 설명하는 것
      - 신뢰구간 — 모집단으로부터 표본을 체계적 또는 계통적 표집방법으로 추출할 때 사용하는 개념
  - **표본추출 방법**
    - 확률표집
      - 단순무작위표집
        - 확률표집 중 가장 기본적인 표집방법
        - 의식적 조작없이 표본을 추출하는 방법
      - 계층적 표집 — 무작위표집의 장점을 살리면서 모집단에서 일정한 순서에 따라 표본을 추출하는 방법
      - 층화표집 — 모집단의 속성에 대한 이해를 바탕으로 상호배타적이고 포괄적인 소집단으로 나눈 후 집단별로 표집하는 방법
      - 집락표집 — 표집단위를 개인이 아닌 집락, 즉 자연집단을 단위로 하는 표본추출방법
    - 비확률표집
      - 할당표집 — 조사자가 임의로 만든 할당표본을 틀을 이용하여 표본을 선정하는 방법
      - 임의표집
        - 모든 표집방법 중에서 가장 효율적인 방법
        - 가장 대표성이 낮은 표집방법
      - 유의표집 — 조사자가 조사의도에 맞는 대상을 표본추출하는 방법으로 그 대상은 조사목적을 가장 잘 반영하는 사람들로 구성됨
      - 눈덩이표집 — 최초의 표본에서 시작해서 조사대상자를 점진적으로 확대해 나가는 방법

PART 3

자 료 수 집

chapter 7 자료수집방법

사 회 복 지 조 사 론

Research Methods for Social Welfare

Chapter 7

자료수집방법

[학습목표]

자료수집의 주요내용에 대하여 알아보고
각각의 특성에 대한 이해를 도모한다.

1. 자료수집방법이란 무엇인가?

1) 자료수집의 개념과 종류

(1) 개념

자료수집(data collection)이란 조사설계 과정에서 결정된 연구방법론에 따라 설계된 연구를 실행에 옮기기 위해 자료를 수집하는 과정이다. 가설검증을 하는 설명적 연구나 정확성과 객관성을 중시하는 양적 연구의 경우는 어떤 현상에 대한 이해의 수준을 높이기 위한 질적 연구보다 자료수집과정에서 구조화 정도 내지 조사도구의 엄격성이 더 강조되어야 한다. 이러한 자료들의 성격을 고려하여 연구문제와 환경에 맞추어 적절하게 자료수집이 이루어져야 한다.

자료가 수집되는 방법으로 설문조사, 면접법, 관찰법, 내용분석법 등이 있다.

(2) 자료의 종류

자료(data)란, 문서나 구두에 상관없이 연구보고서에 직접 또는 간접적으로 이용되는 일체의 정보를 뜻한다. 조사자는 조사의 목적을 달성하기 위하여 분석에 필요한 자료를 수집해야 한다. 자료는 1차 자료와 2차 자료로 구분한다.

자료수집 방법의 선택기준
포괄성, 효율성, 정확성, 효과성, 용이성, 편리성, 객관성 등

① 1차 자료

1차 자료는 연구자가 현재 수행중인 조사연구의 목적을 달성하기 위해 직접 수집하는 자료이다. 주로 실험, 설문지, 관찰, 면접 등을 통해서 수집되며, 무엇보다도 높은 효과성을 가진다. 조사자가 직접 수집하거나 작성하기 때문에 조사목적을 달성하는데 필요한 정보를 얻는데 효과적이다. 구체적이고 체계적인 조사설계를 통해 수집된 자료는 신뢰도와 타당도를 적절히 평가할 수 있으며, 필요할 때는 언제든지 사용 가능한 장점을 가지고 있다. 수집된 자료를 의사결정에 필요한 시기에 적절히 이용할 수 있다. 이에 반해 1차 자료의 단점은 자료를 수집하기 위한 시간과 비용이 많이 소요되기 때문에 효율성이 낮다는 점이다.

② 2차 자료

2차 자료는 1차 자료를 제외한 모든 자료를 뜻한다. 2차 자료는 다른 조사자에 의해 수집되어 공개된 자료를 말한다. 즉, 연구자가 직접 수집하지는 않았지만, 연구목적에 도움이 될 수 있는 모든 종류의 자료이다. 2차 자료는 정부 혹은 조사기관의 간행물, 학술지 발표논문, 기업에서 수집한 자료, 그리고 신문기사 등이 포함된다. 2차 자료는 존재하는 자료이므로 수집에 따른 시간과 비용의 경제성이 높다. 특히 공공자료의 경우 신뢰성이나 타당성 등을 재차 분석하여 연구결과를 일반화하기가 용이하다. 이러한 2차 자료는 1차 자료에 비해 수집비용이 저렴하고 시계열자료의 수집이 가능하지만, 가능한 범위 내에서 2차 자료를 활용하고 1차 자료로 보완하는 방법을 사용하는 것이 조사연구의 효율을 위하여 바람직하다. 2차 자료의 장점은 효율성이다. 1차 자료와 다르게 자료수집에 필요한 시간과 비용이 상대적으로 적게 소요되며, 자료를 손쉽게 얻을 수 있고 자료가 정기적으로 발간될 경우 지속적으로 자료를 수집할 수 있다는 장점을 가지고 있다. 이에 반해 2차 자료의 단점은 연구목적에 완전히 부합하는 자료를 구하기 어렵고 자료를 구했다고 하더라도 신뢰하기 어려운 경우도 있다.

〈표 7-1〉 자료의 종류

구분	종류
1차 자료	설문지, 면접법, 관찰법, 내용분석 등
2차 자료	기존 기록물, 실태조사서, 정기간행물, 논문 등

2. 설문지란 무엇인가?

1) 설문지의 의의

설문지는 표준화된 방식으로 응답자의 반응을 알아보기 위해 질문들로 구성된 연구도구이다. 질문은 비구조적일 수도, 구조적일 수도 있다. 비구조적 질문은 응답자에게 그들의 생각과 의견을 글로써 반응을 살펴보는 구성이라면, 구조적 질문은 응답자가 질문을 읽고 주어진 선택문항으로부터 답을 고르는 구성이다. 구조적 설문에서 질문에 대한 개인적인 응답은 통계적 분석을 위해 복합척도 또는 복합지수로 측정된다. 질문은 응답자가 읽을 수 있고, 이해할 수 있고, 의미를 갖는 형태로 설계되어야만 한다. 그렇기 때문에 설문조사는 아이들이나 글을 읽을 수 없는 문맹자와 같은 특정 집단에 적합하지 않거나 유용하지 않을 수 있다.

설문지는 사회현상을 파악하는 연구에서 가장 널리 사용된다. 대부분의 설문조사는 동일한 질문을 많은 사람들에게 우편으로 보내고 응답자들은 자발적으로 편한 시간에 응답을 마치면 봉투에 넣어 연구자에게 다시 회신하는 자기기입식 또는 우편조사(selfadministered mail survey)인 경우가 많다. 우편조사는 비용측면에서 저렴하기 때문에 우편조사의 장점을 가지고 있다. 하지만 대부분의 사람들이 조사요청을 무시하는 경향이 있기 때문에 우편조사의 응답률은 꽤 낮은 편이다. 또한 응답자들이 설문을 완성하고 다시 회신하기까지 몇 달 정도의 시간적인 지체가 있을 수 있다. 이러한 이유로 연구자가 반드시 응답자가 설문을 회신하고 있는지 관찰해야 하며 무응답자에게 설문을 상기시키는 내용을 보냄으로써 지속적으로 관리해야 한다. 최근의 설문조사는 인터넷이 바탕으로 된 온라인이나 웹 조사를 통해 이루어진다. 응답자는 설문조사 참여에 대한 메일을 받게 되며, 이것은 설문조사가 완성되어야 하는 온라인 웹사이트와 연결된다. 또는 설문이 이메일에 포함되어 있어서 설문을 완성하고 메일로 회신할 수 있다. 이러한 조사들은 관리하는데 매우 저렴하고 결과도 즉각적으로 온라인 데이터베이스에 기록이 가능하다. 그리고 필요하다면 설문은 쉽게 수정될 수도 있다. 하지만 설문 웹사이트가 패스워드가 없거나 복수제출을 방지하도록 설계되지 않았다면 응답자들은 쉽게 응답을 변경할 수도 있다.

설문지는 측정도구의 가장 흔하게 사용되는 형태로서 사회과학에서 특히 태도 등과 같은 심리적인 속성의 측정에 있어서 매우 중요하다. 설문지 작성을 위해서는 측정하고자 하는 개념의 명확한 정의와 이를 현상과 연결시켜 줄 수 있는 조작적 정의를 적절히 내려야 하며 타당도와 신뢰도가 높은 질문을 구성하여야 한다.

2) 설문지의 장단점

(1) 장점

① 설문지의 특성상 면접법보다 시간, 노력, 비용이 적게 든다.

② 설문지는 표준화된 언어구성, 질문순서, 지시 등으로 질문의 일관성을 기할 수 있다. 이를 통해 조사자의 주관이 개입될 소지가 제한되어 있다.

③ 응답자가 익명으로 응답할 수 있으므로, 자유롭게 표현하기가 용이하다.

④ 설문지는 시간적 여유가 있기 때문에 심사숙고한 결과 정확한 응답을 할 수 있다.
⑤ 응답자의 과거의 행동이나 사적 행위에 관한 정보를 얻을 수 있다.
⑥ 설문지는 응답자가 현실의 상태를 비교적 정확하게 반영하는 자료를 얻을 수 있다.

(2) 단점

① 설문지는 필요에 따라 질문의 요지를 설명할 수 없는 경우가 발생할 수 있다.
② 설문지는 필기에 의한 응답만을 취급하기 때문에 비언어적 행위나 개인적인 특성이 자료로 활용될 수 없다.
③ 설문지는 읽고 쓸 수 있는 능력이 없는 사람에 대해서는 조사가 불가능하다.
④ 때론 설문지는 무응답 처리가 많은 것을 통제할 수 없다.
⑤ 응답자가 보고할 의사를 가지고 있고, 또 보고할 수 있는 소재에 대해서만 원만한 성과를 거둘 수 있다.
⑥ 설문지는 보통 한 시점에서 끝나 시계열적인 정보를 얻기 어렵다.

3) 설문지 형식

어떤 내용의 설문이건 모든 설문은 일정한 형태를 갖추어야 한다. 문항 자체가 가장 간단한 것은 주관식 문항(개방형 질문 참조)이다. 그러나 대개의 설문은 응답의 수월성과 자료처리의 용이성 등의 이유로 객관식 문항(폐쇄형 질문 참조)을 주로 사용한다.

(1) 개방형 질문과 폐쇄적 질문

개방형 질문(open ended question)은 응답자가 거의 아무런 제약 없이 자유롭게 대답할 수 있도록 응답범주가 상세히 구체화되지 않은 채 질문만 던지는 질문형식으로 자유응답식 질문이라고 한다.

폐쇄형 질문(closed - ended question)은 응답자들에게 그들의 견해와 가장 비슷한 응답 가운데 선택할 수 있는 세트의 질문을 제시하는 형태이다.

〈표 7-2〉 **폐쇄형 질문과 개방형 질문 비교**

구분	폐쇄형 질문	개방형 질문
정의	응답자에게 미리 정해진 응답범주를 제공하여 그 중에서 응답을 선택하도록 하여 표준화된 응답을 유도하는 질문	응답자에게 미리 정해진 응답범주를 제공하기보다는 응답자의 생각, 느낌 혹은 의견 등을 자유롭게 표현하도록 하는 질문
장점	• 신뢰성 있는 응답의 확보 가능 • 질문에 응답하기 용이함 • 시간과 노력이 절약 • 응답 결과의 입력과 분석이 용이	• 응답자가 갖고 있는 정보의 양 및 의견, 감정의 강도 표현 가능 • 연구자가 생각하지 못했던 새로운 정보나 연구주제를 제공받을 수 있음
단점	• 자발성 유도가 어려워 응답자의 진정한 의견이나 감정을 측정하기 어려움 • 응답범주가 이미 구성되어 있어 응답자가 자신의 의견이 반영되는 느낌을 주지 못함 • 중요한 범주가 누락, 세부적 범주가 필요함에도 하나의 범주로 간주함	• 응답자의 자유로운 응답가능 • 응답이 장황하거나 해석의 어려움 발생 • 해석하는 과정에서 연구자의 자의적인 판단 개입의 여지가 있음
예시	당신이 제공받기를 희망하는 복지서비스는 무엇인가요? ① 이미용 서비스 ② 주거환경개선 서비스 ③ 먹거리 서비스 ④ 정서지원 서비스 ⑤ 나들이 서비스 ⑥ 목욕 서비스	현재 복지관을 이용하는 노인들에게 시급히 제공해야 할 복지서비스는 무엇이라고 생각하시나요? ( )

(2) 유사한 문항끼리 묶고 쉬운 문제부터 배열

설문지는 개념 틀에 따라서 유사한 문항끼리 묶어야 한다. 설문문항들이 이리저리 섞여 있으면 응답자들이 설문지에 집중하기 힘들 것이다. 조사대상자들의 관심과 사고의 흐름을 순조롭게 하기 위해서는 의미 중심으로 집단화 할 필요가 있다.

(3) 자료처리를 위한 부호화

최종적으로 작성된 설문을 분석하기 위해서 전산 작업을 위한 기초 작업은 각 문항의 응답을 부호화하여 컴퓨터에 입력할 수 있는 준비를 하는 것이다. 각 문항에 전산처리용 부호를 부여하기 위해서는 질문지의 자료를 어떻게 분석할 것인지에 대한 틀이 거의 결정되어 있어야 한다.

(4) 안내문

설문지의 문항을 다 만들고 나면 마지막으로 해야 할 작업이 설문지의 머리말이 되는 안내문을 작성하는 것이다. 안내문은 설문지를 조사대상자에게 소개하고 질문에 성실히 답하도록 부탁하는 간단한 글로서 설문지의 가장 앞자리에 위치하게 한다.

설문지 작성 항목배열

- 응답하기 쉬운 항목부터 먼저 배치한다.
- 민감한 질문이나 개방형 질문은 뒷부분에 배치한다.
- 질문을 논리적으로 배열한다.
- 신뢰도를 검사하는 질문은 서로 떨어지게 배치한다.

4) 설문의 성격

(1) 이분형 질문

'찬성'이나 '반대', '예'와 '아니오' 식의 폐쇄형 질문의 한 형태로써 찬반양론을 묻는 질문에 적합한 방법이다. 또한 두 가지 선택지에서 '차이가 없다'나 의견이 없는 경우도 있다. 때로는 의견이 없는 경우도 있을 수 있기 때문에 '모르겠다'는 응답이 필요한 경우도 있다.

(2) 선다형 질문

설문에는 통상 3개 이상의 응답범주 가운데 하나를 선택하도록 하는 질문을 구성한다. 이 경우 '기타'라는 응답범주도 포함시키는 것이 좋다. '기타'란에는 구체적으로 답변을 기입하도록 하는 것이 좋다.

(3) 서열형 질문

일련의 응답범주에 대해서 중요성, 선호나 우선순위 등에 관한 순서에 따라서 응답하는 질문이다.

예) 다음 중 복지관의 기능으로 가장 중요하다고 생각하는 우선순위를 표시하십시오.
(1=가장 중요, 3=보통 , 5=중요하지 않음)
여가생활 지원( ) 먹거리 지원( ) 정서 지원( ) 후원물품 연계( )

(4) 평정형 질문

질문의 강도를 달리하여 서열화된 응답범주에서 하나를 선택하게 하는 것이다.

예) 당신은 병원 민영화에 대하여 어떻게 생각하시나요?
1. 적극찬성 2. 중립 3. 절대반대

(5) 행렬식 질문

동일한 응답항목들을 가진 질문들을 체계적으로 묶어서 하나의 질문세트로 만드는 것이다.

예) 다음은 사회복지관에 일하는 종사자의 직장만족도에 관한 질문입니다. 귀하가 생각하는 항목을 체크하십시오.

내용	매우 그렇다	그렇다	중립	그렇지 않다	전혀 그렇지 않다
1. 우리 복지관은 상시적으로 수퍼비전을 제공한다.					
2. 우리 복지관은 직원들의 의견을 반영한다.					

(6) 조건형 질문

어떤 특정한 내용에 대하여 응답자를 걸러내기 위한 것으로 여과형 질문이라고도 한다.

예) 귀하는 장애인 의무고용제도에 대해서 어떻게 생각하시나요? (여과형 질문)
① 찬성 ② 반대
만일, 반대하신다면 그 이유는 무엇인가요? (부가형 질문)
(   )

(7) 수반형 질문

다음 질문을 수반하는 경우 다음 중 선택하도록 하는 질문방식이다.

예) 당신은 국회의원 선거에 투표하신 적이 있습니까?
① 예(2번 질문에 대해 답해 주십시오.)
② 아니오(2번 질문을 건너뛰어 3번 질문으로 바로 가십시오.)

5) 설문의 내용

설문작성에 있어 대체로 모든 설문지에서 필수적으로 들어가는 문항들이 있다. 한 가지는 조사대상자의 개인적 신상에 관한 인구학적 자료를 얻기 위한 질문이고 다른 한 가지는 질문조사의 본래의 목적에 관련된 생각, 태도, 가치관, 행동 등에 관한 질문들이다.

(1) 인구사회학적 질문

인구사회학적 질문으로는 나이, 성별, 결혼 여부, 자녀 수, 종교 등을 들 수 있고, 사회경제적 배경이나 지위를 나타내는 질문으로는 학력, 직업, 개인 또는 가계수입, 문화시설, 주택의 소유 여부와 주택의 크기, 주택의 형태, 성장지 등이 있다. 최근 설문조사의 경우 인구사회학적 질문을 뒷부분에 배치하는 경우도 있다.

(2) 태도, 가치관, 기분, 행동 등에 관한 질문

설문지에서 개인의 신상에 관한 인구학적 질문 이외의 모든 질문이 여기에 속하게 된다.

(3) 용어의 선택

아무리 정교하게 만들어진 문항이어도 조사대상자가 잘 이해하지 못하면 정확한 자료를 얻을 수 없다. 그러므로 구체적인 설문을 작성할 때는 그 질문지에 응답할 사람들의 지적 수준을 항상 감안하여야 한다.

(4) 이중질문

설문지 작성에 있어 이중질문은 하나의 문항에 두 가지 이상의 기준이나 메시지가 들어 있어서 응답하기 힘들고 결과의 해석이 곤란하여 피해야 할 질문이다. 하나의 문항에 두 가지 이상의 내용이나 기준이 들어 있어서는 안 된다.

6) 설문조사의 유형

(1) 우편설문조사

① 정의

우편설문조사는 우편을 통해 설문지를 전달하여 응답자가 응답하도록 하는 방법이다. 응답자 본인이 직접 응답을 기입하는 자기응답식으로 작성되어지며, 비대면적 방법을 통해 자료를 수집하기 때문에 설문지 목적 이외에 설문의 중요성 등을 설명하는 소개문 등을 동봉해야 한다. 우편으로 피조사자에게 설문지를 송부하여 응답자로 하여금 기입하게 한 후 우편으로 설문지를 회수하는 방법이다. 우편조사의 경우에는 조사의 목적, 중요성 등을 설명하고 협조를 당부하는 소개편지를 동봉해야 하며, 반드시 우표가 붙은 반송봉투를 동봉해야 한다. 그리고 회수율이 낮으므로 후속절차를 마련할 필요가 있다.

② 장단점

우편설문조사의 장점은 설문에 따른 비용과 시간을 절약할 수 있으며, 광범위한 지역에 많은 사람들을 대상으로 한 조사가 가능하다. 또한 대면접촉을 하지 않기 때문에 면접자의 편견이 배제할 수 있다. 이에 반해 단점은 글을 읽을 수 있는 사람만 가능하기 때문에 글을 읽지 못하는 대상은 조사가 불가능하다. 또한 불성실한 응답이 발생할 수 있으며, 비교적 간단한 질문만 적합하다.

〈표 7-3〉 우편설문조사의 장단점

장점	단점
• 비용과 시간절약 • 익명성 보장 • 표본의 대표성 확보 • 면접자의 편견 배제	• 융통성 결여 • 불성실한 응답 가능 • 비언어적 행위에 대한 정보수집 어려움 • 낮은 회수율(일반화 어려움) • 응답자에 대한 통제 불능

(2) 전화설문조사

① 정의

조사자가 응답자에게 전화로 질문내용을 묻고, 응답을 기록하는 방법이다. 훈련된 조사원이 전화를 통하여 응답자들에게 질문을 하고 응답을 얻어내는 방법으로 신속하고 대표성 있는 정보를 수집하는데 적절하다. 자료수집 과정에서 준 대면적 방법을 사용하는 것을 특징으로 하여 사회복지 영역뿐만 아니라 여러 분야에서 널리 이용되고 있다. 응답자에게 조사의 목적, 취지, 중요성 등을 간단히 설명하고, 조사시간이 짧게 걸린다는 것을 말한 후, 응답에 협조를 구하는 것이 좋다. 전화조사의 경우에는 짧은 시간에 마칠 수 있도록 질문의 수를 적게 하고 질문내용도 간략하게 하는 것이 좋다.

② 장단점

전화설문조사는 간편하고 신속하여 시간과 비용을 절약할 수 있다. 또한 비교적 쉽고 정확하게 표본추출이 가능하다. 전화를 통하여 면접자를 만남으로써 접근성이 쉽고, 즉각성이 높다는 장점이 있다. 면접조사에 비해 비용 효과성이 높은 것도 주요한 장점이라고 볼 수 있다. 이에 반해 단점은 응답자의 비언어적인 표현이나 주변상황을 알 수 없다. 전화통화로 인해 시간의 제한이 있어 조사 분량에 제한을 받을 수 있다.

(3) 인터넷 설문조사

① 정의

최근 들어 활발히 활용되는 조사가 인터넷 설문조사이다. 인터넷 설문조사는 이메일을 이용한 조사와 웹사이트를 이용하는 조사가 있다. 인터넷 설문조사는 응답자들로 하여금 홈페이지에 접속하여 질문문항에 응답하도록 하거나 질문문항을 전자메일로 응답자에게 보내고 응답자가 응답한 후 반송하는 형식으로 행해진다(교수학습평가, 상품조사, 여론조사 등에 널리 활용).

② 장단점

인터넷을 통한 설문조사는 간편하고 전화설문조사처럼 신속하고 비용이 저렴하다. 이는 설문발송과 회수비용이 없기 때문이다. 인터넷을 통한 만큼 접근이 용이하다. 이에 반해 단점은 인터넷 활용이 가능한 대상만 가능하므로 표본추출의 문제가 발생하고 대표성이 낮다.

3. 면접법이란 무엇인가?

1) 면접조사

면접법이란 일정한 조건하에서 조사자와 응답자가 얼굴을 맞대고 언어를 매개로 상호작용을 하면서 필요한 자료를 얻어내는 방법으로 설문지와 함께 통계처리가 요구되는 연구의 자료수집에 많이 활용되고 있으나 설문조사와 다른 점은 응답자에게 질문지를 주지 않고 조사자가 응답자에게 질문을 읽어주고 응답내용을 기입한다는 점이다. 면접은 의사의 임상진단이나 상담에서 사용되어 왔지만 1차 세계대전 이후 미국의 군대에서 여러 가지 심리측정이 필요하게 되면서 심리학자들에 의하여 하나의 연구방법으로 사용, 발전되어 사회과학에서도 연구조사 시 자료수집 방법으로 활용하고 있다. 조사자와 응답자 간의 질문과 응답 등 언어적 상호작용을 통해 조사대상자가 내면에 가지고 있는 자료를 수집하는 방법이다. 또한 면접자-피면접자는 질문과 응답의 의미를 명확히 파악하여 무엇을 의미하는지 인식할 수 있어야 한다. 질문 순서 등 면접의 흐름을 방해받지 않는 범위 내에서 융통성 있게 수정될 수 있다.

2) 면접조사의 장단점

면접조사의 장점은 조사과정에서 응답자의 필요에 맞추어 적절한 질문을 현장에서 결정할 수 있어 융통성 발휘가 가능하다. 또한 면접자에게 통제권이 많아 면접 환경에 대한 통제가 가능하며, 이로 인해 복잡한 질문의 사용이 가능하고 비언어적인 행위관찰 역시 가능하다. 이에 반해 단점은 비용과 시간의 소요가 많고, 익명성이 부족하다. 또한 응답자가 광범위한 지역의 경우 조사가 어려워 접근성이 낮은 부분 역시 단점이 될 수 있다.

〈표 7-4〉 면접조사의 장단점

장점	단점
• 면접법은 모든 사람에 대해서 할 수 있다. • 질문법보다 공정한 표본을 얻을 수 있다. • 개별적 상황에 따라 높은 신축성과 적응성을 갖는다. • 복잡한 질문을 사용할 수 있고 정확한 응답을 얻어 낼 수 있다. • 환경을 통제, 표준화 할 수 있다. • 제3자의 영향을 배제시킬 수 있다. • 응답자의 사적 정보를 얻을 수 있다.	• 절차가 복잡하고 불편하다. • 시간, 비용, 노력이 많이 든다. • 면접자에 따라 면접내용에 편견적 기록이 생길 수 있다. • 응답자의 상태에 따라 응답에 영향을 미칠 수 있다. • 응답에 대한 표준화가 어려울 수 있다. • 대상이 넓은 지역에 분포된 경우 면접이 어렵다. • 익명성이 결여되어 있다. • 응답자에게 부담을 줄 수 있다.

3) 면접조사의 종류

면접목적에 따른 분류는 다음과 같다.

① 진단 면접

어떤 프로그램이나 제품 등의 평가를 통해 상태를 판단하여 제언을 마련하기 위한 방법이다.

② 조사 면접

어떤 사실이나 사물의 지식 탐구, 문제 해결을 위한 정보 획득 등 그 내용을 뚜렷하게 알기 위한 방법이다.

4) 면접내용의 구성 형식에 따른 분류

구조화란 계획이나 문항이 사전에 결정되는 정도이다. 표준화 면접과 비표준화 면접, 반표준화 면접이 있는데 이 중 어느 방법이 더 좋은가 하는 기준은 없고 단지 조사목적과 범위, 대상 및 면접상황 등을 고려하여 결정하여 사용한다.

(1) 표준화 면접(구조화 면접)

표준화 면접은 사전에 조사표를 만들어 모든 응답자에게 같은 순서와 언어로 질문하여 면접하는 방법이다. 표준화 면접의 장점은 질문문항이나 질문순서에서 오는 오류를 최소한으로 줄일 수 있다. 또한 응답자의 차이를 비교 할 수 있으며, 신뢰도가 높다. 자료의 수량적 표준화와 통계처리가 가능하다. 이에 반해 단점은 응답자의 지식을 충분히 끌어낼 수 없다. 타당도가 저하될 수 있으며, 응답자의 의견을 파악하기 어렵다.

(2) 비표준화 면접(비구조화 면접)

비표준화 면접은 연구될 문제의 범위만 결정된 채 질문의 문항이나 순서가 미리 정해져 있지 않고 면접상황에 따라 융통성 있게 적절히 변경될 수 있는 비교적 자유스러운 면접이나 연구목적을 달성하기 위한 면접지침은 가지고 있어야 한다. 정신치료 분야에서 발전되어 온 이 방법은 응답자의 감정과 경험을 끌어내고 정서, 태도, 믿음 등을 밝혀내는데 사용되는 만큼 면접자의 능력, 지식, 기술이 요구되고 있다. 비표준화 면접의 장점은 융통성이 있고, 의미의 표준화를 가능하게 한다. 또한 면접결과의 타당도가 높으며 표준화 면접에서 필요한 질문을 만드는데 유용한 자료를 제공해 준다. 이에 반해 단점은 표준화 면접이 가지고 있는 장점이 비표준화의 단점이 된다.

〈표 7-5〉 구조화 면접과 비구조화 면접

구분	표준화 면접(구조화 면접)	비표준화 면접(비구조화 면접)
의미	• 면접자가 구체적인 면접 계획을 수립하고 면접을 진행하는 것이다. • 임의로 질문을 바꾸거나 새로운 설문의 도입 등 수정이 불가하다. • 개방형 질문과 폐쇄형 질문 사용이 가능하다.	• 면접원은 단지 전반적인 면접 주제만 알고 면접의 진행에 맞추어 스스로 질문하는 방법 • 자유 응답식, 개방형 질문
장점	• 정보의 비교 가능 • 신뢰도가 높은 • 자료의 수량적 표준화와 통계처리 가능	• 융통성이 있음 • 의미의 표준화 가능 • 면접결과의 타당도가 높음
단점	• 새로운 사실을 발견할 가능성이 희박함 • 면접상황에 대한 적응도가 낮음 • 의미의 표준화가 어려움	• 면접결과의 수치화나 측정이 어려움 • 신뢰도가 떨어지고 결과의 비교 가능성이 감소 • 면접자의 능력이나 수준에 따라 조사의 질이 달라짐

5) 면접의 과정

조사자가 원하는 정보를 정확하게 얻어야 하는 면접의 목표를 달성하려면 면접자의 선정에서부터 면접이 끝날 때까지 고려해야 할 사항은 다음과 같다.

(1) 면접자 선택

① 면접자 수 결정

면접되어질 표본의 크기, 면접 당 추산되는 평균 시간, 면접의 완결에 필요한 시간을 파악하여 필요한 면접자 수를 정한다.

② 면접자 모집 및 선발

필요한 면접자 수가 추산되면 면접자 모집을 위한 자원을 검토해 보고 관계 기관들을 통한 자원봉사자 면접자를 찾아본다. 또한 면접자를 선발할 때는 주요한 기준에 의해서 진행되어야 한다.

(2) 면접자 훈련

선발과정을 통해 면접에 적합한 면접자를 선발했다면, 이에 대한 적절한 교육이 요구된다. 면접자 훈련은 가능하면 그룹훈련을 통해 훈련시간을 단축시키고 훈련기간 중 제기된 문제들은 모든 참가자에게 도움을 줄 수 있기 때문에 개인 훈련보다는 그룹훈련이 추천되고 있다. 훈련 시 필요한 준비물은 훈련 일정표, 연구사업에 대한 정보, 면접기술에 대한 조언, 조사도구, 지역사회 비상자원에 대한 정보, 필기도구, 기타 관련 정보 및 자료를 봉투에 넣어 제공한다. 이때 연구의 목적 및 배경 설명 등 연구자는 연구사업의 목적과 배경에 대해 설명하여 면접자가 그 본질과 중요성을 인식한 후 성실하게 업무를 수행하여 자료의 타당도를 증가시킨다. 아울러 면접을 효과적으로 실시하기 위해 면접기술을 습득하여야 한다.

면접기술

[의사소통기술]

우선 시작할 때, 라포를 형성하여 전 과정을 통해 신뢰를 유지한다. 적절한 목소리를 사용하고, 음조의 변화를 알맞게 한다. 또한 긍정적 태도를 갖춘다. 모른다는 대답을 했을 경우에는 정말 모르는지 다른 이유가 있는지 파악하여 정확한 응답을 위해 노력한다. 면접 중 응답자의 대답이 먼저 말한 내용과 상반될 때는 어느 것이 진실한지 밝혀 정확한 정보를 얻도록 한다. 화제가 연구주제에서 일탈하거나 말이 길어질 경우에는 응답의 내용을 주제와 관련시켜 질문하여 이야기를 빨리 끝내도록 한다.

[질문하는 태도와 방법]

여유 있고 신중한 태도를 보인다. 또한 자유스러운 상황을 조성하고, 대화하는 듯 자연스럽게 질문한다. 가능하면, 시간에 쫓기지 않도록 적절한 시간적 여유를 주는 게 좋다. 응답자가 잘 이해하지 못하거나 오해했을 경우에는 반복하여 질문하고 질문을 알아듣기 쉽게 바꾸어 묻는다.

[질문의 순서와 내용]
조사표의 순서에 맞춰 있는 그대로 질문하는 것을 원칙으로 한다. 반표준화 면접의 경우에는 면접지침에 따라 면접을 하고 비표준화 면접의 경우에는 면접지침이 마련되었으면 그에 따라 면접을 하되 상황에 맞게 융통성 있게 진행할 수 있다.

[프로빙 기술]
프로빙의 기술은 응답자의 대답이 불충분 하거나 정확하지 못할 때 추가 질문을 하여 정확한 대답을 얻을 수 있도록 캐묻는 질문을 말한다. 우선 응답자의 대답에 관심을 표명한다. 고갯짓, 눈짓, 얼굴 표정 등으로 대답을 계속 할 수 있도록 자극을 준다. 애매하거나 일관성이 없는 응답에는 추가 질문으로 명확한 대답을 얻어낸다. 캐내는 질문은 비지시적으로 한다. 응답자가 불안을 느끼지 않을 적절한 시기에 종결한다.

6) 면접결과의 기록

표준화 면접의 경우에는 조사표의 질문순서에 응답내용을 기술하면 되지만 비표준화 면접의 경우에는 체계적으로 기술할 수 있도록 신경을 쓰되 면접자는 자기의 편견을 개입시키지 않고 면접에서 얻은 사실을 객관적으로 정확하게 기술해야 한다.

(1) 면접을 기록하는 방법

현장에서 면접 중에 기록한다. 가능하면 빠른 시간에 면접을 마친 후 기억을 기록한다.

(2) 면접 기록 원칙

① 면접은 면접 중에 바로 기록한다.

② 응답자가 말한 그대로 기록한다.

③ 면접목적에 관련된 것은 사소한 것도 기록한다.

④ 캐묻는 질문과 응답내용은 기록한다.

⑤ 면접에 영향을 미친 사실은 모두 기록한다.

⑥ 기록하는 일로 응답자가 흥미를 잃지 않도록 주의한다.

(3) 면접의 종결

면접을 마쳤다면 좋은 기분으로 헤어지기 위해 친절한 태도로 응답자의 협력에 감사를 표하고 응답자가 면접에 대해 질문이나 의심을 가지고 있다면 해결해 주어야 한다는 면접종결에 대한 사항을 숙지하도록 훈련하여야 한다.

4. 관찰법이란 무엇인가?

1) 관찰법

관찰이란 주위에서 일어나는 일들에 대한 지식을 얻는 가장 기본적인 방법으로서 시각, 청각과 같은 감각기관을 통하여 현상을 인지하는 기본적인 방법을 말한다.

관찰은 평범한 일상생활에서 요구되고 있는 지식을 얻는데도 필요하지만 조사를 통한 연구를 할 때에도 유용한 자료수집 방법이 된다. 과학적 조사방법으로서의 관찰은 일정한 조사목적에 도움을 주고 체계적으로 계획되며, 그 결과가 체계적으로 기록되며 타당도와 신뢰도에 대한 검증과 통제가 가능해야 한다. 관찰법은 응답자가 가지고 있는 정보를 얻기 위하여 조사자가 응답자로 하여금 행동을 통하여 표현하도록 하는 방법으로 비언어적인 행동에 관한 자료를 수집하기 위한 주된 기법이다. 관찰은 청각, 촉각, 후각 같은 다른 감각을 통해 자료를 수집하는 것 등을 포함하고 있다.

2) 관찰법의 장단점

(1) 장점

① 관찰법은 조사자가 조사대상이나 행위가 일어나는 현장에서 즉시에 어떠한 사실을 포착할 수 있다.

② 연구대상이 아동이나 동물과 같이 구두표현능력이 없는 경우에는 관찰이 유일한 자료수집 방법이 될 수 있다.

③ 구두표현능력이 있다 하더라도 조사대상이 조사에 비협조적이거나 조사를 거부할 경우가 있는데, 이때에는 응답자의 협력을 덜 필요로 하는 관찰이 더 효과적이다.

④ 응답자에게는 일상생활에서 너무나 익숙한 것이어서 그들의 관심이 미치지 못해 면접법이나 질문지법에 의해 얻을 수 없는 자료에 대해서도 관찰에 의해 수집이 가능할 때가 있다.

⑤ 장기간의 종단분석이 가능하다.

⑥ 연구대상이 질문지조사나 면접조사에 의해 파악하기에는 너무 복합적인 상황인 경우에는 관찰이 가장 효과적인 방법이 될 수 있다.

(2) 단점

① 관찰의 대상이 되는 행위를 현장에서 포착해야 하므로 그러한 행위가 발생할

때까지 기다려야 한다.

② 외부로 나타나지 않는 사실이나 인간의 사사로운 문제들은 관찰이 곤란하다.

③ 큰 규모의 집합체를 한꺼번에 관찰하기가 어렵다.

④ 피관찰자나 피관찰 집단에 대한 접근이 어려운 경우가 많다.

⑤ 시간, 비용, 노력이 많이 든다.

⑥ 관찰자의 선호, 관심, 가치관, 지식의 범위, 연구목적 등에 의해서 선택적 관찰을 하게 됨으로써 객관적으로 중요한 사실을 지나치는 경우가 생긴다.

⑦ 전부를 동시에 관찰하지 못하는 한계성을 가지고 있다.

⑧ 관찰한 사실만을 기록할 때에는 별로 문제가 안 되나 관찰한 사실을 해석해야 할 경우에는 관찰자마다 구구한 해석을 하게 되어 객관성이 저하될 수 있다.

⑨ 관찰 당시의 특수성 때문에 관찰대상이 그때에만 특수한 행위를 하였는데 이를 식별하지 못하고 일상적으로 그러한 행위를 하는 것으로 기록하는 오류를 범할 수 있다.

⑩ 자료처리, 즉 조사결과의 분석, 해석이 어렵다.

3) 참여정도에 따른 분류

관찰은 연구목적에 맞게 다양하게 적용된다. 이러한 관찰법은 용도와 방법에 따라 광범위하게 적용되며, 다양한 형태로 분류된다. 주요한 분류는 참여정도에 따른 분류와 절차의 조직성에 따른 분류로 구분할 수 있다.

(1) 참여관찰

① 참여관찰의 의의

참여관찰이란, 명칭 그대로 참여해서 생활하고 관찰하며 자료를 수집하는 방법이기 때문에 가장 정확하고 확실한 자료수집 방법이다. 주로 말이나 글이 통하지 않는 대상을 연구할 때 주로 사용하는 방법으로, 질문지법과 면접법이 모두 불가능한 경우에도 사용할 수 있는 자료수집 방법이다.

② 장점

가. 체험을 통해 자료를 수집하기 때문에 현장의 생생하고 확실한 자료를 얻을 수 있다.

나. 관찰대상의 자연성과 유기적 전체성을 보장할 수 있다.

다. 의사소통이 불가능한 대상에게서도 자료를 수집할 수 있다.

③ 단점

가. 조사자가 일일이 체험하고 관찰하면서 자료를 수집해야 하기 때문에 시간과 비용이 많이 든다.

나. 원하는 현상이 발생할 때까지 기다려야만 한다.

다. 관찰대상의 구성원으로 가장하고 역할을 수행하는 것이 어렵다.

라. 관찰 기준과 현상을 해석하고 이해하는 기준은 아무래도 조사자의 주관적 가치와 편견에 영향을 받기가 쉽기 때문에 조사자의 주관과 편견이 개입될 가능성이 매우 크다.

마. 같이 생활함으로써 동조현상이 생겨 객관성을 잃게 되고 관찰해야 할 대상에 주의를 기울이지 못할 수 있다.

(2) 비참여관찰

① 비참여관찰의 의의

비참여관찰이란, 관찰자가 조사대상의 활동에 참여하지 않고 제삼자의 입장에서 관찰하는 것을 말하며 대부분의 관찰은 비참여관찰로 이루어진다.

② 장점

가. 상대적으로 객관성을 확보할 수 있다.

나. 조직적이고 계획적으로 관찰을 수행할 수 있다.

다. 역할수행이 어려운 상황도 관찰할 수 있다.

라. 관찰행동에 제약을 받지 않는다.

③ 단점

가. 관찰이 피상적으로 되기 쉽다.

나. 심층적인 자료를 얻기 어렵다.

(3) 준참여관찰

준참여관찰이란 관찰자가 피관찰자의 생활의 일부에만 참여해서 관찰하는 방법으로 장단점은 참여관찰과 비참여관찰의 장단점의 중간에 속한다 할 수 있다.

이러한 방법들 중 어떤 방법을 사용할 것인지는 조사대상이나 조사내용 등에 따라 선택할 수 있다.

4) 절차의 조직성에 따른 분류

관찰 행위의 유형, 관찰의 시기와 기록방법 그리고 추론의 정도가 얼마나 체계적으로 구조화되어 있는가에 따라 나눌 수 있다.

(1) 비조직적 관찰

① 비조직적 관찰의 의의

비조직적 관찰은 관찰의 대상, 내용, 절차를 명백히 규정하지 않고 어떤 현상을 관찰하는 방법으로 인류학자들에 의해 많이 활용된다. 또한 문제형성이나 가설구성을 위한 자료수집을 목적으로 하는 탐색적 조사에 사용되기도 한다. 즉, 비조직적 관찰은 관찰대상에 대해 전혀 통제가 이루어지지 않은 자연스러운 상황의 경우이며 관찰자의 자율성이 보장되는 경우를 뜻한다.

② 장점

융통성을 가지고 조사대상을 보다 생생하게 관찰, 기록할 수 있다.

③ 단점

관찰을 조직적으로 할 수 없고 자료처리의 표준화가 어렵다.

(2) 조직적 관찰

① 조직적 관찰의 의의

조직적 관찰은 관찰대상의 측면에서 관찰대상에 대해 표준화된 통제가 이루어지는 경우로서 관찰방법에 있어 관찰자의 자율성이 제한된 경우를 말한다. 즉, 조직적 관찰은 관찰의 대상, 내용, 절차 등을 사전에 정하여 체계적으로 관찰하는 방법이다. 관찰내용을 표준화하고 관찰표 등의 보조기구를 사용하여 관찰하는 것으로 주로 가설검증을 목적으로 하는 조사에 많이 활용되고 비참여관찰법이 많이 활용된다.

② 장점

관찰을 체계적으로 할 수 있고 자료처리를 표준화할 수 있다.

③ 단점

연구에 중요한 결과를 제공해 줄 수 있는 요소를 놓칠 수 있다.

5) 관찰의 기법

관찰법은 연구의 목적이나 관찰의 방법 혹은 절차와 관계없이 모든 관찰은 과학적으로 유의미한 자료를 수집하기 위해서 관찰의 대상 및 내용, 관찰의 시점, 관찰의 기록방법, 추론의 정도들을 고려해야 한다.

관찰의 시기

관찰의 시작부터 끝까지 모든 내용을 관찰하는 것이 불가능하기 때문에 관찰의 시기를 고려해야 한다. 시간적 차원은 관찰내용과 밀접한 관련이 있기 때문에 주로 시간 표집 방법을 사용한다. 시간 표집 방법의 주요 유형은 다음과 같다.

① 시점 표집
관찰할 특정한 순간을 결정하여 그 순간에 특정한 내용의 행위나 사건이 발생하는가를 관찰하는 방법이다.

② 간격 표집
특정한 시간적 간격동안 관찰하는 행위나 사건이 일어나는지 여부를 측정하는 방법을 말한다.

③ 초점개인표집
한꺼번에 여러 사람을 다수의 관찰자가 관찰하여야 할 경우에 활용하는 방법이다.

6) 관찰의 기록

관찰할 내용과 관찰할 대상을 정하는 것도 중요하지만 관찰한 내용을 정확하게 기록하는 것도 매우 중요하다. 관찰의 기록은 기록의 시기와 기록의 방법 등 두 가지 측면으로 구분해 볼 수 있으며, 언제 어떻게 기록하는가는 관찰이 조직화된 정도에 따라 달라질 수 있다.

관찰시 유의사항

① 관찰자와 피관찰자의 관계 –'관찰자와 피관찰자는 어떤 관계를 형성해야 하는가?'
② 관찰의 대상 –'무엇이 관찰되어야 할 것인가?'
③ 관찰기록 –'관찰결과를 어떻게 기록할 것인가?'
④ 신뢰도와 타당도 –'관찰의 정확성을 확보하기 위한 방법은 무엇인가?'

(1) 관찰내용(Content of Observation)

① 참여자 : 관찰대상이 되는 집단구성원인 인적 상황

예) 남녀, 노소, 직업, 상호간의 관련성

② 배경 : 관찰대상이 처해 있는 배경, 사회적 상황

예) 폭력집단의 경우 생존하기 위해 정치적 · 경제적 · 사회적 집단과 어떻게 조직망이 연결되어 있는가?

③ 목적 : 관찰대상인 집단의 참여자들이 모인 목적과 동기가 무엇인가?

예) 골프모임의 경우 성원들이 골프를 즐기기 위한 목적인가, 사교가 목적인가, 사업상 고객 대접이 목적인가?

④ 행위 : 참여자가 누구와 무엇을 어떻게 행하였는가? 행위의 원인, 행위의 종류 및 형태, 행위의 질, 행위의 영향 등을 고려한다.

이 모든 사항을 빠짐없이 모두 관찰하는 것은 사실상 불가능할 때가 많기 때문에 어느 것에 중점을 둘 것인가를 결정하고 관찰내용을 선택하며, 위 사항 이외의 중요한 관찰내용이 있다는 점도 유의한다.

(2) 관찰기록(Record of Observation)

① 즉시 기록하는 방법 : 사후에 기록하면서 오는 약점들을 제거할 수 있어 효과적이지만 실제에 있어서 즉시 기록할 수 없는 경우가 많다. 특히, 참여관찰할 때는 피관찰자의 앞에서 기록하면 의심을 품거나 자연스런 상태의 진행을 저해할 수 있다. 또 기록에 전념하다보면 주의가 분산되어 관찰 자체를 그르칠 수 있다.

② 관찰 후 적당한 시기에 알맞은 장소에서 기억을 더듬어 기록하는 방법 : 기록의 정확성을 저해시킬 염려가 있다.

③ 중요한 사건을 기억하는데 실마리를 제공해 주는 글자나 기호를 기입했다가 후에 좀 더 완전한 기록하는데 이용하는 방법 : 비교적 정확하게 기록할 수 있고 기록으로 인한 관찰의 소홀함을 방지할 수도 있다.

④ 녹음기, 촬영기를 이용하는 방법 : 현장을 생생하게 기록할 수 있으나, 법적·윤리적 문제가 제기될 수 있다.

(3) 관찰자의 신뢰도 및 타당도를 높이는 방법

① 관찰의 신뢰도와 타당도는 관찰자의 능력에 달려 있으므로 사전훈련이 필요하다.

② 하나의 관찰자를 여러 사람이 동시에 관찰한 후 그 결과를 서로 비교해 편견을 끄집어냄으로써 신뢰도를 높일 수 있다.

③ 참여관찰의 경우 관찰대상에 익숙해지면 중요한 자료를 놓치게 될 수 있으므로 기록을 철저히 하여 관찰 진행과정을 검토하거나 제3자에게 관찰내용을 제시하여 비판을 받음으로써 타당도를 높일 수 있다.

④ 기록할 때는 사실과 그것의 해석을 명백히 구분하여 기록함으로써 해석의 편

견 개입 여부를 검토해 볼 수 있다.

⑤ 관찰의 신뢰도를 높이기 위해 같은 형태나 유사한 형태에 대해서는 동일한 용어로 기록 및 평가하도록 한다.

5. 내용분석법이란 무엇인가?

1) 내용분석법의 의의

내용분석이란 의사소통 기록물의 현재적, 잠재적 내용을 객관적, 체계적, 양적으로 분석하기 위한 조사방법이다. 이 정의가 담고 있는 내용을 구체적으로 분석해 보면 다음과 같다. 내용분석은 의사소통의 기록물, 즉 커뮤니케이션의 내용을 분석대상으로 하고 있다. 즉, 책, 잡지, 신문, 라디오, 텔레비전, 문서, 편지, 일기, 음악, 미술 등 상징을 통해 나타내는 기록물을 분석대상으로 하고 있다. 분석의 속성 또는 측면은 명시적으로 나타나는 현재적인 내용과 문맥이나 내용 속에 숨어 있는 암묵적, 잠재적 내용도 포함한다. 즉, 단순히 외부에 나타난 내용뿐만 아니라 외부로 나타나지 않은 암묵적인 내용도 분석의 대상으로 한다. 객관적, 체계적, 양적 분석방법을 사용한다. 객관적이란 그 내용을 다른 사람도 같은 방법을 사용하여 분석하면 같은 결과를 얻을 수 있다는 것을 의미하며, 체계적이란 일정한 과학적 절차에 의해 분석하는 것을 의미한다. 또한 내용분석은 질적인 내용을 양적인 자료로 전환해서 분석한다.

2) 내용분석의 용도

내용분석의 기본적 용도는 문서를 계량적 자료로 전환시키는데 있다. 홀스티

(Holsti)는 내용분석이 다음과 같은 8가지 목적을 지닌다고 말하고 있다.

① 과학적 가설의 검증
② 의사전달 내용에 대한 경향의 기술
③ 기존자료의 특징을 의사전달에서 산출되는 메시지와 연계
④ 의사전달 내용의 표준성에 대한 검사
⑤ 설득기법에 대한 분석
⑥ 스타일에 대한 분석
⑦ 청중에게 알려진 속성을 산출된 메시지와 연계
⑧ 의사전달의 형식에 대한 기술

3) 내용분석의 장단점

내용분석의 장점은 시간과 비용이 절감된다는 것이다. 내용분석은 혼자서도 할 수 있지만 질문조사는 많은 조사원이 필요하므로 혼자하기 힘들다. 내용분석은 많은 조사원이 필요 없고 특별한 장비도 요구되지 않으며 단지 분석하고자 하는 자료에 접근만 가능하면 된다. 또한 내용분석은 안전도가 높다. 질문조사나 실험은 한 번 실수가 생기면 전부 다시 해야 하며 재조사가 현실적으로 어려울 때가 많다. 하지만 문헌조사는 기초자료를 다시 검토해 보는 수고만으로 실수를 보완할 수 있다. 역사적 연구에 적용 가능한 유용한 방법이다. 장기간에 걸쳐서 발생하는 과정을 연구할 수 있다. 다른 조사는 소급조사가 불가능하기 때문에 장시간에 걸친 역사적 연구가 어렵다. 피조사자가 반작용을 일으키지 않으며 연구조사자가 연구대상에 영향을 미치지 않는다. 이미 기록되어 있고 행해져 있기 때문에 피조사자가 영향을 받지도 않으며 조사자가 아무런 영향을 미칠 수도 없다. 이에 반해 내용분석의 단점은 기록된 의사전달만을 다룰 수 있다. 기록한 것을 가지고 분석해야 하기 때문

에 기록에 남아 있지 않은 것은 분석하기가 곤란하다. 타당도를 확보하는 일이 어렵다. 기록된 내용이 현실을 그대로 반영한다고 할 수 없기 때문이다. 예를 들어 의약분업을 실시하기 직전에 의약분업을 다룬 신문기사를 분석했더니 의약분업에 대해 긍정적인 기사가 많아 국민여론이 의약분업을 지지한다고 분석하였다. 그러나 실제로 대다수의 국민들은 의약분업에 대해 반대를 했었다면 내용분석의 결과는 타당도가 낮다고 할 수 있다. 그러나 내용분석 시 부호화만 정확하게 하면 항상 같은 결과가 나올 수 있기 때문에 신뢰도는 높다고 할 수 있다.

4) 내용분석의 단위 및 카테고리

내용분석을 하기 위해서는 우선 내용요소를 수량화하기 위한 기준항목을 정해야 하는데 이를 내용분석의 단위라 한다. 내용분석을 위한 단위로 주로 다음과 같은 것이 많이 사용된다.

① 단어

단어는 내용분석에서 사용하는 최소의 단위이다. 여기에는 물론 구와 복합어도 포함된다. 단어를 단위로 하는 경우에는 선택된 단어가 얼마나 많이 사용되었는가를 분석해 봄으로써 내용을 분석해 볼 수 있다.

예) 사회복지실천에 관한 책이나 논문에서 1960년대, 1970년대, 1980년대, 2000년대별로 진단, 치료라는 용어와 사정, 개입이라는 용어가 얼마나 사용되는가를 비교, 분석해 볼 수 있다.

② 주제

주제는 어떤 내용의 중심이 되는 제목 또는 문제를 의미한다. 주제는 대개 한 문장으로 표시되지만, 때로는 여러 개의 문장, 문단 혹은 전체 본문에 확산적으로 나타나 있을 수 있다. 이러한 점에서 단어에 비해 경계선이 불분명하며 문단 또는 본문 등에 여러 개의 주제가 있는 경우 어느 것이 더 중심적인 주제인가 가려내기가 어려운 경우가 많다는 단점이 있다. 그러나 대량의 자료를 다루고자 할 경우 단어보다 주제를 기본단위로 하는 것이 더 의미가 있으며, 다루기도 편리하여 분석단위로 널리 활용된다.

③ 인물

소설, 전기, 연극, 영화 등의 경우 역사적 인물이나 주인공을 중심으로 분석하는 것이 유용하게 활용될 수 있다. 인물이나 주인공을 단위로 하는 경우 인물이나 주인공의 특성에 대한 시대별 변화를 파악해 볼 수 있다.

④ 문단

문단은 여러 개의 문장으로 구성된 단락을 의미한다. 문단은 형식적으로 구분하기는 쉬우나, 한 문단에 다양한, 때때로 상반된 주제나 내용이 들어있어 이를 분류하여 처리하기가 어려운 경우가 있기 때문에 분석단위로 널리 활용되고 있지는 않다.

⑤ 항목

이것은 소재를 크게 분류하는 것으로 서적, 잡지, 신문, 학술지 등으로 분류할 수 있고, 신문의 경우 국내문제, 국제문제, 노동문제, 사회문제, 사설 등으로 분류할 수도 있다. 이 단위는 소재를 크게 분류하기 때문에 빈번히 사용된다.

⑥ 공간 및 시간

이것은 항목보다 세분한 단위로 인쇄물의 경우 지면과 방송의 경우 시간 등이 이에 해당한다.

5) 내용분석의 절차

① 연구주제의 선정

내용분석을 주로 사용하는 경우는 내용분석이 아니고는 탐구하기 어려운 주제나 다른 자료수집 방법보다는 내용분석이 더 적절하거나 효율적인 주제일 경우이다.

② 조사대상의 모집단 선정

조사대상이 될 만한 신문, 문헌, 기록, 문학의 종류와 범위를 확정한다. 모집단은 연구주제와 관련하여 설정한다.

③ 조사대상의 표본추출

실제 조사대상이 될 문헌자료의 표본추출은 다른 조사의 표본추출방법과 같은 방법이 사용된다. 신문, 방송내용, 잡지 등의 경우는 주로 3단계 추출과정이 이용된다.

④ 분석 단위 규정

어떠한 사항을 분석 단위로 사용할 것인가를 정한다.

⑤ 자료의 분석

출연 유무, 빈도, 강도, 시간적 공간체계를 분석

⑥ 결론 도출

[마인드맵으로 보는 chapter 07 요약정리]

- **7. 자료수집방법**
  - **자료수집**
    - 개념: 조사설계 과정에서 결정된 연구방법론에 따라 설계된 연구를 실행에 옮기기 위해 자료를 수집하는 과정
    - 종류
      - 1차자료
        - 연구자가 현재 수행중인 조사연구의 목적을 달성하기 위해 직접 수집하는 자료이다.
        - 설문지, 면접법, 관찰법, 내용분석 등
      - 2차자료
        - 다른 조사자에 의해 수집되어 공개된 자료를 말한다.
        - 기존기록물, 실태조사서, 정기간행물, 논문 등
  - **자료수집의 종류**
    - 설문지
      - 개념: 표준화된 방식으로 응답자의 반응을 알아보기 위해 질문들로 구성된 연구도구이며, 사회현상을 파악하는 연구에서 가장 널리 사용
      - 형식
        - 개방형 질문 — 응답자가 아무런 제약없이 자유롭게 대답할 수 있도록 응답범주가 상세히 구체화되지 않은 채 질문만 던지는 질문형식
        - 폐쇄형 질문 — 응답자들에게 그들의 견해와 가장 비슷한 응답 가운데 선택할 수 있는 세트의 질문을 제시하는 형태
      - 유형
        - 우편설문조사
        - 전화설문조사
        - 인터넷설문조사
    - 면접조사
      - 개념: 일정한 조건하에서 조사자와 응답자가 얼굴을 맞대고 언어를 매개로 상호작용하면서 필요한 자료를 얻어내는 방법
      - 분류
        - 표준화 면접
        - 비표준화 면접
    - 관찰법
      - 개념: 응답자가 가지고 있는 정보를 얻기 위하여 조사자가 응답자로 하여금 행동을 통하여 표현하도록 하는 방법
      - 분류
        - 참여정도
          - 참여관찰
          - 비참여관찰
        - 절차의 조직성
          - 비조직적 관찰
          - 조직적 관찰
    - 내용분석법
      - 개념: 의사소통 기록물의 현재적, 잠재적 내용을 객관적, 체계적, 양적으로 분석하기 위한 조사방법이다.
      - 내용분석의 단위
        - 단어
        - 주제
        - 인물
        - 문단
        - 항목
        - 공간 및 시간

PART

4

조 사 설 계

사 회 복 지 조 사 론

Research Methods for Social Welfare

Chapter 8

조 사 설 계

[학습목표]

사회복지 조사설계의 정의와 내적타당도와 외적타당도에 대한 이해를 도모한다.

1. 조사설계와 인과관계는 무엇인가?

1) 조사설계의 정의

조사설계(reasearch design)는 조사문제에 대한 답을 얻기 위해 필요한 계획을 구체화하는 것이다. 즉, 조사설계란 조사목적을 달성하기 위한 논리적 전략이라고 할 수 있다. 즉, 조사를 수행하고 통제하기 위한 계획이다. 조사설계는 연구문제에 나타난 이론이나 가설을 경험적으로 검증하기 위해 틀을 설계하는 것으로 연구문제에 대한 적합한 해답을 얻기 위하여 조사대상을 선정하고, 그 대상으로부터 자료를 수집하여 분석하고 해석한 후 일반화하는 과정에 대한 전반적인 계획을 수정하는 것이다. 조사설계는 조사문제에 대한 해답을 얻기 위하여 조사대상 선정과 자료수집 방법을 연계하여 변수 간의 관계를 확인할 수 있는 논리적인 틀을 만드는 것이라고도 할 수 있다.

(1) 광의의 조사설계

광의의 조사설계란 조사문제를 검토하는 조사의 초기단계에서부터 수집된 자료를 분석하고, 그 결과를 해석하는 데 이르기까지 연구의 전체를 수행하고 통제하기 위한 계획이란 의미로 정의된다. 즉, 연구자가 수행하고자 하는 탐구에 대한 기획으로 자신의 목적 달성을 계획한 청사진에 가깝다.

(2) 협의의 조사설계

협의의 조사설계란 사회복지조사의 절차 가운데 선정된 연구문제 또는 가설에 대한 해답을 얻기 위해 필요한 논리적 틀을 만드는 단계를 의미한다. 조사문제에 대한 해답을 얻거나 가설에 대한 검증을 하기 위해 자료를 수집하고, 분석하기 위한 계획으로 정의된다.

※ 조사설계 결과는 '인과성 추론'을 기준으로 고려하여 '내적타당도'와 '외적타당도'를 통해 비교하여 판단한다.

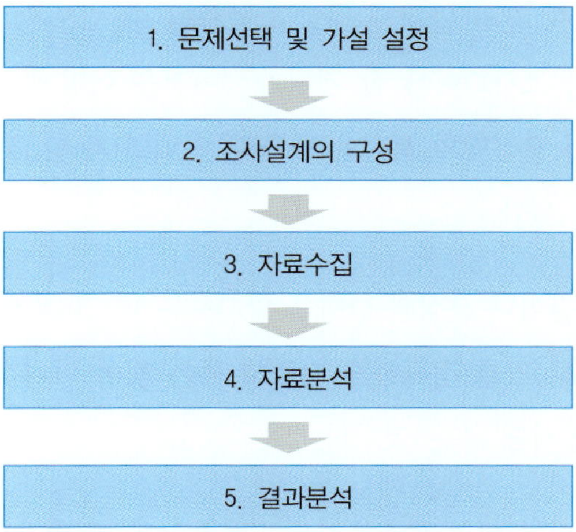

[그림 8-1] 조사과정 단계

2) 조사설계의 목적

조사설계의 근본 목적은 조사문제에 대한 타당한 해답을 제공하고, 해답을 구하는 과정에서 변수분산을 통제하거나 일탈을 방지하는 것이다. 이것을 보다 구체적으로 설명하면 다음과 같다.

(1) 가능한 한 타당성 있고 객관적이며, 정확하게 또 경제적으로 제공하는 데 그 목적이 있다. 모든 조사설계는 조사문제에 대한 경험적 증거를 찾을 수 있도록 의도적으로 그리고 특정하게 고안된 것이라고 할 수 있다. 즉, 연구문제의

해답을 얻기 위해 논리적인 틀을 만들며, 이를 통해 연구문제 및 가설에 포함된 변수 간의 관계 구조를 밝히는 것이다.

(2) 조사설계는 가설상의 조사 질문을 신뢰할 수 있고, 타당한 해답을 구할 수 있도록 만드는 데 목적이 있다.

(3) 조사설계는 변수 간의 관계가 적절히 검증될 수 있도록 만드는 데 목적이 있다. 즉, '무엇이 조사되어야 할 것인가', '이것을 어떻게 조사할 것인가', '어떻게 표본 특성이 모집단의 특성을 대표할 수 있도록 할 것인가' 등은 조사설계를 통해 알 수 있다.

(4) 조사설계는 관찰이나 분석의 방향을 암시하는 데 그 목적이 있다. 조사설계는 무엇을 해야 하는가를 정확하게 지적해 주는 것이 아니라 관찰 및 분석의 방향을 적절히 암시해 주는 것이다.

(5) 조사설계는 어떤 형태의 통계분석을 사용해야 할 것인가를 제시하는 데 그 목적이 있다.

(6) 조사설계는 가능한 한 결론의 윤곽을 제시해 주는 데 그 목적이 있다. 만일 조사설계가 적절하게 이루어진다면, 통계분석을 통해서 도출해낼 수 있는 가능한 결론의 윤곽을 파악할 수 있다.

※ 조사설계의 근본목적은 조사문제에 대한 타당한 해답을 제공하고, 해답을 구하는 과정에서 변수분산을 통제하거나 일탈을 방지하는 것이다.

3) 조사설계의 구성요소

조사설계의 구성요소를 일반적인 조사과정상의 단계를 중심으로 고찰하면 다음과 같다.

(1) 주제, 문제, 가설설정 : 주제를 선정하고 이를 조사문제로서 특화한다. 특정화된 조사문제는 경험적으로 검증 가능한 가설로 발전한다.

(2) 조사대상의 선정 : 조사대상이 무엇인가? 분석단위가 무엇인가? 개인인가, 집단인가? 조직체인가, 사회적 가공물인가, 시간인가, 문헌인가, 통계자료인가?를 선정한다.

(3) 표본수집 : 모집단은 무엇인가? 표집단위는 무엇인가? 표본의 크기는 얼마인가? 표집방법은 무엇인가?를 확인한다.

(4) 조사방법의 선택 : 선정된 대상에서 자료를 수집하는 방법은 무엇인가? 사람인 경우 관찰, 면접, 설문, 실험 등 어느 것을 사용할 것인가? 서류나 문헌이라면 사례조사, 내용분석 등 어느 것을 사용할 것인가? 등의 방법을 선택한다.

> ※ 바로가기
>
> 조사방법은 Chaprter 6, 7에서 상세히 다루고 있다.

(5) 측정과 척도 : 자료를 측정하는 전략은 무엇인가? 어떠한 척도를 사용할 것인가? 등을 선택한다.

> ※ 바로가기
>
> 측정과 척도에 대한 설명은 Chaprter 4에서 상세히 다루고 있다.

(6) 자료의 수준 : 탐색적 수준인가? 기술적 수준인가? 설명적 수준인가?를 확인한다.

(7) 조사결과의 분석과 해석 : 분석할 자료가 무엇인가? 어떤 방법으로 분석할 것인가? 결론은 어떻게 내릴 것인가?를 확인한다.

(8) 조사보고서 작성과 발표 : 보고서는 어떤 형식인가? 누구에게, 무엇을, 어떻게, 언제, 누가 보고할 것인가? 사회에 어떻게 알릴 것인가? 등이 조사설계의 구성요소로 포함될 수 있다.

4) 인과관계의 성립요건

설명적 조사에서 조사설계가 담당하는 핵심 과업은 독립변수와 종속변수 사이에 인과관계가 있을 것이라고 가정한 연구자의 가설을 검증하는 것이다. 인과관계란, 어떤 변수가 어떤 원인으로 인하여 다른 변수의 변화에 영향을 주거나 발생의 결과로써 관계가 있는 것을 의미한다. 그렇다면 두 변수 사이에 인과관계가 성립하려면 어떤 조건이 충족되어야 할까? 두 변수 사이에 인과관계가 성립하려면 ① 공변성, ② 시간적 우선성, ③ 통제성이라는 세 가지 요건을 만족시켜야 한다. 가설에서 설정한 변수 간 인과관계를 검증하는 조사설계의 질은 결국 조사설계에 이 세 가지 요건을 확인하는 장치가 얼마나 잘 고안되어 있느냐에 있다.

(1) 공변성

공변성은 두 변수가 함께 변화함을 보여주는 것이다. 원인변수와 결과변수는 경험적으로 상관관계가 있어야 한다. 즉, 하나의 변수가 변할 때마다 다른 변수도 변화를 나타내야 한다. 즉, 공변성이란 A가 증가하면 B도 증가하거나, A가 증가하면 B는 감소하거나, A가 개입되면 B가 변화하는 등과 같이 두 변수가 일정한 방식으로 같이 변하는 것을 의미한다.

(2) 시간적 우선성

시간적 우선성이란, 시간상 독립변수가 먼저 변화하고 종속변수는 그 후에 변화하는 것이어야 함을 의미한다. 독립변수가 종속변수를 야기한 원인이 되려면 시간적 우선성이 성립되어야 한다. 즉, 어떤 변수가 원인이고 결과인지를 증명하기 위해서는 변수 간에 시간적으로 무엇이 앞서고 무엇이 뒤에 따르는지를 보여줄 수 있어야 한다.

(3) 통제성

독립변수와 종속변수 사이에 측정된 관계는 두 변수와 관련되어 있는 제3의 변수에 의한 영향으로 설명되어서는 안 된다. 이러한 경우 조사설계에서는 제3의 변수에 대한 통제방법을 고려해야 한다. 통제란 두 변수들 간에 나타나는 공변성과 시간적 우선성의 관계가 제3의 다른 변수들로 인해서 유발되는지의 여부를 확인하는 것이다.

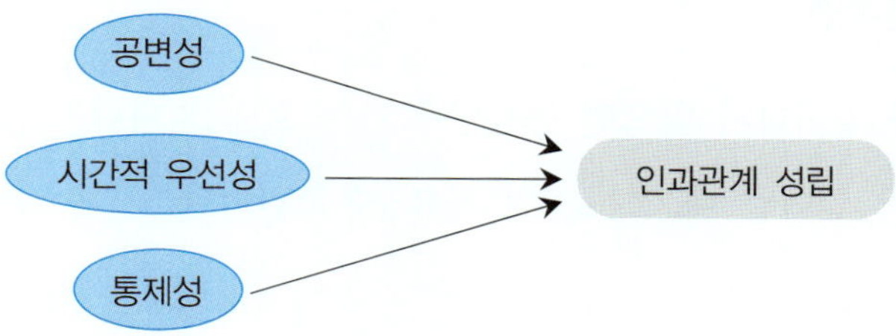

[그림 8-2] 인과관계 성립요건

5) 인과관계의 기초

(1) 필요조건

독립변수(X)가 종속변수(Y)의 필요조건인 경우는 X가 없이는 Y가 존재하지 않지만 X의 존재가 항상 Y를 존재하게 하는 것을 의미하지 않는 경우이다.

> 예) 알코올 경험이 없이는 알코올중독이란 있을 수 없지만, 알코올 경험이 있다고 해서 항상 알코올중독이 되는 건 아니다. 여기서 알코올 경험은 알코올중독의 필요조건이다.

(2) 충분조건

독립변수(X)의 존재는 종속변수(Y)의 발생에 영향을 미치지만 Y는 X가 없어도 발생할 수 있을 때 X는 Y의 충분조건이다.

> 예) 흡연은 폐암의 원인이 되므로 흡연은 폐암의 충분조건이다. 그러나 흡연자만이 폐암에 걸리는 것이 아니라 광산에서 근무하는 사람들도 폐암을 유발하는 다른 제2의 원인들이 존재한다. 따라서 흡연은 폐암의 충분조건이다.

(3) 필요-충분조건

독립변수(X)가 일어나지 않으면 종속변수(Y)는 절대 일어나지 않으며, X가 일어나면 Y가 언제나 일어날 때, X는 Y의 필요충분조건이다.

2. 내적타당도와 외적타당도는 무엇인가?

1) 조사설계의 타당도

조사설계의 타당도는 '연구를 잘했다'라는 것을 의미한다. 다시 말해 조사를 잘못했다는 말은 '조사설계의 타당도가 떨어진다'라고 말하기도 한다. 즉, 타당도가 높은 측정은 측정된 결과가 초기에 측정하고자 했던 개념에 최대한 접근하여 그 개념을 정확히 반영한 것이다. 조사설계의 타당성을 판단하는 기준으로 내적타당도와 외적타당도로 구분된다.

2) 내적타당도와 외적타당도

(1) 내적타당도

조사설계의 내적타당도는 독립변수와 종속변수 사이의 인과관계가 얼마나 확실한가, 즉 종속변수의 변화가 독립변수로 인해 발생한 것이라고 얼마나 확신할 수 있는가를 의미한다. 내적타당도를 높이려면 독립변수와 종속변수 간 인과관계를 확신하기 어렵게 만드는 요인을 적절히 통제할 수 있어야 한다. 내적타당도란 종속변수에서 나타나는 변화가 독립변수의 변이에 의한 것임을 확신할 수 있는 정도를 말한다. 특정한 조사설계에서 발생한 실험대상의 변화가 정말로 연구자에 의해 조작된 실험조치의 영향에 의한 것인가와 관련된 개념이다.

(2) 외적타당도

조사설계의 외적타당도는 조사결과를 어느 정도 일반화할 수 있는가를 의미한다. 서울에서 효과적이라고 확인된 프로그램이 제주에서도 효과적인지를 확인하는 것은 특정 조건하에서 얻은 결과가 다른 조건에서도 일반화되는지를 확인하는 것이므로 외적타당도에 해당한다. 조사대상 표본이 높을수록, 조사대상자들이 조사에 대해 보이는 반응성이 적을수록, 여러 상황과 대상에서 반복적인 조사를 수행하여 일관된 결과를 축적할수록 조사결과의 일반화 가능성, 즉 외적타당도가 높아진다. 즉, 연구결과를 연구의 조건을 넘어서 보다 많은 상황과 모집단에 적용시킬 수 있는 정도를 말한다.

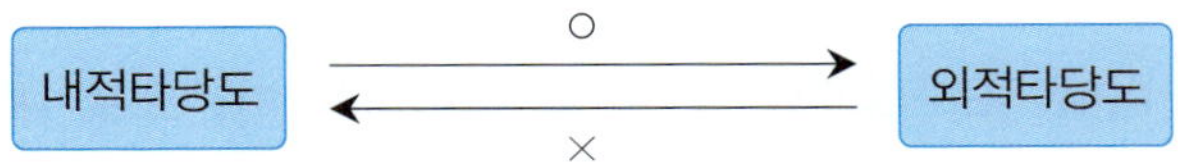

[그림 8-3] 내적타당도와 외적타당도의 관계

3. 타당도에 영향을 주는 요인은 무엇인가?

연구자가 측정하고자 하는 내용이 정확히 측정되었을 때 연구의 의의는 인정된다. 내·외적 타당도는 조사설계 유형에 관계없이 모든 연구에서 중요하다. 조사설계의 타당도를 저해하는 요인을 특성별로 확인해보면 다음과 같다.

1) 내적타당도

(1) 내적타당도 저해요인

내적타당도 저해요인은 조사기간 동안 조사대상자 및 측정도구와 관련한 변화 등으로 실험과정에서 개입되어 내적타당도를 저해하는 요소를 의미한다. 아래 요인의 영향이 개입된 소지가 있는 경우 이를 통제할 수 있는 방안을 강구함으로써 내적타당도를 높여야 한다.

① 외부사건

연구자의 의도와는 상관없이 실험도중 어떤 사건이 우발적으로 발생하여 이로 인해 종속변수가 변화된 경우이다. 또한 사전검사와 사후검사 사이에 종속변수의 변화에 영향을 미칠 가능성이 있는 다른 사건이 발생하는 경우를 말한다.

② 성숙효과

종속변수의 변화가 어떤 특별한 일 때문이 아니라 '그 시기의 특성상' 혹은 '시간이 어느 정도 흘렀기 때문에 발생한 것'으로 의심되는 경우를 말한다. 시간의 경과에 따라 조사대상자에게 나타나는 생리적 또는 심리적 변화이다.

③ 시험효과

두 번 이상의 테스트를 실시하는 조사연구들에서 나타나는 현상이다. 독립변수의 개입 여부와 관계없이 시험효과를 하는 것만으로도 후에 실시되는 시험효과 결과에 영향을 미칠 수 있다는 것으로 사전검사와 사후검사에 동일한 검사를 사용하는 경우 사전검사가 사후검사 점수에 영향을 미칠 수 있다. 이 경우 종속변수 점수에서 나타난 증가 혹은 감소가 독립변수 때문인지 아니면 사전검사에 의해 사후검사 점수가 영향을 받았기 때문인지를 확인하기 어렵다.

④ 도구효과

도구효과는 사전검사와 사후검사를 서로 다른 도구로 측정했거나 측정도구 자체의 신뢰도가 낮아 같은 응답자가 사전검사와 사후검사에서 동일한 질문을 달리 이해해서 응답하는 경우를 말한다. 시험효과가 동일한 시험효과를 실시했을 경우 나타나는 문제라면 도구효과는 전-후의 시험효과가 다른 것으로 실시했을 때 발생하는 변화이다.

⑤ 통계적 회귀

사전검사에서 극단적으로 높은 점수를 보인 조사대상자들이 사후검사에서는 점수가 낮아지고, 반대로 극단적으로 낮은 점수를 보인 조사대상자들이 사후검사에서는 점수가 높아지는 통계적 경향을 통계적 회귀라고 한다. 즉, 극단적인 사례를 집단에 포함시킬 때 발생하는 오류로 극단적인 측정값은 사후검사 때 중간값(집단평균) 쪽으로 이동하는 경향이 있다. 통계적 회귀의 성향은 프로그램 개입과 관련한 인과관계를 흐리게 한다.

⑥ 실험자 상실

실험집단이나 통제집단 어느 쪽이든 대상자가 연구진행 도중 탈락하거나 그만두게 되면 종속변수의 결과가 어느 한쪽으로 치우쳐 왜곡될 가능성이 있다. 예를 들어 대상자가 미혼에서 결혼하거나 이동하거나 사망할 경우, 실업자가 취업할 경우 등이 이에 해당된다. 실험 도중에 여러 가지 이유로 조사대상자가 상실되고 감소될 때, 전체적인 집단의 분위기에 변화를 줄 수 있고, 사후검사 시 측정값을 왜곡시킬 수 있다.

⑦ 선택과의 상호작용

선택의 편의와 다른 내적타당도 저해요인과의 상호작용이 발생하여 종속변수의 변화가 어떤 원인에 기인한 것인지를 파악하기 어렵게 되는 경우이다. 선택과의 상호작용은 선택–우연한 사건 상호작용과 선택-성숙 간의 상호작용으로 구분할 수 있다.

(2) 내적타당도 저해요인 통제방법

① 무작위할당(random assignment)

무작위할당은 연구대상자들을 실험집단 및 통제집단에 무작위적으로 배치하는 방법이다. 난수표, 제비뽑기 같은 무작위 방법으로 조사대상자를 실험집단과 통제집단에 할당하는 방법이다. 무작위할당은 통제집단과 실험집단의 동질성을 보증하며, 종속변수에 영향을 미칠 것으로 알려진 변수는 물론 알려지지 않은 변수까지도 통제할 수 있어 다른 어떤 방법보다 내적타당도 저해요인들을 통제하는데 가장 효과적인 방법이다. 무작위할당은 실험집단의 연구대상이 통제집단의 연구대상을 대표하도록 만들어 준다.

② 배합(matching)

배합은 종속변수에 영향을 미칠 것이라고 생각되는 변수를 실험집단과 통제집단에 동일하게 맞춰 배치하는 방법이다. 배합방법은 변수를 통제하여 실험집단과 통제집단을 동일하게 만들려는 방법이지만 영향을 미칠 수 있는 모든 변수를 사전에 다 알 수 없으므로 모든 면에서는 두 집단을 동일화시키는데 어려움이 많다.

③ 통계적 통제(statistical control)

무작위할당이나 배합이 자료수집 과정에서 통제장치를 마련하는 방법이라면, 통계적 통제는 자료수집 단계가 아니라 자료분석 단계에서 통계적으로 통제변수의 영향력을 통제하는 방법이다. 자료를 수집할 때는 통제변수도 독립변수처럼 간주하여 조사설계에 포함시킨 후 자료를 분석하는 과정에서 그 영향력을 통계적으로 통제한다. 따라서 이 방법은 일종의 사후적인 통제방법이다.

※ 우선순위
무작위할당 > 배합 > 통계적 통제

2) 외적타당도

(1) 표본의 대표성

표본의 대표성이란 선정된 조사대상자가 전체 모집단을 얼마나 잘 대표하는가를 말한다. 조사대상 표본이 모집단을 대표할수록 외적타당도는 높아진다. 표본의 대표성은 표본의 크기가 클수록, 모집단으로부터 확률표집 방법에 의해 선정할수록 증가한다. 연구를 어떤 실제 상황에 일반화할 수 있기 위해서는 그 연구가 대표하고자 의도했던 대상을 대표해야만 한다.

(2) 조사반응성

조사반응성이란, 조사대상자가 자신이 조사대상이라는 것을 의식하여 조사에 반응하는 것을 말한다. 관찰되고 있다는 인식하에 의식적으로 보인 반응은 그것을 일반화하는데 무리가 있으며 따라서 외적타당도를 떨어뜨린다. 조사과정에서 '특별한 관심'을 받고 있다는 조사대상자의 인식으로 인해 발생하는 변화를 호손효과라고 하는데 이는 조사반응성의 대표적인 예이다. 조사대상자가 자신이 실험에 참여하고 있다는 것을 알게 될 때, 일반화될 수 없는 종속변수의 변화를 야기할 수 있다. 조사대상자가 실험의 문제나 실험상황에 민감하게 반응함으로써 실험결과가 다른 상황에서는 발생하지 않을 가능성이 있다.

(3) 플라시보 효과

플라시보 효과 또한 조사반응성의 한 유형이다. 가짜 약을 진짜 약이라고 믿고 먹으면 마치 진짜 약을 먹은 것처럼 호전되는 경우와 같이 피실험자들에게 실험처치나 개입이 주어지지 않았는데도 '실험처리를 받고 있다'고 느끼는 믿음으로 인해 마치 실험처치를 받은 것과 유사한 효과가 나타나는 것을 말한다.

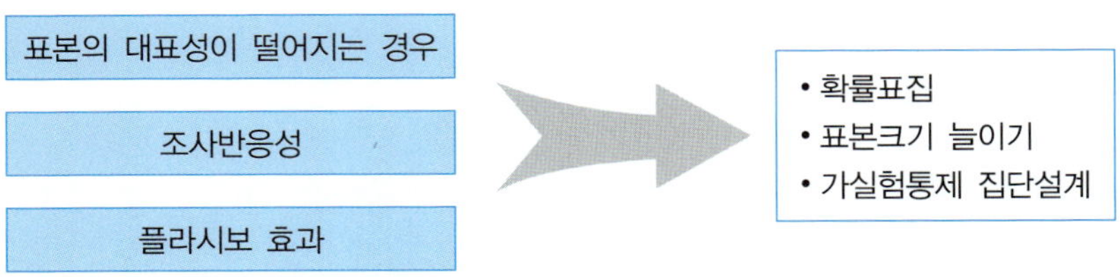

[그림 8-4] 외적타당도 저해요인과 대안

[마인드맵으로 보는 chapter 08 요약정리]

- **8. 조사설계**
  - **조사설계의 정의**
    - 개념: 조사설계는 조사문제에 대한 해답을 얻기 위하여 조사대상 선정과 자료수집 방법을 연계하여 변수 간의 관계를 확인할 수 있는 논리적인 틀을 만드는 것이다.
    - 유형
      - 광의의 조사설계
      - 협의의 조사설계
    - 목적 — 조사설계의 근본적인 목적은 조사문제에 대한 타당한 해답을 제공하고 해답을 구하는 과정에서 변수분산을 통제하거나 일탈을 방지하는 것이다.
  - **인과관계의 성립요건**
    - 공변성 — 공변성은 두 변수가 함께 변화함을 보여주는 것이다.
    - 시간적 우선성 — 어떤 변수가 원인이고 결과인지를 증명하기 위해서는 변수 간에 시간적으로 무엇이 앞서고, 무엇이 뒤에 따르는지를 보여줄 수 있어야 한다.
    - 통제성 — 통제란, 두 변수들 간에 나타나는 공변성과 시간적 우선성의 관계가 제3의 다른 변수들로 인해서 유발되는지의 여부를 확인하는 것이다.
  - **타당도**
    - 내적타당도
      - 개념: 종속변수에서 나타나는 변화가 독립변수의 변이에 의한 것임을 확인할 수 있는 정도를 말한다.
      - 저해요인
        - 외부사건
        - 성숙효과
        - 시험효과
        - 도구효과
        - 통계적 회귀
        - 실험자상실
      - 저해요인 통제방법
        - 무작위할당 — 무작위할당은 연구대상자들을 실험집단 및 통제집단에 무작위적으로 배치하는 방법이다.
        - 배합 — 배합은 종속변수에 영향을 미칠 것이라고 생각되는 변수를 실험집단과 통제집단에 동일하게 맞춰 배치하는 방법이다.
        - 통계적 통제 — 일정의 사후적인 통제방법이다.
    - 외적타당도
      - 정의: 조사설계의 외적타당도는 조사결과를 어느 정도 일반화할 수 있는가를 의미한다.
      - 저해요인
        - 표본의 대표성
        - 조사반응성
        - 플라시보 효과
      - 저해요인 통제방법
        - 확률표집
        - 표본크기 늘리기
        - 가실험통제 집단설계

Chapter 9

실험설계의 유형

[학습목표]

실험설계의 개념과 다양한 유형에 대하여 학습한다.

1. 실험설계란 무엇인가?

실험은 원래 자연과학에서 많이 사용되는 방법이나 사회과학에서도 때때로 활용되고 있다. 실험은 조사대상에 대한 여러 변수 간의 인과관계를 인위적으로 규정하여 조작된 변수의 효과를 파악하는 방법이다. 즉, 외부변수를 통제하고 독립변수를 조작하여 종속변수를 관찰함으로써 그 인과관계를 파악하는 방법이다. 즉, 실험설계는 과학적 문제해결을 위해서는 특정한 사회현상이 야기된 원인과 그 결과 사이의 관계를 정확히 밝혀내야만 현상에 대한 근본적 이해와 올바른 의사결정을 할 수 있게 된다. 이러한 인과관계의 규명을 위해 주로 사용되는 방법이 실험설계(experimental design)이다. 실험설계는 현상들 간의 원인과 결과를 구분하고 그들 간의 상호관계에 대해 보다 정확한 이해와 예측을 위한 정보를 얻기 위하여 실시된다.

1) 실험설계의 개념

복잡한 사회현상 중에서 연구목적상 관심이 있는 요소(변수)들만을 선별하여 그들 간의 인과관계를 집중적으로 관찰·분석하는 방법이다. 즉, 엄격하게 상황을 통제한 상태에서 원인변수(독립변수)를 의도적으로 조작함으로써 나타나는 결과변수(종속변수)의 변화를 관찰하는 방법을 말한다. 실험설계는 외생변수의 영향을 통제하기가 용이하고, 변수들 간의 명확한 인과관계 검증이 가능한 반면, 조사상의 복잡성 및 실험상황의 인위성으로 인한 일반화의 한계 등이 단점으로 지적된다. 실험설계는 관찰을 통하여 현상 내에서 존재하는 원인(독립변수)과 결과(종속변수)를 구분하고 외생변수를 엄격히 통제하여 그들 간의 인과관계를 체계적으로 규명함으로써 조사문제를 해결하는데 필요한 자료를 획득하는 과학적 조사설계이다.

2) 실험설계의 기본조건

변수들 간의 인과관계를 규명하기 위한 가장 과학적인 조사방법이라 할 수 있는데, 완벽한 실험을 위해서는 다음과 같은 세 가지 조건들이 충족되어야 한다.

(1) 독립변수의 조작

연구자는 관찰하고자 하는 현상이 일어나는 조건을 인위적으로 조작(manipulation)함으로써 연구에 보다 적합한 현상을 선별하여 관찰할 수 있다. 즉, 인위적으로 독립변수의 종류 및 변화의 강도를 조절하여 실험대상에 가함으로써 독립변수의 변화가 종속변수에 미치는 영향을 관찰하게 된다. 즉, 실험집단은 개입을 하고 통제집단은 개입을 하지 않았을 때, 실험집단에 가하는 개입이다.

(2) 외생변수의 통제

외생변수란 독립변수 이외에 결과변수에 영향을 미칠 수 있는 모든 변수로서, 이러한 외생변수의 영향을 제거하지 못하면 실험변수와 결과변수의 사이의 인과관계를 정확히 파악하는 데 문제가 생기게 된다. 따라서 독립변수만의 순수한 영향력을 조사하기 위해서는 외생변수가 통제되어야 한다. 따라서 과학적이고 정밀한 조사방법이 되기 위해서는 이러한 외생변수의 영향을 체계적으로 방지 또는 제거할 수 있도록 실험이 설계되어야 한다.

(3) 실험대상의 무작위 할당

변수들 간의 인과관계를 연구한 실험결과가 일반화되기 위해서는 실험대상들이 무작위적으로 추출되어져야 한다. 실험대상의 무작위화(randomization)란, 전체집단에서 각 대상들이 실험대상으로 선택될 확률이 모두 동일하도록 하는 것을 말한다.

실험조사설계에서 집단 간의 비교를 하기 위해서는 두 집단(실험집단, 통제집단)이 동일해야 하는데, 이렇게 하기 위해서는 무작위로 각 집단에 대한 연구대상자의 배정이 이뤄져야 한다. 두 집단에 대한 배정이 무작위로 이루어져야 두 집단이 동일하게 되며, 순수한 개입효과에 방해가 되는 불필요한 외생변수를 통제할 수 있다.

3) 실험설계의 단계

대상 선정	대상을 선정한다.
↓ 실험환경	실험을 실시할 환경을 선정한다.
↓ 무작위표집	연구대상자를 무작위로 표집한다.
↓ 무작위할당	연구대상자로 추출된 표본을 무작위적으로 실험집단과 통제집단을 배치한다.
↓ 사전검사	연구대상자의 특성인 종속변수에 대한 사전검사를 실험집단과 통제집단에 실시한다.
↓ 실험조치	실험집단에 대해서만 실험조치(독립변수, 실험변수)를 실시하고, 통제집단에 대해서는 실험조치를 실시하지 않는다.
↓ 사후검사	연구대상자의 특성인 종속변수에 대한 사후검사를 실험집단과 통제집단에 대해 실시한다.
↓ 비교-검증	사후검사와 사전검사를 실시했을 때 실험집단과 통제집단의 종속변수 간에 통계적으로 의미있는 변화가 있었는지를 비교 검토한다. 만일 변화를 갖는다는 가설은 수용되고, 유의미한 차이가 없으면 그 가설은 기각된다.

[그림 9-1] 실험설계의 단계

4) 실험설계의 기본모형

변수는 실험설계에서 연구목적이나 내용에 따라서 독립변수, 종속변수, 외생변수(통제변수)로 나누어질 수 있다. 독립변수는 연구자에 의하여 조작되는 변수로서 관찰하고자 하는 현상의 원인이 되는 변수이며, 종속변수는 독립변수의 영향을 받아 변화하는 변수를 말한다. 그러나 실험설계에서는 종속변수에 영향을 미칠 수 있는 모든 변수를 다 고려하는 것은 아니고, 특히 관심이 있는 변수들만을 선택하여 고려하게 된다. 이는 특정한 변수의 효과만을 파악하기 위한 목적도 있지만, 변수의 수를 줄임으로써 설계상의 복잡성을 줄이려는 목적도 있다.

2. 실험설계의 종류에는 어떤 것들이 있는가?

변수들 간의 인과관계를 조사하기 위해서는 연구목적이나 측정대상, 조사상황 등을 종합적으로 고려하여 이에 맞는 실험설계방법을 선택하여야 한다.

1) 순수실험설계

실험설계는 순수실험설계라고도 한다. 순수실험설계(true experimental design)는 실험설계 중 인과관계를 확인할 수 있는 가장 이상적인 설계방법이다. 순수실험설계의 가장 큰 특징은 실험대상을 선정할 때 무작위할당(외생변수의 통제)을 거친다는 것이다. 또한 독립변수의 조작, 측정의 시기 및 측정대상에 대한 통제 등이 연구자의 의도에 따라 가능한 실험설계로서 외생변수의 영향을 효율적으로 제거할 수 있는 설계방법이다. 순수실험설계는 엄격한 외생변수의 통제 하에서 독립변수를 조작함으로 인과관계를 밝히는 것이며, 실험변수의 노출시기, 노출대상, 실험효과의 측정시기, 측정대상 통제가 가능함, 내적타당도는 가장 높지만 외적타당도는 떨어질 수 있다.

(1) 통제집단 사전사후 측정설계

통제집단 사전사후 측정설계는 인과관계를 추정하기 위한 가장 전형적인 설계이다. 통제집단 사전사후 측정설계실험(pretest-posttest control group design)은 대상을 무작위적으로 두 집단으로 할당하여, 실험집단에는 독립변수의 노출 전 · 후에 각각 종속변수를 측정하고, 통제집단에는 독립변수를 가하지 않은 채 종속변수를 두 번 측정하는 방법이다. 즉, 이 설계는 연구대상자를 실험집단과 통제집단에 무작위로 배치하고 실험처치를 실시하기 전에 양 집단을 사전검사하고, 실험처치를 실시한 후 양 집단을 다시 사후검사하여 사전검사의 결과와 사후검사의 결과 간의 차이를 비교하는 설계이다. 독립변수의 효과는 실험집단과 통제집단의 사전측정치와 사후측정치 사이의 차이를 계산하고 실험집단의 차이에서 통제집단의 차이를 계산하면 순수한 독립변수에 의한 실험효과를 구할 수 있다. 이 경우는 두 집단의 무작위화를 통하여 외생변수의 영향이 두 집단에 동일하게 작용할 것이라는 가정 하에서 이루어지기 때문에 대부분의 외생변수는 통제가 가능하다.

통제집단 사전사후 측정설계는 사후검사 통제집단 설계에서 사전검사를 추가한 설계이다. 그래서 연이은 검사로 인하여 검사오염효과가 개입될 가능성이 있다. 이 설계에서는 두 집단의 사전검사 측정치가 같을 때($O_1=O_3$)는 (O_2-O_1)의 값이 (O_4-O_3)의 값과 다르지 않다는 것을 보여주거나 실험집단의 사후검사 측정치(O_2)가 통제집단의 사후검사 측정치(O_4)와 다르다는 것을 증명하면 된다.

실험설계에 사용되는 기호의 의미

X : 실험집단에 대한 실험적 처치, 프로그램의 개입을 의미함
R : 무작위할당을 의미함
O : 관찰 혹은 측정, 검사를 의미함
D : 실험조치의 영향을 의미함

(실험집단)	R	O_1	X	O_2
(통제집단)	R	O_3		O_4

[그림 9-2] **통제집단 사전사후설계**

이 설계는 사전검사를 실시함으로써 사전검사에 의한 검사 및 도구사용 등의 요인들로 인해 내적타당도가 저해되는 경우가 있지만 전반적으로 다른 내적타당도 저해요인들을 통제할 수 있어 내적타당도는 높다고 할 수 있다.

(2) 통제집단 사후측정설계

이 설계는 사건검사를 실시하지 않는 설계이다. 먼저 연구대상자를 무작위로 실험집단과 통제집단에 배치한다. 양 집단에 사전검사를 실시하지 않고 실험집단에만 실험변수를 도입한다. 그리고 사후검사를 통해 양 집단 간의 차이를 비교한다. 즉, 통제집단 사전사후 측정설계(pretest-only control group design)에서 사전측정을 하지 않은 형태이다. 사전측정을 하지 않음으로써 모두가 외생변수의 영향을 동일하게 받는다는 것을 가정할 수 있다. 사전측정을 하지 않기 때문에 시험효과 등 외생변수의 개입을 방지할 수 있는 반면, 실험대상들의 반응에 있어서 변화과정을 파악할

수 없고, 두 집단의 최초 상태가 동질적임을 보장하기 어렵다는 단점이 있다. 그러나 실제 사회현상에서는 사전측정이 불가능한 경우가 많으며, 상대적으로 적은 수의 실험대상으로도 실험이 가능하고 집단 간의 격리도 쉽게 할 수 있다는 점에서 널리 활용되고 있는 실험설계이다. 사회과학 분야에서는 현실적으로 사전측정이 불가능한 경우가 많고, 상대적으로 적은 수의 실험자로 실험이 가능해 효율적이며, 조사대상자를 양 집단으로 분리하는 것이 용이하다. 따라서 이러한 현실성, 용이성, 효율성으로 이 설계는 가장 널리 사용되는 설계이다.

(실험집단)	R	X	O_1
(통제집단)	R		O_2

[그림 9-3] 통제집단 사후측정설계

(3) 솔로몬 4집단 설계(solomon four-group design)

이 설계는 인과관계를 측정하기 위한 가장 전형적인 설계이다. 솔로몬 4집단 설계(solomon four-group design)는 통제집단 사전사후 측정설계와 통제집단 사후측정설계를 합친 형태로서, 가능한 모든 외생변수를 통제하기 위한 설계방법이다. 우선 A, B, C, D 네 집단을 무작위로 선정하고, A, B 집단은 사전측정을 하며, C, D 집단은 사전측정을 하지 않는다. 또한 A, C 집단은 독립변수를 가하고, B, D 집단은 통제집단의 성격으로 실험변수를 가하지 않는다. 이 설계방법은 다른 설계방법에서는 불가능한 각종 외생변수의 영향을 완벽히 분리해 낼 수 있다는 것이 가장 큰 장점이다. 특히, 통제집단 사전사후 측정설계에서 문제가 되는 상호작용 효과와 기타 외생변수의 효과를 분리해 낼 수 있다.

이 설계는 사전검사와 사후검사의 변화 정도를 알고자 하지만 시험효과가 우려되는 경우 솔로몬 4집단 설계를 실시한다. 솔로몬 4집단 설계는 통제집단 전후 비교의 단점인 사전검사로 인한 영향을 통제하기 위하여 통제집단 사전사후설계에 사전검사를 실시하지 않는 또 다른 실험집단과 통제집단을 추가한 설계이다. 이 설계는 통제집단 사전사후 검사설계와 통제집단 사후검사 설계를 결합한 설계이다. 다만, 4개의 집단을 무작위로 선정하는 어려움과 복잡성이 있고 비용이 많이 들어 사회복지조사에서는 거의 사용되지 않는다.

(집단 A)	R	O_1	X	O_2
(집단 B)	R	O_3		O_4
(집단 C)	R		X	O_5
(집단 D)	R			O_6

[그림 9-4] **솔로몬 4집단 설계**

(4) 요인설계

요인설계는 독립변수가 두 개 이상일 때 적용되는 설계이다. 독립변수가 두 개 이상인 경우에는 이를 독립변수의 속성에 따라 행당행렬을 만들고, 행렬상의 각 범주에 따라 실험집단과 통제집단을 설정하고 개별 독립변수와 종속변수 간의 그리고 두 개 이상의 독립변수가 상호작용하여 종속변수가 갖게 되는 인과관계를 검증하기 위한 설계이다. 예를 들어 '청소년들에게 도예프로그램과 음악프로그램을 실시한다면, 청소년들의 감성지수가 향상된다'는 가설을 검증하기로 하자. 두 프로그램은 두 개의 독립변수에 해당되며 따라서 이 경우에는 요인설계를 통해서 가설을 검증하면 된다.

2) 유사실험설계

유사실험설계(quasi-experimental design)는 실험실이 아닌 현장에서 실험하는 것으로 실험상황은 아니더라도 실험실과 유사한 효과를 얻을 수 있는 경우를 말한다. 유사실험설계는 준실험설계라고도 한다. 순수실험설계와 같이 무작위배정을 통한 엄격한 통제집단을 갖지는 못하지만, 대안적인 방법을 통해 마치 통제집단을 갖는 것과 같은 효과를 주는 조사설계이다. 유사실험설계는 순수실험설계의 대안으로 많이 활용되고 있으며, 실험에 대한 통제가 비교적 적어 외적타당도는 어느 정도 확보될 수 있다는 장점이 있다. 이에 반해 단점은 무작위배정 대신 배합을 사용하는 경우 내적타당도는 낮아진다는 것이다.

유사실험설계는 실험실 상황이 아닌 실제 상황에서 독립변수를 조작하여 연구하는 설계를 말하는 것으로, 현장 실험설계(field experimental design)라고도 한다. 유사실험설계의 장점은 첫째, 실제 상황에서 이루어지므로 다른 상황에 대한 일반화 가능성(외적타당성)이 높다. 둘째, 일상생활과 동일한 상황에서 수행되므로 이론검증 및 현실 문제 해결에 유용하며, 복잡한 사회적 · 심리적 영향과 과정 변화 연구에 적절하다. 이에 반해 단점으로는 첫째, 현장 상황에서는 대상의 무작위화와 독립변수의 조작화가 어려운 경우가 많다. 둘째, 실제 상황에서의 실험이므로 독립변수의 효과와 외생변수의 효과를 분리해서 파악하기 어렵다. 셋째, 측정과 외생변수의 통제가 어려우므로 연구결과의 정밀도가 떨어진다. 따라서 유시실험설계는 순수실험설계보다 현실성 · 일반화는 좋으나, 통제력이 훨씬 약하기 때문에 인과관계의 명확한 규명은 다소 뒤떨어진다.

(1) 단순시계열 설계

단순시계열 설계(simple time-serious design)는 실험변수를 노출시키기 전 후에 일정한 기간을 두고 정기적으로 몇 차례의 결과변수에 대해 측정하는 방법이다. 통제집단(비교집단)을 설정하기 곤란한 경우에 한 집단을 선택해서 독립변수의 조작이나 독립변수의 노출 전에 여러 번 관찰하고 독립변수 도입 후에 다시 여러 번 관찰하여 전후의 점수 또는 경향을 비교하는 것이다. 단순시계열설계는 비교적 높은 내적타당도를 가지고 있지만 통제집단을 사용하지 않기 때문에 우연한 사건들의 영향을 배제하지 못한다. 또한 검사도구로 인한 외적타당도가 저해될 가능성이 있다.

$$O_1 \quad O_2 \quad O_3 \quad O_4 \quad X \quad O_5 \quad O_6 \quad O_7 \quad O_8 \quad O_9 \quad O_{10}$$

개입

[그림 9-5] 시계열 설계

(2) 복수시계열 설계

복수시계열 설계(multiple time-series design)는 단순시계열 설계가 통제집단을 사용하지 않아 우연한 사건 등에 의해 내적타당도가 저해되어 조사결과를 가지고 인과관계를 추론하기 어렵다는 문제점을 개선하기 위해서 단순시계열 설계에 통제집단을 추가한 것이다. 통제집단을 사용함으로써 내적타당도 저해요인을 크게 감소시킬 수 있으나 무작위할당이 이뤄지지 않음으로써 실험집단과 통제집단이 이질적일 가능성이 크다. 실험집단의 경우 반복된 사전검사를 실시함으로써 검사와 독립변수 간의 상호작용 효과가 발생할 수 있고, 무작위할당에 의하여 집단이 선정되지 않음으로써 선택의 편의와 독립변수 간의 상호작용이 발생함으로써 외적타당도가 저해되기도 한다.

실험집단	O_1	O_2	O_3	O_4	X	O_5	O_6	O_7	O_8
통제집단	O_9	O_{10}	O_{11}	O_{12}		O_{13}	O_{14}	O_{15}	O_{16}

[그림 9-6] 복수시계열 설계

(3) 비동일 통제집단 설계

비동일 통제집단 설계(non-equivalent control group design)는 전형적인 유사실험설계의 유형이다. 비동일 통제집단 설계는 실험조사설계의 통제집단 사전사후검사설계와 유사하지만 무작위할당에 실험집단과 통제집단이 선택되지 않는 점이 다르다. 무작위할당이 아닌 임의적인 방법으로 실험집단과 통제집단을 선정하고 양 집단에 대해서 사전검사를 실시하고, 실험집단에는 독립변수를 도입하고 통제집단에는 독립변수를 도입하지 않고 양 집단을 사후검사하여 종속변수의 변화를 비교하는 것이다. 양 집단 간의 초기상태를 모르기 때문에 사전검사(O_1, O_3)를 통해서 양 집단 간의 초기상태가 동질적인지 아니면 이질적인지 여부를 확인하고 만일 차이가 있다면 그 차이를 고려하여 해석해야 한다. 탐색적인 목적으로 실험을 실시하는 경우나 이미 모집단이 동질적인 것으로 확인된 경우에는 적절히 사용할 수 있다.

비동일(non-equivalent) 개념 정리

비동일 개념은 실험집단과 통제집단에 무작위로 배치되지 않았기 때문에 통제집단의 초기상태가 실험집단과 동일하지 않고 이질적일 가능성이 크다.

(실험집단)	O_1	X	O_2
(통제집단)	O_3		O_4

[그림 9-7] 비동일 통제집단 설계

(4) 분리표본 사전사후검사설계

분리표본 사전사후검사설계(separate-sample pretest design)는 현실적인 이유로 인해 실험집단과 통제집단에 사전검사나 사후검사를 동시에 실시할 수 없어서 통제집단에 사전검사 후 독립변수가 도입되는 것을 배제할 수 없는 상황에서 채택되는 설계방법이다. 분리표본 사전사후검사설계는 실험집단에서 사전검사를 실시하지 않고 독립변수를 도입한 후 사후검사를 실시한다.

통제집단에 대해서는 사점검사만 실시하지만 통제집단에 독립변수를 연구자가 의도적으로 도입하는 것이 아니라 독립변수가 도입하는 것을 막을 수 없는 불가피한 상황이기 때문에 독립변수를 도입하였음을 괄호( )로 표기하고 있다.

(실험집단)	R	O_1	(X)		
(통제집단)	R			X	O_2

[그림 9-8] 분리표본 사전사후검사설계

3) 전실험조사설계

전실험조사설계(pre-experiment design)는 연구대상자를 나누지 않고, 비교집단이 선정되지 않거나 동질성이 없으며, 독립변수의 조작에 의한 변화의 관찰이 한두 번 정도로 제한되어 있는 설계로 내적타당도와 외적타당도 저해요인을 거의 통제하지 못하는 설계이다.

(1) 1회 사례설계

1회 사례설계(one-shot case study)는 연구자가 실험대상에 대하여 한 번의 실험조치(X)를 행한 후 이 실험조치가 영향을 미쳤을 것이라고 판단하는 특성을 한 번 관찰하고 난 후 그 결과를 분석하는 것이다. 1회 사례설계의 문제점은 비교의 준거점이 전혀 없다는 것이다. 따라서 1회 사례설계는 내적타당도와 외적타당도에 영향을 미칠 수 있는 요인들을 통제할 수 없는 특징이 있다.

X O_1

[그림 9-9] 1회 사례설계

(2) 단일집단 사전사후검사설계

단일집단 사전사후검사설계(one-group pretest-posttest design)는 1회 사례연구설계의 문제점을 보완하기 위하여 실험조치를 하기 전에 변수를 사전에 측정한 다음 실험조치 이후에 측정한 것과의 비교를 통해 실험조치와 종속변수 간의 인과관계를 추론해 보는 것이다.

O_1 X O_2

[그림 9-10] 단일집단 사전사후검사설계

이 설계의 문제점은 연구대상의 변화에 영향을 미쳤을 것이라고 판단되는 여타의 다른 요소들의 영향을 전혀 통제할 수 없어 내적타당도를 충분히 확보할 수 없다는 것이다. 실험조치 이전에 사전검사를 실시하기 때문에 사전검사가 실험대상이나 실험처치와 상호작용을 일으켜 이 실험에만 고유한 영향을 일으키는 경우 이러한 실험결과를 가지고 다른 상황에 일반화하는 것이 힘들기 때문에 외적타당도가 낮다고 할 수 있다.

[마인드맵으로 보는 chapter 09 요약정리]

- **9. 실험설계의 유형**
  - 실험설계의 정의
    - 개념: 복잡한 사회현상 중에서 연구목적상 관심이 있는 변수들을 선별하여 그들간의 인과관계를 집중적으로 관찰 및 분석하는 방법이다.
    - 기본조건
      - 독립변수의 조작
      - 외생변수의 통제
      - 실험대상의 무작위할당
  - 실험설계의 종류
    - 순수실험설계
      - 통제집단 사전사후 측정설계
        - 인과관계를 측정하는 가장 전형적인 설계
        - 사전검사의 결과와 사후검사의 결과 간의 차이를 비교
      - 통제집단 사후측정설계
        - 사전검사를 실시하지 않는 설계
        - 외적타당도가 향상되며, 사회과학에서 가장 널리 사용
        - 최초상태를 정확히 파악하지 못함
      - 솔로몬 4집단 설계
        - 통제집단 사전사후 측정설계와 통제집단 사후측정설계를 결합한 형태
        - 주효과, 주시험효과, 상호작용시험효과 등을 완전히 분리해낼 수 있는 장점이 있음
        - 현실적으로 이용하는데 어려움 존재
      - 요인설계
        - 독립변수가 두개 이상 존재할 때 적용
        - 행당행렬을 만들고 사용
        - 높은 외적타당도를 가짐
    - 유사실험설계
      - 단순시계열 설계 — 일정한 기간을 두고 정기적으로 몇 차례의 결과변수에 대해 측정하는 방법
      - 복수시계열 설계
        - 단순시계열설계에 통제집단을 추가하는 것
        - 내적타당도 저해요인을 크게 감소
      - 비동일 통제집단 설계
        - 통제집단 사전사후 측정설계와 유사하지만 무작위할당에 의해 실험집단과 통제집단이 선택되지 않는 점이 다름
        - 임의적인 방법으로 실험집단과 통제집단을 선정
        - 탐색적인 것을 목적으로 실험하는 경우, 모집단이 동질적인 것으로 확인된 경우에는 적절히 사용 가능
      - 분리표본 사전사후검사설계 — 통제집단에 사전검사 후 독립변수가 도입되는 것을 배제할 수 없는 상황에서 채택되는 설계
    - 전실험조사설계
      - 1회 사례설계 — 한 번의 실험조치
      - 단일집단 사전사후검사설계 — 변수를 사전에 측정한 다음 실험조치 이후에 측정한 것과의 비교를 통해 실험조치와 종속변수 간의 인과관계를 추론해 보는 것

Chapter 10

단일사례조사설계

[학습목표]

단일사례조사설계는 사회복지실천현장에서 주로 사용되는 기법으로 비교적 이해가 쉽고, 클라이언트의 변화를 즉각적으로 보여준다. 본 장에서는 단일사례조사설계의 개념을 이해하고 단일사례조사설계의 기본구조와 다양한 유형에 대하여 알아보고자 한다.

1. 단일사례조사설계의 개념은 무엇인가?

단일사례조사설계(single system reserch design)는 개인을 비롯한 지역, 집단, 조직 등 하나의 사례가 직면하고 있는 문제를 해결하기 위해 개입한 내용이 얼마나 효과가 있는지 검증하는 것이다. 즉, 단일사례조사설계는 사회복지사가 클라이언트의 문제에 개입한 이후에 클라이언트가 변화하고 있다는 것을 즉각적이고 실용적으로 보여주기 때문에 사회복지실천에서 많이 활용되는 조사설계방법이다. 하나의 체계(single system)를 대상으로 조사설계가 진행되며, 이때의 체계란 개인, 가족, 집단, 조직체 등이 될 수 있다. 또한 그 결과를 시각적으로 보여준다. 복잡한 통계가 아닌 그래프를 통해서 결과를 잘 표현함으로써 개입에 대한 자료를 잘 보여주는 특성이 있다.

1) 단일사례조사설계의 도입

단일사례조사설계는 사회복지실천의 효과성을 평가하기 위해 가장 많이 사용되는 연구조사방법이다. 기존의 조사 이론은 개인, 가족 또는 집단을 대상으로 하는 실천적 사회복지현장에서 소위 개입의 효과를 연구하는데 적용되지 못하였으나, 1960년대 중반 행동수정의 실천에서 활용되었던 단일사례조사설계가 도입되면서 1970년대부터 각광받기 시작하였다. 현재 단일사례조사설계는 단일 대상에 대한 개입의 효과를 평가하는 과학적인 방법으로 받아들여지고 있다. 단일사례조사설계는 클라이언트에 대한 즉각적인 연구가 필요할 때나 통제집단을 구하기 어려운 경우 사용될 수 있는 가장 효과적인 방법으로써 사회복지실천의 효과성을 평가하기 위해 가장 많이 사용되는 설계방법이다.

단일사례조사설계와 사례연구의 차이

단일사례조사설계는 양적인 연구의 한 방법인데 반해 사례연구(case study)는 질적 연구방법 중의 하나이다. 단일사례조사설계는 특정 개인이나 집단을 대상으로 하여 개입의 변화를 계량적으로 분석하는데 초점을 두는데 반해, 사례연구는 특정한 개인이나 집단의 문제를 심층적으로 조사하고 분석하여 특수한 상황, 사건, 프로그램, 현상 등의 구체적 현실세계의 문제에 초점을 맞추어 연구결과를 자세히 기술하는 것으로 새로운 해석과 의미를 얻어내기 위한 조사방법이다.

2) 단일사례조사설계의 특징

단일사례조사설계의 특성은 첫째, 클라이언트가 가지고 있는 문제에 대해 실제로 변화가 일어나고 있는지 아닌지에 관계없이 사회복지실천가와 클라이언트가 문제를 점검하여 피드백을 주고받을 수 있다. 둘째는 개입과 관찰된 변화 사이의 관계를 점검하기 위해 특별히 개입된 기술이나 서비스 프로그램의 단독효과 시험이 가능하다.

(1) 개입효과성 검증

단일사례조사설계는 클라이언트의 표적행동에 대한 개입의 효과를 관찰하여 분석하는 것으로 변수 간의 관계 규명이 아니라 개입방법의 효과를 규명하는 것이다. 따라서 클라이언트의 문제행동을 개입의 표적행동으로 명확히 규정하는 것이 필요하다. 이를 통해 어떤 표적행동에 대한 개입의 효과를 관찰하여 분석하는 것이 가능하다.

(2) 반복측정

단일사례조사설계는 경향과 변화를 알 수 있도록 반복적인 관찰을 실시한다. 반복적인 관찰은 개입 전과 개입 후에 이루어지 때문에 변화의 상태를 파악할 수 있는 자료를 제공한다. 시계열적으로 반복적인 관찰을 진행한다.

(3) 통제집단과 실험집단의 동일

단일사례조사설계는 개입하기 전을 통제집단으로 볼 수 있으며 개입 후의 상태를 실험집단으로 볼 수 있다. 즉, 개입 전(baseline)과 개입 후(intervention periods)의 상태를 비교할 수 있다.

(4) 개입방법의 수정 가능

단일사례조사설계는 개입 도중에 자료를 검토하여 개입의 효과를 계속 측정할 수 있으므로 효과가 없는 개입은 수정하여 효과적인 개입을 할 수 있도록 한다. 특히, 개입 도중 자료를 검토할 수 있어 개입방법을 수정하여 효과적인 개입을 할 수 있다. 개입의 지속 또는 사후 계획을 세울 수도 있다.

(5) 개인이나 집단 모두 적용

단일사례조사설계는 사례가 하나이며, 개인, 가족, 지역사회 모두가 사례가 될 수 있다.

3) 단일사례조사설계의 장단점

단일사례조사설계의 장점은 사회복지 실천현장 및 임상적 환경에 쉽게 적용되며 치료과정에 방해가 되지 않는다. 통제집단이 필요치 않고 개입을 위해 많은 수의 클라이언트가 필요치 않으며 손쉽게 할 수 있고, 시각적으로 결과를 보여주는 데에 유리하다. 또한 치료과정에서 사회복지사와 클라이언트 간의 지속적인 피드백을 주고받을 수 있다. 이에 반해 단점은 일반화가 어렵다. 그리고 현장에서 완벽한 설계 상황을 만들기 어려운 경우가 많다. 개입을 했다가 의도적으로 개입을 철회하는 (ABA설계 등) 경우 윤리적 도전을 받을 수도 있다.

〈표 10-1〉 **단일사례조사설계의 장단점**

장점	단점
• 실천현장 및 임상적 환경에 쉽게 적용되며, 치료과정에 전혀 방해가 되지 않는다. • 시각화가 유리하다. 즉, 개입의 결과를 기초선과 비교하고 검토하기가 용이하다. • 치료과정에서 사회복지사와 클라이언트 간의 지속적인 피드백을 주고받을 수 있다.	• 일반화하기 어렵다. 즉, 한 사람의 클라이언트에게는 효과가 있지만 다른 클라이언언트들에게도 동일한 효과가 있을지는 확신할 수 없다. • 사회복지사 개입 중 특정 단계에서는 고의로 그 개입을 철회하는 상황이 발생할 수 있으므로 때로는 윤리적인 도전을 받을 수 있다.

2. 단일사례조사설계의 기본구조는 어떤 형태인가?

단일사례조사설계는 사회복지 실천현장에서 사회복지사가 클라이언트의 문제에 개입한 이후에 클라이언트가 변화하는 것을 즉각적으로 확인할 수 있다. 모든 단일사례조사설계에는 두 가지의 기본적인 국면이 있다. 하나는 개입 전의 국면과 다른 하나는 개입의 국면이다. 개입 전의 국면은 실천가 혹은 조사연구자가 개입활동을 실시하기 전에 표적행동의 상태를 관찰하는 기간을 말하며 이를 기초선이라 부른다. 기초선은 개입 전의 기간에 관찰된 표적행동의 상태를 표시하는 자료를 의미하는 경우도 많다. 설계의 구조를 설명하는데 있어서 기초선을 일반적으로 'A'로 표시한다. 기초선의 국면을 설정하는 이유는 개입이 없는 상태에서 문제의 정도를 정확히 파악하고 개입으로 인하여 그러한 상태가 어떻게 변화되고 있는지를 알아보기 위해서이다. 기초선에 있어서 적어도 세 번 이상의 관찰(자료수집)이 필요한데, 개입 전 표적행동의 변화가 심할수록 기초선에 있어서의 관찰의 횟수는 증가되어야 한다. 개입 전의 표적행동이 일시적인 급격한 변화를 벗어나 안정적인 유형을 보일 때까지 기초선의 관찰횟수 또는 기간을 연장하는 것이 바람직하지만 현실적인 제약 때문에 기초연장선이 불가능한 경우가 많다. 또한 기초선의 길이는 개입의 힘에 따라 달라질 수 있는데 개입의 힘이 강할수록 기초선은 짧을 수 있다. 단일사례조사설계의 다른 하나의 기본적인 국면은 개입의 국면인데 이는 표적행동에 대한 개입활동(치료활동)이 이루어지는 기간이고 이 기간 동안 표적행동의 상태에 대한 관찰이 병행되어야 한다. 관찰의 횟수는 적어도 3회는 되어야 하고 개입기간에 있어서 관찰의 횟수 또는 기간은 기초선과 같은 정도로 하는 것이 바람직하다.

1) 단일사례조사설계의 기본구조

(1) 기초선 국면(baseline phase)

계획된 개입을 실시하기 전 표적행동의 상태를 관찰하는 기간을 말하며, 보통 'A'로 표시한다. 기초선이 안정적이면, 개입 후 변화가 일어났는지를 판정하기가 용이해지므로 가능한 한 기초선은 안정적일 때까지 기록하는 것이 좋다. 그러나 현실적으로 오랫동안 기초선이 안정되기만 기다릴 수 없는 경우가 많다. 최소한의 기초선 관찰의 횟수는 적어도 3회는 되어야 한다. 기초선(baseline)은 개입 후의 변화와 비교할 수 있는 개입 전의 상황을 말하며 보통 "A"로 표시한다.

(2) 개입국면(intervention phase)

클라이언트의 변화를 사회복지사가 사용하는 여러 가지 형태의 개입들의 적용기간이다. 개입단계의 하나의 실천기술 혹은 패키지의 실천기술을 'B'라고 표시하여 개입국면(intervention phase)이라 하며, 관찰기간이나 횟수를 동일하게 한다.

단일사례조사설계에서 사회복지사는 자신이 사용하는 개입이 무엇인지 명확하게 정의하고 사용해야 한다. 때때로 기초선과 개입을 구별하기가 어려운데 그 이유는 사회복지사가 클라이언트를 만나는 그 자체만으로도 클라이언트에게 도움이 시작되기도 하며, 또 어떤 경우는 사회복지사의 개입 자체가 심리치료, 개별사회사업, 상담, 지역사회변화 등 일반적이고 모호하게 정의되기 때문이다. 넓은 의미에서 개입은 사회복지사가 클라이언트가 가지고 있는 문제에 변화를 야기시키는 것이라고 할 수 있다. 변화를 불러오기 위해 사용하는 개입은 하나의 기술, 여러 기술이 하나의 패키지로 묶인 것, 프로그램 등이 될 수 있다. 따라서 개입은 계획되고 공식적인 개념에서 정의되는 것이며, 클라이언트의 변화를 위해 사회복지사가 사용하는 행위로 특정될 수 있다.

(3) 표적행동(target behavior)

표적행동이란 개입에 의해 변화가 의도되는 대상을 말한다. 즉, 해당 프로그램의 클라이언트라고 할 수 있다. 직접 서비스에 있는 사회복지사들은 클라이언트의 기능과 관련된 것들을 문제행동으로 보고, 이를 변화의 대상이 되는 표적행동으로 삼는다.

2) 단일사례조사설계의 과정

① 문제의 확인

여기서 문제는 클라이언트에게 해결되어야 할 문제를 말하며, 문제는 클라이언트 자신에 의해서 확인되거나 아니면 제 3자에 의해서 확인될 수 있다. 해결되어야 할 문제가 복잡하고 다양한 경우 일차적으로 한 가지 또는 두 가지 정도에 초점을 맞추는 것이 필요하다.

② 문제의 규정

해결되어야 할 문제가 확인되고 나면 그 문제는 구체적이고 명확히 규정되어야 한다. 문제가 구체적이고 명확히 정의되지 못하면 개입의 목표를 명확히 설정할 수 없고 문제해결의 과정이 성공적이지 못하게 된다. 예를 들면, '학교에서 아동의 행동이 좋지 않다', '학생과 부모와의 관계가 좋지 못하다'는 등의 문제 규정은 너무 추상적이고 불명확하다. 이런 경우는 문제를 좀 더 구체적인 몇 가지로 나누어 명확히 할 수 있다. 학교에서 아동의 행동이 좋지 않은 것을 구체적으로 '친구들을 때리고 욕을 잘하고 선생님의 말에 반항한다'는 식으로 명확히 할 수 있다.

③ 개입목표의 설정

문제를 구체적으로 명확히 규정한 후 개입의 목표를 설정해야 한다. 목표는 문제를 제거하거나, 문제의 영향을 감소시키거나 또는 문제에 관련된 요인들을 조정하도록 하는 것이다. 개입의 목표는 구체적이고 명확하고 측정 가능해야 한다. 예를 들어, 학교에서 아동의 문제행동을 '친구들을 때리는 횟수를 현재의 수준에서 1/3 정도로 줄이는 것', '욕을 하는 횟수를 학교에 머무는 동안 5회 이하로 줄이는 것' 등으로 개입의 목표를 설정한다.

④ 조사설계

개입의 목표가 설정되고 나면 실제로 문제를 해결하기 위한 개입의 구체적인 계획이 수립되어야 한다. 구체적인 개입 계획수립과 함께 다음과 같은 내용을 포함하는 조사설계 및 계획이 수립되어야 한다. 구체적 설계형태를 고려하여 단일사례조사설계의 유형[1]을 선택한다. 또한 기초선관찰(자료수집)의 시기, 회수 등 개입의 시기 및 기간, 자료수집방법을 고려한다.

⑤ 조사실시

선택된 조사설계에 의하여 개입활동 실시 전 및 실시 중에 자료를 수집한다. 수집된 자료는 즉시 도표로 표시하고 자료에 의한 변화 경향을 검토한다. 검토결과 변화가 없는 것으로 판명되면 개입의 계획 또는 방법 등을 수정·변경할 수 있다.

⑥ 개입의 평가(자료분석)

자료수집이 완료되고 이에 따른 도표가 완성되면 일차적으로 도표에서 나타난 변화의 파동, 변화의 경향, 변화의 수준 등을 검토하여 개입의 효과를 판단하게 되며 개입효과의 유의미성을 판단하기 위하여 통계적인 절차를 이용할 수도 있다.

3) 단일사례조사의 과정

① 표적행동의 선정

표적행동(target behavior)이란 클라이언트에게서 도출되어야 하고, 그 내용이 구체적이고 측정 가능한 것이어야 한다.

1) AB, ABA, ABAB, BAB, ABCD, 복수기초선설계 등의 형태

예) 클라이언트의 표적행동을 선정할 때 학교에서 말썽을 부리는 학생의 행동을 표적행동으로 선정하는 것이 아니라, 학교에서 친구를 때리고, 지각의 횟수 등의 구체성을 갖는 표적행동으로 선정하는 것이 좋다.

② 기초선 관찰

기초선(baseline)은 개입 후의 변화와 비교할 수 있는 개입 전의 상황을 말한다. 기초선은 회고적 기초선(retrospective)과 동시적 기초선(concurrent baseline)으로 나뉘는데, 회고적 기초선은 과거의 자료에 기반하여 설정된 기초선이고, 동시적 기초선은 개입 직전의 상황을 의미한다. 기초선은 안정적인 패턴이 좋은데, 개입으로 인한 클라이언트의 변화를 명확하게 관찰할 수 있기 때문이다. 기초선의 변화가 심한 경우 순수한 개입효과를 측정하기가 쉽지 않다. 이 경우에는 기초선 관찰기간을 좀 더 늘릴 수도 있다. 다만 관찰기간이 너무 과도하여 개입이 지연되지 않도록 유의해야 한다. 보통 기초선은 3회 정도 측정한다.

③ 개입국면 관찰

개입국면(intervention phase)이란 개입 이후의 단계를 의미한다. 개입국면 관찰은 'B'로 표시되며, 개입 이후 클라이언트의 변화를 관찰하는 것이다.

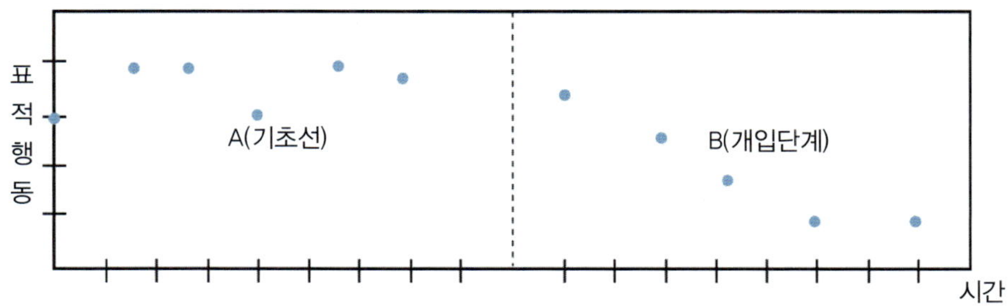

[그림 10-1] 기초선(A)과 개입단계(B)

④ 적합한 연구 유형의 선정

단일사례조사설계에서는 개입 전 클라이언트의 상황을 A라고 하고, 개입 후의 상황을 B라고 정의한다. 단일사례조사설계에서 연구 유형의 선정은 일반적으로 AB, ABA, ABAB, ABCD, 복수기초선설계 등을 선택하는 것이다.

3. 단일사례조사설계는 어떤 유형이 있는가?

1) 단일사례조사설계의 기본구조

단일사례조사설계의 구조를 설명하는데 있어서 개입국면을 일반적으로 'B'로 표시한다. 단일사례조사설계의 구체적 유형은 A와 B의 결합의 순서에 따라 다르게 나타난다. 즉, AB, ABA, ABAB, BAB, ABCD, 복수기초선설계형태 등이 있다.

2) 단일사례조사설계의 유형

① AB설계

기초선과 개입의 두 국면으로만 이루어진 단일사례조사설계의 가장 기본적인 유형이다. 기본 가정은 기초선 동안 관찰된 행동은 변화하지 않는 한 계속되며, 개입은 문제행동을 변화시키기 위해 계획되는 것이다. 즉, 개입 후 문제행동의 변화를 관찰하는 것이다. 개입 전의 기초선 측정과 개입 후 측정은 같게 하는 것이 좋다. 대부분의 단일사례조사설계에서 개입은 기초선에 있어서의 안정적인 경향이 발생한 이후에만 실행된다. 경향을 나타내기 위해서는 적어도 셋 이상의 기록점들이 필요하며 기록 시점들 간에 변화가 심하게 나타나는 행동들일수록 보다 많은 기록점들이 요구된다. 기초선의 안정된 경향이 확보되고 나면 개입이 이루어지고, 개입 이후의 자료 기록은 기록점들이 안정될 때까지 계속되어야 한다. 그래야 개입 이후의 경향들 사이에 대한 명확한 비교가 가능하기 때문이다. 가장 단순한 단일사례조사 설계형태는 기초선 단계(A)와 하나의 개입단계(B)로 구성된 것이다. 단 하나의 기초선 단계가 있으므로 서비스를 전달하는 우선순위와 갈등이 가장 적기 때문에 연구자들이 가장 선호하는 설계이다. 여기에서 A국면에서는 아무런 개입이 없는 상태에서 단순히 표적행동 빈도 등에 대한 관찰만 이루어지고, B국면에서는 표적행동에 대한 개입활동이 이루어지고 표적행동의 변화에 대한 관찰이 이루어진다. 이와 같이 A, B의 순서로 이루어진 것이 일반적이다. 또한 개입 전의 기초선 측정과 개입 후의 측정은 같게 해주는 것이 좋다. 예를 들어 기초선에서 2주간 3~4회 정도 실시했으면 개입 후에도 2주간 3~4회 측정을 실시한다. AB설계의 장점은 여러 유형의 문제와 장소에서 적용 가능하다는 것이며, 단점은 다른 변수의 영향을 통제할 수 없으므로 개입의 효과 파악이 어렵다는 것이다.

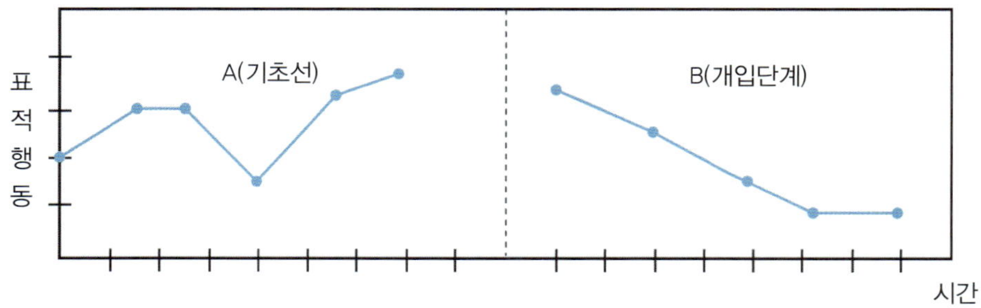

[그림 10-2] AB설계

예) 복지관 프로그램에 참여한 이용자들이 프로그램 이용 후 특정 문제행동 빈도가 유의미하게 감소할 것이다(혹은 긍정적인 행동 빈도가 유의미하게 증가할 것이다).

② ABA설계

AB설계의 단점인 다른 변수의 영향을 통제할 수 없어 개입의 효과 파악이 어려운 점을 보완하기 위해 나온 유형으로 변화의 개입효과성을 확인할 수 있게 만든 설계이다. ABA설계는 AB설계에 개입을 중단하는 제 3의 국면 A를 추가하여 AB설계의 단점을 보완한 것이다. 개입을 하지 않는 제 3의 국면에 있어서 표적행동이 악화되는 현상을 보이면 B국면에서의 변화(개선)된 행동은 개입 때문이라는 확신을 더 높일 수 있다. 여기서 두 번째의 A기간은 개입기간 중에 나타난 성과를 확인하기 위하여 개입을 일시 중단하고 처음 기초선과 같은 상태로 돌아간다는 의미에서 반전기간 또는 제2의 기초선이라고도 한다. 즉, 이 설계의 가정은 개입이 클라이언트를 변화시켰다면 개입이 없어지면 다시 클라이언트의 행동이 원래대로 되돌아 갈 것이라는 것이다. 실험설계에서 통제집단 없이 실험하는 것과 비슷한 형태이다.

ABA설계는 몇 가지 제한점이 있다. 첫째는 윤리적인 이유 때문에 실제의 적용이 문제가 된다. 즉, 충분한 개입의 기간을 갖지 못하고 개입 도중에 개입을 중단하는 것과 개입을 중단한 상태로 있다가 문제 해결을 위한 관계를 종결하는 것은 윤리적으로 타당하지 못하다는 것이다. 클라이언트의 협조와 노력 그리고 사회사업가의 능력에 한계가 있어 문제 해결을 완전히 하지 못하고 개입을 중단하는 것은 윤리적으로 문제가 된다. 둘째는 반전기간 동안 문제가 다시 악화되지 않는 상태가 되는 경우 ABA설계의 적용은 불가능해진다. 반전기간 동안에도 상태가 악화되지 않는다면 문제 해결의 면에서 다행스러운 일이지만 개입이 없는 데도 문제가 악화되지 않는 것은 개입 이외의 다른 요인이 변화를 일으켰거나 아니면 개입의 효과가 지속적이어서 원상태로 돌아갈 수 없다는 것을 의미하기 때문이다. 여기서 이 두 가지 경우 중 어느 것이라고 판단하기는 불가능하다. ABA설계의 장점은 변화의 개입효과성 파악이 가능하지만, 이에 반해 단점으로는 변화가 일어난 클라이언트에게 개입을 중단함으로써 그를 다시 문제상황에 빠트릴 수 있다는 점에서 비윤리적이라는 지적을 받기도 한다.

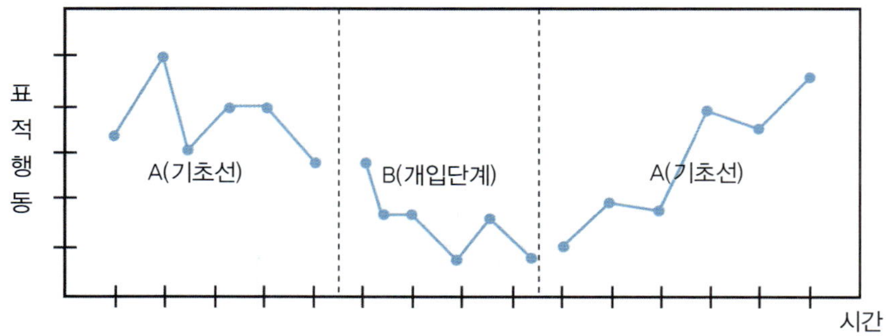

[그림 10-3] ABA설계

③ ABAB설계

ABAB설계는 ABA의 개입을 중단한 국면에 다시 개입을 재개하는 B의 국면을 추가한 것으로도 볼 수 있다. 즉, 동일 대상에 대해 한 번 더 반복해서 보는 것이라고 볼 수도 있다. 이로써 AB설계나 ABA설계의 약점을 보완한 것이라고 할 수 있다. 이 설계는 기초선(A) 측정 후 일정기간 동안 개입(B)을 하고 일정기간 동안 개입을 중단(A)한 후 다시 개입(B)을 하는 것이다. 이 설계에서는 개입을 하지 않은 상태와 개입을 한 상태를 두 번 관찰함으로써 개입이 변화를 일으켰다는 확신을 가질 수 있다. 이 설계에서는 개입 이외에 다른 요인 때문에 변화가 일어났을 가능성은 거의 배제된다. 이러한 ABAB설계는 개입(치료)의 효과를 가장 높이 확신할 수 있는 설계이지만 역시 몇 가지의 문제점이 있다. 첫째는 반전기간(두 번째 A기간) 동안에 표적행동의 상태가 다시 악화되지 않고 첫 번째 개입과 같은 상태가 반전기간 및 2차 개입기간에도 계속되는 경우가 나타나는 경우 ABAB설계는 무의미하게 된다는 것이다. 즉, 첫 번째 개입으로 나타난 효과가 개입을 철회한다고 해도 쉽게 없어지지 않기 때문이다. 이를 개입 지속효과라고 한다. ABAB설계의 두 번째 문제로 설계대로 시행하기 불가능하거나 그대로 시행하는 것이 비윤리적이라는 것이다. 즉, 개입을 일단 시작한 후 그것을 중지하기가 불가능하거나 개입을 중지하는 것은 속히 계속적으로 치료를 바라는 클라이언트의 욕구에 반하는 것이므로 비윤리적이라는 것이다. 즉, ABAB설계는 개입의 효과에 대한 인과관계 파악이 용이하고, 특정한 문제를 가진 클라이언트에 대한 특정 개입효과를 알 수 있으므로 해당 분야의 이론 축적에 용이하고 클라이언트와 사회복지실천가의 관계가 지속되고 있는 상황에서 두 번째 기초선이 설정되고 개입이 이루어지므로 지속적인 관찰이 가능하다는 장점이 있다. 이에 반해 단점은 AB설계보다 시간이 오래 걸리므로 2번에 걸친 기초선, 개입기간을 모두 일정하게 유지하기 어려우며, 개입 지속효과로 인해 개입의 효과가 무의미하게 될 경우가 발생할 수도 있다.

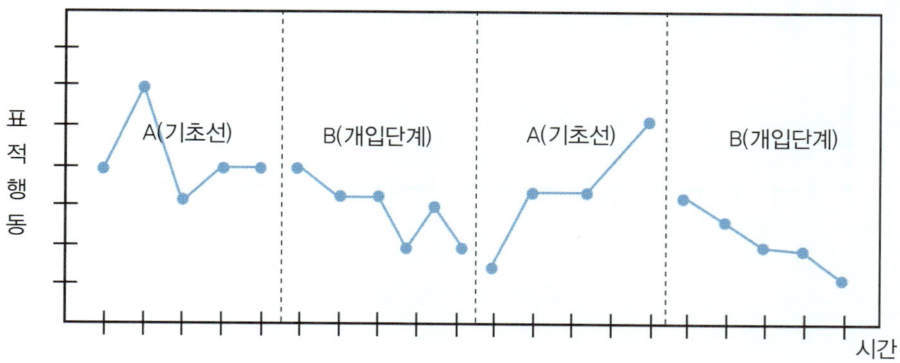

[그림 10-4] ABAB설계

④ BAB설계

BAB설계는 처음에는 기초선 기간을 설정하지 않고, 바로 개입단계(B)에 들어가고, 그 다음에 개입을 중단하는 기초선 단계(A)를 갖고 다시 개입을 재개하는 단계(B)를 갖는 설계이다. 이 설계의 장점은 첫째로 개입국면에서 치료관계를 종결함으로써 치료를 완료하게 하는 점이고, 둘째로 기초선 설정을 할 시간적 여유가 없어 시급히 치료를 요하는 경우에 적절한 설계라는 것이다. 사회사업적 치료에 있어서 클라이언트의 문제가 심각하고 위기적인 상황이어서 기초선 기간을 설정할 시간적 여유가 없는 경우가 많으므로 이런 경우에는 우선 치료(개입)를 시작하고 기초선의 관찰은 뒤로 미루어야 한다. 이 설계에서는 ABAB설계보다는 약하지만 상당한 정도 개입의 효과에 대한 확신을 얻을 수 있다. 그러나 반전국면에 있어서 개입 이외의 다른 요인이 변화를 일으키거나 아니면 개입의 효과가 지속적이어서 기초선과 같은 상태로 돌아갈 수 없게 되는 경우 이러한 BAB설계는 적용하기 힘들게 된다.

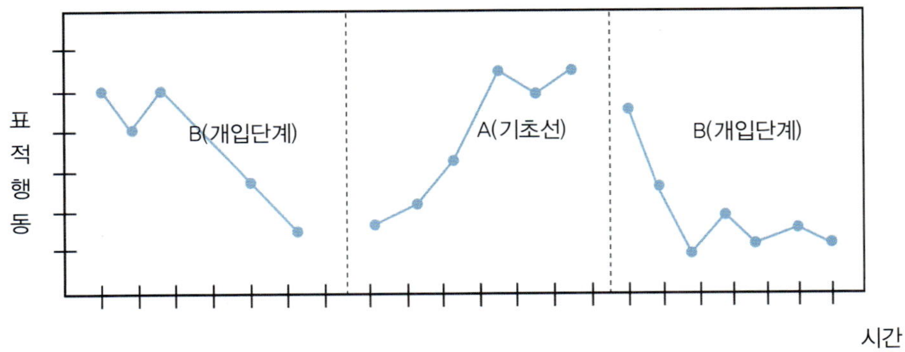

[그림 10-5] BAB설계

⑤ ABC설계

ABA설계에서 개입을 해도 효과가 나타나지 않을 때 다시 개입을 철회하기보다 새로운 방법 C를 적용하는 설계이다. 특정한 문제를 가진 참여자에게 두 가지 이상의 개입을 시도한 후 참여자의 변화를 기초선 단계와 개입단계로 구분하여 변화를 관찰하는 방법이다. ABC설계의 장점은 클라이언트에게 적합한 새로운 개입방법의 적용 가능성이 있다는 것이다. 이에 반해 단점은 비교효과 통제가 어렵다는 것이다.

연구가설 예) 가출청소년을 대상으로 긍정적인 부모자녀와의 관계를 측정하기 위한 목표행동을 설정하고, 첫 번째 개입으로 개별상담을 진행하고 추후에 가족상담을 진행하여 목표행동의 변화를 관찰

⑥ ABCD설계

ABCD설계는 다중요소설계, 복수요소설계라고 한다. 이 설계는 하나의 기초선 자료에 대해서 여러 개의 각기 다른 개입방법들을 연속적으로 도입해보는 것이다.

여기서 A는 기초선이고, B, C, D는 각기 다른 개입방법들이다. 이 설계는 개입의 변화가 미치는 영향을 분석하기 위해 여러 설계를 사용한다. 클라이언트에게 도움이 되지 않는 개입을 수정하려 하거나, 개입의 어느 부분이 실제로 표적문제에 변화를 가져오는지를 설명하고자 할 때 다중요소설계는 유용하다. 앞의 ABC설계나 ABCD설계는 융통성이 있어서, 이 두 설계를 사용함에 있어서 실천가는 각 연속적인 단계에 의해 옳다고 입증된 대로 개입계획을 변경할 수 있다. 그러나 이 두 설계는 이월효과, 순서효과, 우연한 사건과 관련된 제한점들이 있기 때문에 사용함에 있어 주의를 요한다.

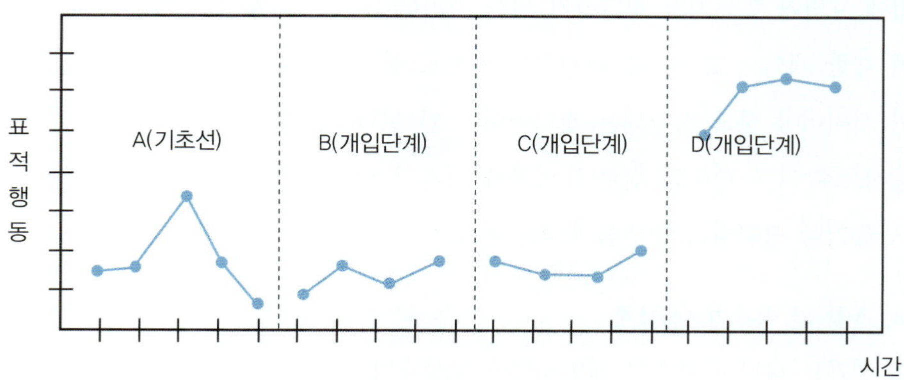

[그림 10-6] ABCD설계

⑦ 복수기초선설계

AB설계는 단순하여 시행에는 큰 어려움이 없지만 개입의 인과적 결론을 내리기 힘들며 ABAB설계는 인과적 결론을 내리는 데는 적절하지만 시행이 종종 불가능해지는 것이 문제이고, ABA 및 BAB 등의 설계도 인과적 결론을 내리는 데 문제가 있고 시행이 불가능하게 되는 경우가 종종 있는 것이 문제이다. 따라서 개입중단의 문제점을 개선하면서 개입과 표적행동의 변화 간의 인과적 관계를 확실히 추정할 수 있는 방법으로 개발된 것이 복수기초선설계이다. 이 설계는 AB설계를 여러 문제, 여러 상황, 여러 사람에게 적용하여 같은 효과를 얻음으로써 개입의 인과적 효과의 확신을 높이려는 것이다. 즉 둘 이상의 문제가(문제 간) 똑같은 방법으로 치료되거나 같은 문제가 둘 이상의 상황에서(상황 간) 치료되거나 혹은 같은 상황에서 같은 문제를 가진 둘 이상의 사람이(대상자 간) 치료받게 되면 개입이 표적행동의 변화를 가져왔다는 인과적 관계의 확신을 높일 수 있게 된다. 다음에 세 가지의 경우에 따른 복수기초선설계를 예를 들어 설명해 보기로 하겠다.

가. 문제 간 복수기초선설계

이 설계는 하나의 특수한 개입방법이 같은 상황하에서 같은 대상자의 다른 문제해결에 효과가 있는지를 평가하기 위한 것이다. 즉, 한 대상자(사례)의 여러 표적문제에 대한 개입의 효과성을 확인하는 것으로 볼 수 있다. 여기서 문제는 상호독립적인 것이어야 하고 상관되는 것이어서는 안 된다. 상관된 경우 한 행동의 변화는 자동적으로 다른 행동의 변화에 영향을 미치게 되어 개입의 독립적인 효과를 약하게 만들거나 불확실하게 만들기 때문이다.

나. 상황 간 복수기초선설계

이 설계는 하나의 특수한 개입방법이 대상자의 같은 문제를 두 가지 이상의 다른 상황에서 치료하는데도 효과가 있는지를 평가하기 위한 것이다. 만약에 특수한 개입방법이 여러 가지의 다른 상황에서 같은 사람의 같은 문제행동에 변화를 가져왔다면 개입방법이 문제행동의 변화에 인과적인 영향을 미쳤다는 확신을 가질 수 있다. 같은 클라이언트의 동일한 표적문제에 대한 개입효과가 여러 장소나 상황에도 보편적으로 검증되는지 보는 것이다.

다. 대상자(사례) 간 복수기초선설계

이 설계는 특정 개입방법이 같은 상황에서 같은 문제를 가진 두 명 이상의 다른 대상자에게 적용될 때 그 개입방법이 효과가 있는지를 평가하기 위한 것이다. 같은 상황에서 같은 문제를 가진 다른 사람들에게 특정의 개입방법을 적용했을 때 기초선과 개입기간에 있어서 행동 변화의 차이가 나타났다면 이러한 행동의 변화는 개입으로 인한 것이라는 확신을 가질 수 있다. 즉, 같은 유형의 문제를 가진 여러 명의 사람들을 대상으로 개입을 실시한 후 개입의 효과가 있는지 파악하는 설계이다.

3) 단일사례조사설계의 유용성과 한계

(1) 단일사례조사설계의 유용성

단일사례조사설계는 사회복지실천과 연구조사의 결합에 유용하다. 실험연구나 설문조사에 비해 비용과 노력을 크게 절감할 수 있다. 사회복지실천현장에서 과학적 연구방법을 도입함으로써 사회복지실천기술 향상에 기여하고, 과학적 지식의 축적과 이론의 발전에 기여할 수 있다.

(2) 단일사례조사설계의 한계

단일사례조사설계는 기초선 측정을 위한 개입의 지연은 사회복지 윤리에 어긋날 수 있다. 내적타당도를 높이기 위한 반전설계도 윤리적이지 않을 수 있으며, 복잡한 설계방법은 많은 시간이 요구되기도 한다. 또한 단일사례조사설계만으로 인과관계를 확신하기는 어려우며, 이는 일반화 역시 어려울 수 있다. 하나의 사례만 관찰하기 때문에 연구자의 편견이 개입될 여지가 많다는 것도 단일사례조사설계의 한계이다.

〈표 10-2〉 **단일사례조사설계와 집단설계 비교**

비교	단일사례조사설계	집단설계
대상	개인	집단
개입횟수	집중적 개입	한 번
종속변수 규정	표적행동 변화	평균값 측정치
관찰횟수	반복해서 측정	한두 번 정도
자료 분석	단순화 도표	통계적 추론
개입절차 융통성	숙련 정도 따라 체계적 순서대로 다소 융통성 있게 실시	미리 정해진 절차대로
연구주제 범위	목표행동의 습득과 일반화 유지효과를 입증하기 위한 연구주제 한정	어떤 주제 연구에도 적용 가능
측정절차	직접적 관찰이나 측정, 연속측정을 함	간접적 측정을 주로, 사전·사후와 같은 불연속적 측정을 함
수집 자료규모	종속변인 수가 적음(1개)	종속변인이 많아도 됨
신뢰도측정	종속변인뿐 아니라 독립변인에 대한 신뢰도 중요	종속변인에 대한 관찰자 간 신뢰도로 충분
자료 분석	그래프를 통한 시각적 분석	추리 통계적으로 처리

4. 단일사례조사설계의 자료기록방법은 어떻게 하는가?

단일사례조사연구는 체계적인 자료의 수집과 분석으로 완료된다. 여기서 자료는 개입 전, 도중, 후에 있어서 행동의 변화를 비교할 수 있도록 계량화되어 기록된 정보를 말한다.

1) 자료기록규정

단일사례조사설계에 있어서의 자료기록방법은 조사 실시 전에 미리 결정되어야 하고 표준화된 양식에 의하여 관찰되고 기록되어야 한다. 표적행동에 대한 관찰 및 기록은 같은 상황 하에서 같은 행동을 하는 같은 시기에 이루어지는 것이 바람직하다. 표적행동에 대한 구체적인 판단기준과 자료기록규정을 조사시작 전에 준비하여야 하는데 이를 행동관찰규정이라 한다. 여기에는 표적행동에 대한 조작적 정의, 기록원칙, 기록의 예 등이 제시되는 것이 일반적이다.

2) 관찰기록자의 선정

영구적 생산물 기록방법을 제외한 모든 기록방법은 표적행동의 직접적인 관찰에 의하여 기록되어야 한다. 관찰기록자는 다양할 수 있지만 단일사례조사설계의 경우 실천현장에서 활동하는 사람들이나 연구자가 관찰하고 기록하는 것이 바람직하다. 교사, 부모, 배우자, 동료 등과 같이 조사상황의 자연적 환경에 속하는 사람들을 활용하여 관찰기록을 하는 것도 손쉽고 경제적일 수 있다. 때로는 경험한 사람만이 알 수 있는 개인적 생각이나 느낌은 피험자가 스스로 기록하도록 하는 것이 바람직하다.

3) 자료관찰 및 기록방법

① 시간간격기록(interval recording)

시간간격기록은 일정한 관찰기간을 같은 간격의 짧은 시간으로 나누어 조사대상자의 표적행동을 직접 관찰 및 기록하는 것인데 시간간격이 짧으면 짧을수록 더 정확히 관찰할 수 있다. 시간간격은 10초로 하는 것이 일반적이다. 기록하는 방법은 정해진 시간간격(예를 들면, 10초) 내에 처음 일어나는 행동만 기록하고 그 후에 몇 번이 일어나도 그것은 기록하지 않는다. 시간간격기록은 정해진 시간간격 내에 표적행동이 일어났느냐 일어나지 않았느냐를 기록하는 것이다. 이러한 시간간격기록은 빈도가 아주 높은 행동의 관찰에 적합하다.

② 빈도기록(frequency recording)

빈도기록은 정해진 관찰기간 동안에 일어난 표적행동의 회수를 기록하는 것이다. 이는 빈도가 높은 행동이나 낮은 행동의 관찰에 적절하며 관찰기간을 길게 할 수 있는 것이 특징이다. 빈도기록의 신뢰도는 두 명의 기록자가 한 관찰결과의 일치도로 계산된다.

③ 지속시간기록(during recording)

지속시간기록은 정해진 관찰기간 동안에 일어난 모든 단위행동의 지속시간을 직접 관찰하여 기록하는 방법이다. 이는 문제행동의 지속되는 시간이 관심의 대상이 될 때 사용되며 일반적으로 빈도와 같이 관찰된다. 신뢰도는 2인의 관찰자 간의 관찰지속시간기록의 일치도로써 계산된다.

④ 정도기록(magnitude recording)

정도기록은 정해진 관찰기간 내에 발생한 표적행동의 양, 수준 또는 정도 등을 관찰하여 미리 설정한 정도측정 척도에 의하여 판단하여 정도를 나타내는 수치를 기록하는 것이다. 예를 들면 아동이 화를 내는 것(tempertantrum)의 정도를 척도를 만들어 판단하여 기록하는 것이다. 정도기록은 표출의 형태나 정도가 다양하고 그것이 문제가 되는 행동에 적절한 기록방법이며 신뢰도는 두 명의 관찰자 간의 문제행동의 빈도 및 정도의 일치도로써 판단된다.

⑤ 간헐점검기록(intermittent check recording)

간헐점검기록은 간헐적으로 특정의 관찰시간을 정하여 관찰하는 순간에 표적행동을 하고 있는지 혹은 하지 않는지를 기록하는 것이다. 간헐점검기록은 가장 쉬운 기록방법이고 점검시간을 정하는 것은 연속되는 시간 가운데 몇몇 시점을 택할 수도 있고 점심시간, 커피시간, 일이 끝나는 시간 등으로 택할 수도 있다. 간헐점검방법은 사회적 상호작용, 놀이, 일 등 오래 지속되는 행동이나 빈도가 높은 행동을 관찰하는 데 적절하다.

⑥ 영구적 생산물기록(permanent product recording)

영구적 생산물기록은 반드시 직접관찰을 필요로 하지 않으며 표적행동에 의하여 만들어진 것을 관찰하여 표적행동이 일어났음을 확인함으로써 이루어진다. 영구적 생산물기록의 예는 사회복지 서비스 이용의 기록 또는 교사의 기록 등을 검토하는 것, 비워진 쓰레기통, 청소된 방 등을 점검하는 것이다. 영구적 생산물기록방법은 환경을 변화시키는 행동(청소, 일 등) 또는 기록이 남는 행위 등의 관찰에 적합하다. 학교출석기록, 성적기록, 경찰의 범죄행위기록 등은 직접 행위를 관찰하지 않고 그 기록을 보고 행위를 판단할 수 있는 좋은 예이다.

5. 개입의 결과란 무엇인가?

개입의 결과를 평가하는데 있어서 다음 세 가지 면을 기본적으로 고려하여야 할 것이다. ① 변화의 파동(variability), ② 변화의 경향(trend), ③ 변화의 수준(level)이다. 이와 같은 세 가지 면을 중심으로 변화의 효과를 평가하는데 유의할 점들을 살펴보기로 하겠다.

1) 개입평가 기준

(1) 변화의 파동

변화의 파동은 관찰된 표적행동의 특성이 시간의 경과에 따라 파동을 일으키며 변화되는 정도를 말한다. 변화의 파동이 심한 경우는 관찰의 횟수가 많아야 변화의 일정한 유형을 판단할 수 있다. 따라서 표적행동의 변화의 파동이 심할 경우에는 관찰의 횟수를 4회 이상 어떤 안정적인 유형을 파악할 수 있을 때까지 늘리는 것이 바람직하다. 그러므로 기초선과 개입기간에 있어서 변화의 파동이 심하면서 관찰의 횟수가 적은 조사의 결과를 가지고는 개입의 효과를 판단하기 힘들다. 설계의 각 국면(단계) 내에서 변화의 파동이 적을수록 그리고 관찰의 횟수가 많을수록 개입의 효과를 확실히 알 수 있다.

(2) 변화의 경향

개입의 효과를 평가하는데 있어서 기초선의 변화의 경향을 개입기간에 있어서의 변화의 경향과 연결시켜 검토해야 한다. 기초선기간과 개입기간 동안에 점진적인 증진이나 감퇴가 일어날 수 있다. 이러한 경향이 있는 중에 개입이 이루어졌다면 개입기간 중의 증진이나 감퇴가 개입의 영향인지 불확실해진다. 또한 기준선기간의 변화경향과 개입기간의 변화경향이 다른 형태로 연결되어 개입의 효과를 알 수 있는 경우와 없는 경우가 있다.

(3) 변화의 수준

변화의 수준은 관찰된 행동특성의 접수의 위치를 말한다. 기초선에 있어서의 점수의 수준과 개입기간에 있어서의 점수의 수준 사이에 차이가 클수록 개입의 효과에 대한 확신이 높아진다.

2) 개입의 유의성 분석

단일사례조사설계에서 개입결과를 분석하면서 제기되는 개입의 유의성 문제는 다음과 같다. 첫째, 시각적 유의성(visual significance)이다. 개입이 도입되거나 중단된 후에만 표적문제의 수준과 경향이 변화하는 일련의 사건들을 보여주는 시각적 유형이 그래프상에 나타나 있는가 하는 것이 이를 통해 평가된다.

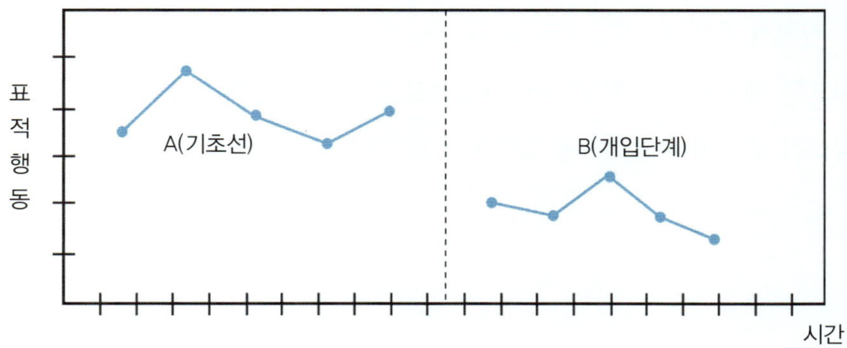

[그림 10-7] 수준의 변화가 뚜렷한 그래프

둘째, 통계적 유의성(statistical significance)이다. 개입단계에서 관찰된 자료가 기초선을 연장하고 개입을 도입하지 않아도 우리가 일어난 것이라 기대할 수 있었던 파동이 될 통계적 확률은 얼마나 되는가 하는 것이 이를 통해 평가된다. 기초선이 비교적 안정적일 경우 기초선과 개입단계에 나타난 표적문제의 평균값을 비교하여 변화를 파악하는 방법이다.

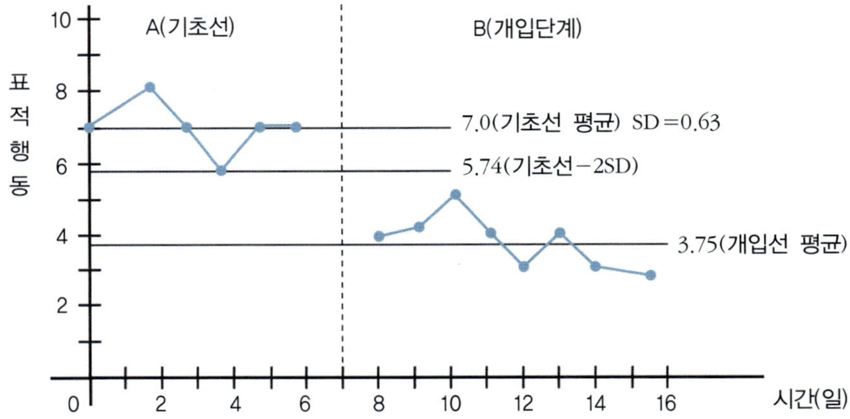

[그림 10-8] **평균 비교**

셋째, 실질적 유의성(substantive significance)이다. 만일 표적문제의 변화가 시험적으로 시도된 개입과 관련되었다면, 개입으로 인한 표적문제의 변화 양이 실질적이거나 임상적 관점에서 볼 때 중요한가를 평가한다.

[마인드맵으로 보는 chapter ⑩ 요약정리]

10. 단일사례 조사설계

- **단일사례조사설계**
  - 개념 — 단일사례조사설계(single system reserch design)는 개인을 비롯한 지역, 집단, 조직 등 하나의 사례가 직면하고 있는 문제를 해결하기 위해 개입한 내용이 얼마나 효과가 있는지 검증하는 것이다. 즉, 단일사례조사설계는 사회복지사가 클라이언트의 문제에 개입한 이후에 클라이언트가 변화하고 있다는 것을 즉각적이고 실용적으로 보여주기 때문에 사회복지실천에 많이 활용되는 조사설계방법이다.
  - 특징
    - 개입효과성 검증
    - 반복측정
    - 통제집단과 실험집단의 동일
    - 개입방법의 수정 가능
    - 개인이나 집단 모두 사용
  - 구조
    - 기초선 국면 — 계획된 개입을 실시하기 전 표적행동의 상태를 관찰하는 기간을 말하며, 보통 'A'로 표시한다.
    - 개입국면 — 클라이언트의 변화를 사회복지사가 사용하는 여러 가지 형태의 개입들의 적용기간이다. 개입단계의 하나의 실천기술 혹은 패키지의 실천기술을 'B'라고 표시하여 개입단계(intervention phase)라 하며, 관찰기간이나 횟수를 동일하게 한다.
    - 표적행동 — 표적행동이란 개입에 의해 변화가 의도되는 대상을 말한다. 즉, 해당 프로그램의 클라이언트라고 할 수 있다.
  - 과정
    - ① 문제의 확인
    - ② 문제의 규정
    - ③ 개입목표의 설정
    - ④ 조사설계
    - ⑤ 조사실시
    - ⑥ 개입의 평가(자료분석)
- **단일사례 조사설계의 유형**
  - AB설계 — 기초선과 개입의 두 국면으로만 이루어진 단일사례조사설계의 가장 기본적인 유형이다. 기본 가정은 기초선 동안 관찰된 행동은 변화하지 않는 한 계속되며, 개입은 문제행동을 변화시키기 위해 계획되는 것이다. 즉, 개입 후 문제행동의 변화를 관찰하는 것이다.
  - ABA설계 — AB설계의 단점인 다른 변수의 영향을 통제할 수 없으므로 개입의 효과 파악이 곤란하다는 것을 보완하기 위해 나온 유형으로 AB설계에 개입을 중단하는 제 3의 국면 A를 추가, 변화의 개입효과성을 확인할 수 있게 만든 설계이다. ABA설계는 AB설계에 개입을 중단하는 제 3의 국면 A를 추가하여 AB설계의 단점을 보완한 것이다.
  - ABAB설계 — ABAB설계는 ABA의 개입을 중단한 국면에 다시 개입을 재개하는 B의 국면을 추가한 것으로도 볼 수 있다. 즉, 동일 대상에 대해 한 번 더 반복해서 보는 것이라고 볼 수도 있다. 이로써 AB설계나 ABA설계의 약점을 보완한 것이라고 할 수 있다. 이 설계는 기초선(A) 측정 후 일정기간 동안 개입(B)을 하고 일정기간 동안 개입을 중단(A)한 후 다시 개입(B)을 하는 것이다.
  - BAB설계 — BAB설계는 처음에는 기초선 기간을 설정하지 않고, 바로 개입단계(B)에 들어가고, 그 다음에 개입을 중단하는 기초선단계(A)를 갖고 다시 개입을 재개하는 단계(B)를 갖는 설계이다.
  - ABC설계 — ABA설계에서 개입을 가해도 효과가 나타나지 않을 때 다시 개입을 철회하기보다 새로운 방법 C를 적용하는 설계이다.
  - ABCD설계 — ABCD설계는 다중요소설계, 복수요소설계라고 한다. 이 설계는 하나의 기초선 자료에 대해서 여러 개의 각기 다른 개입방법들을 연속적으로 도입해보는 것이다.
  - 복수기초선설계 — 개입중단의 문제점을 개선하면서 개입과 표적행동의 변화 간의 인과적 관계를 확실히 추정할 수 있는 방법으로 개발된 것이 복수기초선설계이다.

PART 5

조사연구의 응용

사 회 복 지 조 사 론

Research Methods for Social Welfare

Chapter 11

욕 구 조 사

[학습목표]

욕구조사의 유형 및 다양한 자료수집 방법에 대하여 학습한다.

1. 욕구조사란 무엇인가?

1) 욕구조사의 의의 및 필요성

(1) 의의

욕구조사는 사회복지 분야에서 많이 활용되고 있는 조사방법으로 특정 지역사회 또는 특정 집단의 사회문제를 해소하기 위한 서비스의 개발이나 기존 서비스의 보완을 위한 작업에 앞서 대상 집단의 욕구를 정확히 파악하기 위해 실시하는 조사이다. 욕구조사는 욕구를 파악하되 항상 파악된 욕구를 해소하기 위한 서비스 개발이나 기존 서비스의 보완을 염두에 둔 조사라는 점에서 응용조사의 일종이라 할 수 있다.

욕구조사는 사회복지 분야에서 많이 활용되고 있으며, 지역사회에서 생활하는 주민 또는 클라이언트(복지서비스 소비자) 집단의 욕구수준을 계량적 또는 질적으로 측정하기 위한 조사방법의 형태라고 할 수 있다.

(2) 욕구조사의 필요성

욕구조사는 사회복지조직의 책임성 측면에서 사회구성원의 욕구를 파악하고 충족을 위한 서비스 전달을 위해 필요로 하며 재정적 한계 측면에서 서비스의 효율성과 효과성에 대한 사회적 압력의 증대를 위해 필요하다. 이 외에도 욕구조사의 중요성이 최근 널리 인식되고 있다. 그러면 욕구조사로부터 얻을 수 있는 이점은 어떠한 것들이 있는지 알아보자. 첫째, 욕구조사는 클라이언트의 욕구에 맞는 프로그램을 개발하는데 도움을 줌으로써 사회복지조직체가 그 존립의 정신에 부합된 일을 할 수 있도록 해 준다. 둘째, 욕구조사는 사회복지조직체의 효율적, 전문적 운영에 도움을 준다. 셋째, 욕구조사는 서비스 또는 프로그램을 지역주민의 욕구변화에 따라 탄력성 있게 변화시킬 수 있도록 해 준다. 넷째, 욕구조사는 복지서비스를 제공하는 지역사회 내의 타 기관들과의 협동 사항을 파악하는데 도움을 준다. 다섯째, 욕구조사는 지역사회 주민들에게 문제를 부각시키고, 프로그램 추진의 필요성을 인식시킴으로써 지역주민의 지원을 얻을 수 있고, 나아가 이를 위한 입법 추진에도 압력을 가할 수 있는 필요한 증거자료를 제공해준다. 욕구조사는 지역주민 스스로 지역의 문제를 한 번 생각해 보고, 중요한 문제를 발전할 수 있는 기회를 제공해 줄 수 있다. 여섯째, 욕구조사는 사회복지조직체들이 사회로부터 그 존속의 정당성을 인정받고 지원을 받을 수 있는 근원적인 요인을 제공해 준다.

※ 욕구는 해결해야 할 문제로 간주되며, 대부분의 경우 욕구는 문제와 같은 의미로 사용하고 있다. 특히 사회적 욕구를 사회적 문제로 보는 경향이 있다.

2) 욕구 유형

칸(Kahn, 1969: 63)의 정의에 의하면, 욕구란 한 시점에서 개인이나 집단이 사회인으로서의 기능을 다하기 위해 경제적, 사회적, 심리적, 신체적 필요에 의한 것을 구하는 것이라고 할 수 있다. 따라서 주택, 영양, 보건, 직업, 소득, 지식, 사회참여, 정치활동, 개인의 자유 등이 욕구의 대상이 될 수 있다. 영어로 Need, Want, Demand 등으로 사용되고, 욕구, 필요, 수요 등으로 해석되기도 한다. 욕구는 개인적 욕구와 사회적 욕구로 나눠진다. 개인적 욕구는 모든 개인에게 필수 불가결한 욕구(국민 최저수준 또는 최저생활기준 등)를 말하고, 사회적 욕구는 여러 사회적 위험 때문에 개인의 기본욕구를 충족시키지 못하는 사회구성원들의 수가 상당히 많게 될 때, 처해 있는 사회적 위험으로부터 벗어나려는 집단적인 욕구를 말한다.

(1) 매슬로우의 욕구단계

매슬로우(Maslow)는 인간의 욕구를 심리적 차원에서 5개 범주로 구분하고, 이러한 범주가 가장 낮은 신체적 욕구에서 가장 높은 자아실현의 욕구로 상향하면서 단계적으로 발생한다고 보았다. 매슬로우는 인간의 욕구를 크게 결핍욕구(deficiency needs)와 성장욕구(growth needs)로 나누고, 이를 다시 5개의 범주로 나누어 계층화하였다. 결핍욕구는 생리적 욕구, 안전의 욕구, 소속감에 대한 욕구 그리고 존중의 욕구와 자아실현의 욕구로 구성되어 있다.

① 생리적 욕구 : 가장 기본적인 단계인 생리적 욕구는 배고픔, 갈증, 휴식, 주거, 추위나 더위로부터의 보호, 고통받고 싶지 않은 욕구, 성적 욕구 등 인간이 기본적으로 생존하기 위하여 필수적으로 충족되어야 하는 욕구이다.

② 안전에 대한 욕구 : 안전에 대한 욕구는 위협이나 궁핍으로부터의 보호 차원의 욕구이다.

③ 소속감(애정)에 대한 욕구 : 생물학적 욕구와 안전의 욕구가 충족되고 나면 사랑이나 우정, 타인으로부터의 인정 등과 같은 정서적인 부분이 부각된다.

④ 존중의 욕구 : 이 욕구는 자기 스스로를 존중할 뿐 아니라 다른 사람으로부터 받는 존경에 의해서 생겨난다.

⑤ 자아실현의 욕구 : 자아실현은 가장 높은 수준의 욕구이며 앞에 언급한 네 가지 하위 욕구가 충족된 상태에 있는 사람이 추구한다.

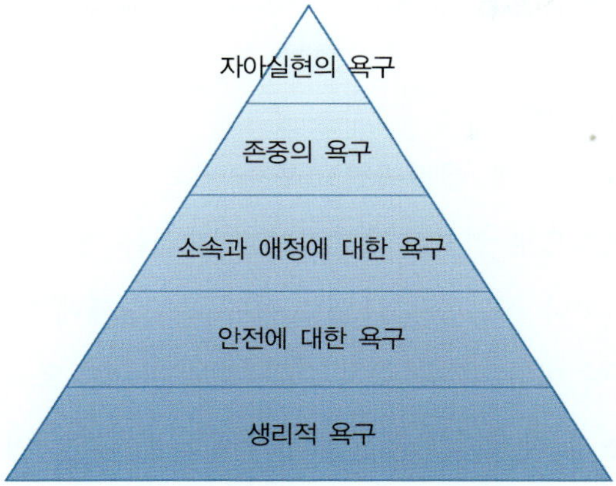

[그림 11-1] 매슬로우의 욕구 유형

(2) 앨더퍼(Alderfer)

① 존재욕구 : 매슬로우의 처음 두 단계의 욕구, 즉 생리적 욕구와 안전에 대한 욕구와 부합되는 개념이다.

② 관계욕구 : 매슬로우의 소속감의 욕구를 비롯하여 사회적 존중을 반영한 욕구이다.

③ 성장욕구 : 자아실현의 욕구와 존경의 욕구가 이 범주에 해당된다.

(3) 브레드쇼

① 규범적 욕구(normative need)

사회적으로 바람직하다고 간주되는 수준이 정해지고 실질적으로 존재하는 수준과 비교하여, 개인이나 집단이 바람직한 수준에 미치지 못하면 그들은 욕구상태에 있다고 본다. 규범적 욕구는 전문가, 행정가 또는 사회과학자 등이 욕구의 상태를 규정하며, 바람직한 욕구충족의 수준을 정해 놓고 이 수준과 실제 상태와의 차이에 의하여 욕구의 정도를 규정하던가 또는 최고의 욕구수준을 정해 놓고 실제 상태와의 차이에 의하여 욕구의 정도를 규정하는 것이다.

② 인지된 욕구(felt need)

감시된 욕구라고도 하는데, 클라이언트(복지서비스 소비자)에게 직접 또는 전화 등의 조사를 통해 구체적으로 인지된 욕구이다. 필요라는 개념과 같은 맥락에서 해석하는 것으로서, 개인이나 집단을 대상으로 어떤 욕구상태에 있는지, 그러한 욕구문제를 해결하기 위하여 어떤 서비스를 필요로 하고 있는지 조사해서 파악하는 욕구이다. 감지된 욕구는 욕구 상태에 있는 당사자의 느낌에 의하여 인식되는 욕구이며, 사람들이 어떤 욕구의 상태에 있는지를 물어서 파악하는 욕구이다.

③ 표현적 욕구(expressed need)

요구적 욕구(demand need)라고도 하는데, 그 이유는 감지된 욕구가 실제의 욕구충족 추구행위로 나타나는 경향이 존재한다. 표현적 욕구는 감촉적 욕구가 실제의 욕구충족 추구행위로 나타난 것이며 수요(demand)라고도 한다. 이는 의료 및 건강의 욕구 파악에 많이 이용되며 주로 대기자 명단(waiting list)에 의해 파악된다. 이에 대한 예는, 부적응 청소년의 사회봉사 프로그램 참가 비율 등이 있다.

④ 비교적 욕구(comparative need)

비교적 욕구는 어떤 서비스를 받고 있는 사람들과 비슷한 특성을 갖고 있으면서도 서비스를 받지 않고 있는 사람들을 욕구 상태에 있는 것으로 규정하는 것을 말한다. 이는 욕구충족을 위한 급여(서비스)의 수준을 미리 정하고 이 수준에 의해 욕구를 파악하는 것이다. 어떤 서비스를 받고 있는 사람들과 비슷한 특성을 갖고 있으면서도 서비스를 받지 않고 있는 사람들을 욕구 상태에 있는 것으로 규정하는 것이다.

2. 욕구조사에 포함되어야 할 내용은 무엇인가?

한 지역사회가 갖고 있는 욕구를 전체적으로 파악하고자 할 경우 일반적으로 수집되어야 할 정보들은 어떤 것들이 있는지 파악해 보고자 하는 것이다. 욕구조사를 통해 수집되어야 할 내용들은 크게 기초자료로 지역사회의 일반적 특징에 관한 자료, 욕구파악을 위하 자료로 기존 서비스의 평가 및 새로운 서비스 개발에 필요한 자료, 활용자원에 관한 자료로 프로그램 실행을 위해 동원될 수 있는 자원에 대한 자료, 이렇게 세 분야로 분류될 수 있다.

1) 기초자료(지역사회의 일반적 특징에 관한 자료)

욕구조사는 일반적으로 조사대상 지역의 인구학적 · 구조적 특징에 대한 개략적 내용을 제공해 줄 수 있는 요소를 포함해야 할 필요가 있다. 여기에 포함되어야 할 내용들과 이러한 자료들이 사용될 목적은 다음과 같다. 기초자료에 포함될 조사내용으로는 연령분포, 가족 수, 가구주 연령, 거주기간, 직업구성 및 분포, 소득수준 등이다.

기초자료 사용목적

- 대상지역의 특징에 대한 개략적인 정보를 제공해 준다.
- 이 자료의 많은 부분은 후에 자료 분석 시 독립변수 및 통제변수로 사용될 수 있다.
- 잠재적 서비스 수혜자가 높은 비율로 살고 있는 지역의 특성을 식별하는데 사용될 수 있다.
- 대상지역 내 여러 하부지역의 인구학적 · 구조적 특징을 파악할 수 있도록 해준다.

※ 욕구조사 설문지 예시

○○장애인종합복지관
재가복지서비스 이용자 욕구조사

안녕하십니까?

여러분의 가정에 건강과 평화가 넘치기를 바랍니다.

○○장애인종합복지관은 ○○구의 장애인 복지증진을 위해 다양한 일들을 실시하고 있습니다. 장애를 가진 분들의 건강한 사회통합을 위해 이용자의 욕구에 따른 서비스 실천을 최우선으로 설정하고 있습니다.

○○장애인종합복지관에서는 이용자분들의 다양한 욕구를 파악하고 욕구에 맞는 사회복지 서비스를 제공하고자 욕구조사를 실시하게 되었습니다. 여러분의 응답하신 의견은 욕구에 기반한 복지서비스 창출을 위한 귀중한 자료로 활용될 것입니다.

설문조사의 결과는 통계로만 사용되며 개인적인 의견과 정보는 외부로 유출되지 않습니다. 바쁘시더라도 잠시만 시간을 내어 정성껏 설문에 응해주시면 대단히 감사하겠습니다.

2019년 5월

○○장애인종합복지관 지역복지팀

일반적 사항

◎ 다음 중에서 해당되는 사항에 '✔'표를 해 주십시오.

이　름	
성　별	①__ 남자　②__ 여자
장애유형	장애명: ______ (등급:) ① 지체장애 ② 뇌병변장애 ③ 시각장애 ④ 청각장애 ⑤ 언어장애 ⑥ 안면장애 ⑦ 신장장애 ⑧ 심장장애 ⑨ 간장애 ⑩ 호흡기장애 ⑪ 장루장애 ⑫ 간질 ⑬ 정신지체 ⑭ 정신장애 ⑮ 발달장애(자폐증) □ 동반장애: ____________　□ 장애원인: □ 장애시기:
학　력	①__ 초졸　②__ 중졸　③__ 고졸 ④__ 대졸　⑤__ 대학원졸　⑥__ 기타( )
종　교	①__ 불교　②__ 천주　③__ 기독교　④__ 유교 ⑤__ 무교　⑥__ 기타
직　업	①__ 무직　②__ 자영업　③__ 영세자영업(가판) ④__ 단순일용직　⑤__ 주부　⑥__ 사무직 ⑦__ 관리직　⑧__ 공무원　⑨__ 전문직 ⑩__ 기타( )
수급권 여부	①__ 일반　②__ 수급권자　③__ 차상위계층
혼인 여부	①__ 미혼　②__ 기혼　③__ 이혼 ④__ 사별　⑤__ 기타
가족 구성	①__ 독신가구　②__ 부부　③__ 부부+자녀 ④__ 한부모+자녀　⑤__ 조부모+자녀　⑥__ 조부모+부모+자녀 ⑦__ 기타( )
주거 형태	①__ 단독주택　②__ 다세대/빌라　③__ 아파트　④__ 임대아파트 ⑤ 기타( )
주거 상태	①__ 자가　②__ 전세　③__ 월세　④__ 기타( )

2) 욕구파악을 위한 자료

기존 서비스 평가 및 새로운 서비스 개발에 필요한 자료는 욕구조사의 본 내용을 이루는 부분으로 세 분야로 분류할 수 있다.

(1) 생활영역에 관한 현재 상태 파악을 위한 자료

욕구조사는 대상지역이나 집단의 사회, 정치, 경제, 고용, 주거환경 등을 포함한 삶의 영역들에 대한 실태와 문제점에 대해 파악할 수 있는 내용이 포함되어야 한다. 삶의 영역에 관한 현 실태를 파악한 자료는 다음과 같은 목적으로 사용된다.

첫째, 해당지역 주민들의 생활 영역에서 현 실태를 파악하고, 바람직하다고 판단되는 수준과 현 실태 간의 격차로 인해 발생하는 욕구문제를 측정하는 데 적용된다.

둘째, 기존 서비스에 내포된 문제점을 평가하고, 새로운 서비스를 개발하는데 필요한 자료로 활용할 수 있다.

셋째, 서비스나 프로그램 실행 전후를 조사자료를 통해 분석함으로써 개선된 상태나 격차 해소에 관한 계량적 정보를 얻을 수 있고, 이러한 정보를 토대로 미래 비전을 제시할 수 있다.

사용목적

- 욕구 또는 문제를 파악하는데 이용된다.
- 새로운 서비스 개발 및 기존 서비스 보완을 위한 기초자료로 활용할 수 있다.
- 사전 · 사후조사를 통해 개선된 상태 또는 격차 해소에 관한 정보를 얻을 수 있으며, 이는 기존 프로그램에 대한 평가자료로 활용될 수 있다.

(2) 기존 서비스 평가를 위한 자료

욕구조사는 기존 서비스 평가를 위해서 활용되기도 한다. 욕구조사에서 주요하게 확인될 내용은 다음과 같다.

① 조사내용

가. 서비스 인지 및 활용

- 서비스는 욕구가 있는 사람들에게 충분히 알려져 있는가?
- 서비스는 욕구가 있는 사람들에 의해 잘 활용되고 있는가?

나. 서비스 인지 및 활용에 대한 구체적인 장애요인

- 서비스 존재에 대한 홍보부족 여부
- 서비스를 찾거나 이용하는 데 장애를 주는 요인들의 존재 여부
- 표적 집단으로부터 기관이 멀리 떨어져 있거나 교통수단의 불편성 여부 또는 시설의 낙후성 여부 등
- 클라이언트나 잠재적 클라이언트가 직원에 대해 부정적 태도를 가지고 있는지 여부, 사회복지사의 전문성의 부족 등
- 적절한 프로그램의 부족
- 서비스 이용으로 인해 사회적으로 불명예스러운 오명을 받게 될 두려움
- 표적 집단에 과중한 이용 비용 부담
- 자격기준 제한으로 인한 이용 불가능

사용목적

기존 서비스 인지 및 활용에 관한 정보나 장애에 관한 정보는 적절한 보정 프로그램을 만드는 데 필요한 중요한 자료를 제공해 준다.

(3) 새로운 서비스 개발에 필요한 자료

지역주민들의 욕구와 직면한 문제를 기존 서비스로 해결할 수 없을 경우 새로운 서비스를 개발할 필요가 있다. 이때 개발해야 할 필요가 있는 서비스가 무엇인지에 대해 지역주민을 대상으로 조사해야 한다. 개발될 새로운 서비스는 지역주민들의 의사가 충분히 반영되어야 서비스의 효과가 높아진다. 이를 위해 구체적으로 조사되어야 할 내용을 열거하면 다음과 같다.

① 대상 지역이나 주민들이 심각하다고 생각되는 문제

② 현재 필요한 서비스의 종류 및 우선순위

③ 서비스 제공기간

④ 대상지역의 하위집단별로 필요한 서비스

사용목적

지역사회 주민에게 보다 쓸모 있고 현실적인 프로그램을 개발하는데 필요한 자료를 제공해 줄 수 있다.

3) 활용자원에 관한 자료

서비스를 개발하고자 할 경우에는 실행 가능성도 함께 고려되어야 한다. 서비스를 개발, 실행하는데 도움을 줄 수 있는 사항으로 지역사회 정보체계, 지역사회 서비스 자원, 정치적 자원의 세 가지가 고려될 수 있다.

(1) 지역사회 정보체제

표적 집단에게 가장 잘 정보를 제공해 줄 수 있는 의사소통 매체가 파악되어야 하며, 지역사회 의사소통 매체로 다음 사항을 고려해 볼 수 있다. 기존 서비스나 프로그램을 현재의 수혜자와 잠재적 수혜자에게 제공하기 위해서는 지역사회 정보체제 및 의사소통 채널이 공식적 또는 비공식적으로 열려 있어야 한다. 이러한 채널은 새로운 서비스나 프로그램이 개발될 경우 중요한 역할을 하게 된다. 이유는 개발될 서비스가 잠재적 수혜자에게 인지되어야 하고, 특히 표적 집단에게 정확한 정보를 제공해 줄 수 있기 때문이다.

(2) 지역사회 서비스 자원

프로그램 개발 계획이나 자원배분 결정이 이루어지기 전에 활용 가능한 물적 · 인적 자원에 대한 파악이 이루어져야 하며, 다음과 같은 형태의 자원에 대한 조사가 이루어지는 것이 좋다. 기존 서비스나 프로그램을 실행하는 일뿐만 아니라 필요한 서비스를 개발하기 위해서는 지역사회 내에 활용 가능한 인적 자원, 물적 자원을 비롯하여 이익집단 및 외부관계, 프로그램의 수혜대상 및 내용 등에 대한 조사가 이루어져야 한다. 인적 자원에 대한 조사는 인적 자원의 양, 종류, 활용방법 등이고, 물적 자원에 대한 조사는 자금의 비중 및 조건, 정부를 비롯한 관련 기관의 지원 여부, 자금의 변동 등을 포함한다. 프로그램 개발 계획이나 자원배분 결정이 이루어지기 전에 활용 가능한 물적 · 인적 자원에 대한 파악이 이루어져야 하며, 다음과 같은 형태의 자원에 대한 조사가 이루어지는 것이 좋다.

① 특별한 문제의 해결을 위해 동원될 수 있는 사업비
② 기존 직원들의 전문성을 제고시키거나 새로운 직원들을 개발, 훈련하는 데 필요한 인적 · 물적 자원
③ 새로운 프로그램이나 확장된 프로그램을 실행할 수 있는 시설현황
④ 자원봉사 활용자원

(3) 정치적 자원

프로그램 및 자원배분에 대한 계획은 정치적 과정이므로 정치체제의 산물이라 볼 수 있다. 시장문제의 해결방법은 시장과정을 거치나 사회문제의 해결방법을 대신할 수 있는 기구는 정치과정과 사회과정이다. 사회과정은 일반적으로 전통과 관습을 통해 문제를 해결하려 하기에 그 적용이 지역적이므로 보편적으로 고려되는 수단은 정치이다. 민주주의 제도 하에서 정치과정은 정치적 의사결정에 근거하여 사회에서 발생하는 제반문제를 해결하는 일종의 메커니즘이다. 여기서 메커니즘이란 민주주의 제도 하에서는 논란의 대상이 되거나 사회적 이슈가 되는 문제에 대해 주로 투표나 협상을 거쳐 다양한 사회구성원들의 의견을 수렴하고, 수렴된 내용을 사회적 선택으로 전환시키는 기구를 의미한다. 따라서 서비스 제공 계획이 성공적으로 이루어지려면 이러한 정치적 과정을 감안해야 한다. 프로그램 및 자원배분에 대한 계획은 정치적 과정이며, 계획을 성공적으로 하려면 지역사회의 지지를 항상 감안해야 한다. 정치적 자원으로 다음과 같은 사항을 고려해 볼 수 있다.

① 지역사회 주민의 여론
② 시 · 도지사 및 시 · 군 · 구청장 및 관련 행정부서의 지원
③ 시 · 도 및 시 · 군 · 구 지방의회의 지원
④ 종교지도자, 교육지도자 등 지역사회 지도자들의 지원
⑤ 지역사회 언론기관의 지원
⑥ 지역사회 시민단체의 지원

3. 욕구조사 자료수집 방법에는 어떤 것들이 있는가?

1) 서베이 방법(survey method)

(1) 일반집단 서베이(resident survey)

일반집단 서베이는 지역사회 전체를 대표할 수 있는 일부 표본을 선정하여 질문지 또는 면접을 통해 욕구를 조사하는 방법이다. 대상지역의 주민들로부터 추출된 표본에 대해 질문조사를 실시하여 필요한 자료를 얻어내는 방법으로 지역사회 욕구조사에서 가장 많이 사용된다.

① 장점

가. 지역주민에 의해 인지된 지역의 문제 및 요구되는 서비스를 파악

나. 인지된 문제와 개인적 특성과의 관련성 분석

다. 특별한 서비스 또는 서비스 체제 전체에 대한 주민들의 태도 및 장애물 파악

② 단점

가. 비용이 많이 든다.

나. 우편으로 설문지를 송부하는 경우 회수율이 낮다.

다. 사회적으로 바람직한 응답만을 얻게 되는 문제가 발생

(2) 표적 집단 서베이(target group survey)

표적 집단 서베이는 문제에 직접 관심 있는 표적 집단을 대상으로 설문조사를 실시해 욕구를 파악하는 방법이다. 노인, 청소년, 장애인, 여성, 기관의 서비스를 받은 경험이 있거나 받고 있는 사람 또는 받을 필요가 있는 사람 등 어떤 특성을 가진 하

위집단들을 대상으로 질문조사를 실시하여 그들 집단의 욕구, 기존 서비스 이용 실태, 새로운 서비스 개발에 필요한 의견을 파악하는 방법이다.

① 장점

표적 집단 서베이를 통해 표적 집단들이 갖는 욕구, 그들이 원하는 프로그램을 구체적으로 파악할 수 있다.

② 단점

해당하는 집단에만 적용될 수 있고 주민 전체에게 일반화하기 어렵다는 제약이 있다.

(3) 주요 정보제공자 서베이(key informant survey)

주요 정보제공자 서베이는 기관의 서비스 제공자, 관련 전문가 등 지역사회 전반의 문제를 알고 있는 사람들을 대상으로 손쉽고 편리하게 욕구를 조사하는 방법이다. 해당지역의 사회복지단체의 간부, 인접 직종의 전문직 종사자, 지역유지, 정치적 지도자, 행정관료 등 지역사회 문제에 대해 직접적으로 잘 알고 있다고 생각되는 사람들로부터 욕구조사에 필요한 의견을 수집하는 방법이다.

① 장점

가. 비용이 적게 들고, 표본을 쉽게 선정할 수 있다.

나. 지역의 전반적인 문제를 쉽게 파악할 수 있다.

다. 지역사회의 유지, 행정관청 및 정치적 지도자들이 지지하거나 반대하는 서비스 또는 프로그램을 파악할 수 있다.

라. 주민들 중 정치적으로 활동적이고 의견주장이 강한 집단들의 관심사항을 파악할 수 있다.

② 단점

가. 주요 정보제공자를 선정하는 과정이 인위적이 되기 쉽다.

나. 주요 정보제공자, 특히 정치적 지도자들이 중요하다고 생각하는 문제들은 정치적 민감성이나 감정에 의해 결정되는 경우가 많다.

다. 선정하는 과정이 자의적일 수 있어 잘못 선정된 사람들의 의견을 수집하는 반면, 잘못해서 제외된 사람들의 의견을 수집하지 못하는 결과를 초래할 수 있다.

라. 정치인들이나 지역사회 지도자들은 그들과 접촉이 가능한 집단들만 대변하는 의견을 제시하여 그들과 접촉이 없는 일부 주민들의 의견은 간과될 수 있다.

(4) 서비스 제공자 서베이(service offerer survey)

서비스 제공자 서베이는 서비스 제공자나 프로그램 운영자로부터 지역사회 주민이나 대상집단의 문제나 욕구를 파악하는 방법이다. 서비스를 제공하는 사람들로부터 지역사회의 문제나 욕구, 기존 프로그램의 평가 및 새로운 프로그램의 개발에 필요한 의견을 수집하는 방법이다.

① 장점

가. 널리 알려져 있지 않았거나 사회적으로 받아들여지기 어려운 문제나 욕구들에 대한 정보를 얻을 수 있다.

나. 현존하거나 잠재적인 지역사회 또는 기관의 활용자원에 대해 정확한 정보를 얻을 수 있다.

다. 지역사회 전반 또는 개인의 제 문제에 대한 원인 또는 배경을 파악하는 데 유용한 자료를 얻을 수 있다.

라. 서비스 제공자들은 보다 전문적인 판단에 근거해서 의견을 제시할 수 있다.

② 단점

가. 서비스 제공자들은 표적 집단에 의해 인지되지 않은 문제를 문제시하기 때문에, 그러한 문제들을 해결하기 위한 서비스를 실행할 때 여러 가지 어려움이 발생한다.

나. 서비스 제공자들에 의해 인지된 문제들은 표적 집단의 실제문제라기보다 제공자들의 문화적 · 계급적 편견이 있을 수 있다.

다. 서비스 제공자들은 주로 수혜자들과 접촉, 그들로부터 얻은 자료는 수혜자들의 의견만 반영할 수도 있다.

라. 서비스 제공자들은 그들의 기관에서 제공하거나 제공하게 될 서비스를 충족될 수 있는 문제에 대해서만 관심을 갖는 경향이 있다.

2) 2차 자료분석(secondary data analysis)

(1) 기존 사회적 자료분석(existing social data analysis)

기존 사회적 자료분석은 광범위한 영역에 걸쳐 주민생활의 각종 여건을 측정해 놓은 사회적 자료를 수집, 분석하는 방법이다. 이 방법은 다음과 같은 여러 가지 목적을 위해 사용할 수 있다.

첫째, 해당지역의 일반적인 특성, 즉 가구 수, 빈곤 인구율, 소득수준, 직업수준, 주택보급률, 범죄율, 공공부조 수혜자 수 등에 대한 기본 평가 자료를 얻을 수 있다.

둘째, 서비스의 개발 또는 확장이 필요한 표적지역을 식별하는 데 또는 어떤 지역의 심각한 사회적 문제가 무엇인지 파악하는 데 유용한 자료를 얻을 수 있다.

셋째, 다양한 사회문제가 발생하는 배경을 조사하는 데 사용될 수 있다.

하지만 이 방법을 이용하는 데 다음과 같은 제약점이 있다.

첫째, 해당지역의 욕구조사에 알맞은 자료를 구하는 것이 쉬운 일이 아니다.

둘째, 많은 경우 자료를 분해하거나 결합해서 필요한 자료를 만들어야 하는데 이 경우 행정기관마다 분류기준이 달라 이러한 작업이 어렵다.

셋째, 때로는 이러한 작업과정 시 분석자의 편견이 개입될 수 있다. 복지기관 서비스 이용 자료분석과 함께 이미 존재하는 자료를 분석하는 2차 자료분석의 한 방법이며, 기존 사회적 자료분석은 광범위한 영역에 걸쳐 주민생활의 각종 여건을 측정해 놓은 사회적 자료를 수집, 분석하는 방법이다.

① 장점

가. 해당지역의 일반적인 특성, 즉 가구수, 빈곤인구율, 소득수준, 직업수준, 주택보급률, 범죄율, 공공부조 수혜자 수 등에 대한 기본 평가자료를 얻을 수 있다.

나. 서비스의 개발 또는 확장이 필요한 표적지역을 식별하는 데 또는 어떤 지역의 심각한 사회적 문제가 무엇인지 파악하는 데 유용한 자료를 얻을 수 있다.

다. 다양한 사회문제가 발생하는 배경을 조사하는 데 사용될 수 있다.

② 단점

가. 해당지역의 욕구조사에 알맞은 자료를 구하는 것이 쉬운 일이 아니다.

나. 많은 경우 자료를 분해하거나 결합해서 필요한 자료를 만들어야 하는데 이 경우 행정기관마다 분류기준이 달라 이러한 작업이 어렵다.

다. 때로는 이러한 작업과정 시 분석자의 편견이 개입될 수 있다.

(2) 복지기관 서비스 이용 자료분석(welfare agency service data analysis)

복지기관 서비스 이용 자료분석은 지역사회 내의 기존 사회복지관의 서비스 이용에 관련된 기록들을 분석해서 필요한 자료를 얻어내는 방법이다. 자료들의 분석을 통해 그 지역사회의 중요한 사회문제, 문제의 경향, 특별한 서비스의 수요 등을 알 수 있다. 하지만 복지기관 서비스 이용 자료분석은 이용상 몇 가지 제한점이 있다.

첫째, 자료의 비밀보장 때문에 자료를 구하기 어려울 때가 많다. 특히, 한 지역사회 내의 다른 복지기관의 자료를 구하고자 할 때 많은 어려움이 따른다. 또한 복지기관의 자료를 사용하는 경우 수혜자의 사생활 침해라는 윤리적 문제가 따를 수 있다.

둘째, 한 지역사회 내의 여러 복지기관으로부터 자료를 수집했을 경우 각 기관마다 자료의 기록양식이 달라 필요한 자료를 체계적으로 분석하기 힘들다.

셋째, 클라이언트 중심의 분석이 되어 여기서 얻은 결과를 지역사회 인구 전체에 적용하기 어렵다.

① 장점

가. 자료들의 분석을 통해 그 지역사회의 중요한 사회문제, 문제의 경향, 특별한 서비스의 수요 등을 알 수 있다.

② 단점

가. 자료의 비밀보장 때문에 자료를 구하기 어렵다.

나. 한 지역사회 내의 여러 복지기관으로부터 자료를 수집했을 경우 각 기관마다 자료의 기록양식이 달라 필요한 자료를 체계적으로 분석하기 힘들다.

다. 클라이언트 중심의 분석이 되어 여기서 얻은 결과를 지역사회 인구 전체에 적용하기 어렵다.

3) 집단접근방법

(1) 지역사회 공청회(community forum)

지역사회 공청회를 통한 욕구조사는 한 지역사회의 모든 주민들이 공개적으로 그 지역의 문제나 욕구 또는 특정한 정책적 관심사에 대해서 그들의 의견을 발표하는 장을 마련하여 지역주민들의 의견을 파악하는 방법이다. 한 지역사회 내에 거주하는 모든 사람들이 참여할 수 있는 공개적인 모임을 개최하여, 주민들로 하여금 그 지역의 욕구나 문제에 대한 의견을 발표하도록 하여 주민들의 의견을 파악하는 방법이다.

① 장점

가. 적은 비용과 상대적으로 적은 시간으로 광범위한 계층 및 집단들의 의견을 들을 수 있다.

나. 여러 주민들의 의견을 종합할 수 있을 뿐만 아니라 각 개인, 집단, 기관별로 문제에 대한 인식과 관심이 다른 것도 구별해 볼 수 있다.

다. 서베이 조사를 위한 사전준비의 기회가 될 수도 있으며, 복지기관 활동에 대한 좋은 홍보가 될 수 있고, 복지기관 활동에 주민들의 협조와 지지를 얻을 수 있도록 하는 계기가 될 수도 있다.

② 단점

가. 관심 있는 소수의 사람들만 의견을 발표함으로써 지역 전체의 의견보다 몇몇 개인의 의견이 강조된다.

나. 관심 있는 사람들만 참석하기 때문에 이들만의 욕구가 반영되는 표집자 편의 현상을 나타내어 표본의 대표성을 확보하기 어렵다.

다. 자기선택으로 인한 표본의 편의현상이 발생할 수 있다.

4) 델파이 방법(delphi techniques)

델파이 방법은 지역사회의 특정한 문제 및 욕구에 대해 소수의 전문가들에게 설문지 등의 방법을 사용해 의견을 반복적으로 묻고 분석해서 일정한 정도의 합의점에 도달하면 그것을 욕구로 파악하는 방법이다. 델파이 기법은 어떤 문제에 대해 올바른 판단을 하기 위해 체계적으로 전문가들의 합의점을 찾는 방법이다. 광범위하고 장기적인 정책이나 프로그램을 수립하는데 종종 사용한다. 욕구의 유형을 파악할 수 있고, 사회문제에 대한 상이한 판단을 야기하는 요인을 조사할 수 있으며, 응답자로 하여금 다양하고 상호 관련된 욕구들을 파악할 수 있다.

델파이 기법의 구체적인 절차는 다음과 같다.

첫째, 일단의 전문가를 선정한다.

둘째, 주요 관심사에 관한 설문지를 작성한다.

셋째, 설문지를 선정된 전문가에게 배부한다.

넷째, 회수한 설문지의 응답내용을 합의된 부분과 합의되지 않은 부분으로 나누어 집계한다.

다섯째, 1차 분석결과에서 합의도가 낮으면 1차 판단에 대한 전문가들의 의견을 묻는 두 번째 설문지를 보내어 1차 분석의 결과를 참조한 각자의 의견을 구한다.

여섯째, 회수된 응답을 재분석한다.

일곱째, 이러한 절차를 일정한 합의점에 도달할 때까지 반복한다.

델파이 기법의 장점은 참가자를 익명으로 할 수 있기 때문에, 발언권이 세고 우세한 참가자의 영향력과 집단의견에 순종시키려는 집단의 압력을 줄일 수 있고, 피드백을 체계적으로 통제하기 때문에 개인의 이권행사로부터 오는 부정적 영향력을 최소화할 수 있으며, 응답자의 시간을 효율적으로 쓸 수 있다는 점이다.

단점으로는 반복적인 과정을 거치므로 시간이 많이 걸리고, 극단적인 판단은 의견의 합의를 얻기 위해서 제거되기도 하므로 창의적인 의견이 손실될 수도 있다.

① 장점

가. 전문가를 한 자리에 모으는 수고를 덜고 응답자의 시간을 효율적으로 사용할 수 있다.

나. 전문가가 자유로운 시간에 의견을 말할 수 있다.

다. 익명이므로 참가자의 영향력을 줄일 수 있다.

② 단점

가. 반복하는 데 시간이 많이 걸린다.

나. 반복하는 동안 응답자의 수가 줄어드는 문제가 있다.

[마인드맵으로 보는 chapter 11 요약정리]

11. 욕구조사

- **욕구조사**
  - 개념: 욕구조사는 욕구를 파악하되 항상 파악된 욕구를 해소하기 위한 서비스 개발이나 기존 서비스의 보완을 염두에 둔 조사
  - 필요성
    - 정보의 획득
    - 객관성의 확보
    - 실증정방법 – 계량화, 자료화
    - 이용자 중심의 프로그램 개발
    - 체계적 · 전문적인 기관운영
    - 자원의 효율적인 운영
    - 환경변화에 적극적 대응
    - 책임성에 대한 평가
    - 네트워크 및 참여기회 제공
- **욕구의 유형**
  - 매슬로우 욕구단계
    - ①생리적 욕구
    - ②안전에 대한 욕구
    - ③소속감(애정)에 대한 욕구
    - ④존중의 욕구
    - ⑤자아실현의 욕구
  - 앨더퍼
    - 존재욕구
    - 관계욕구
    - 성장욕구
  - 브래드쇼
    - 규범적 욕구 — 전문가에 의해 필요하다고 규정된 욕구
    - 인지된 욕구 — 클라이언트에게 직접 또는 전화 등을 통해 구체적으로 인지된 욕구(개인이 원하는)
    - 표현적 욕구 — 어떤 프로그램이 필요하다는 것을 직접적으로 표출한 것
    - 비교적 욕구 — 상대방과의 비교를 통해 규정된 욕구
- **욕구조사 자료수집 방법**
  - 서베이 방법
    - 일반집단 서베이
    - 표적집단 서베이
    - 주요 정보제공자 서베이
    - 서비스 제공자 서베이
  - 2차 자료분석
    - 기존 사회적 자료분석
    - 복지기관 서비스 이용 자료분석
  - 질적접근 방법
    - 지역사회 공청회
    - 델파이 방법

Chapter 12

질 적 연 구

[학습목표]

질적연구의 개념 및 특징과 양적연구와의 차이점을 학습한다.

1. 질적연구는 무엇인가?

1) 질적연구의 개념과 목적

질적연구란 양적연구의 한계점을 지적하면서 귀납적이고 해석적인 조사방법을 강구하는 연구방법이다. 양적연구로 밝혀내기 어려운 문제를 관찰하고 분석하며, 복잡한 사회현상을 해석하기 위한 것이다. 질적연구는 조사자 자신이 조사도구가 되고, 작은 규모의 연구대상자로 시작하며, 주로 이야기 방식의 기술적인 묘사가 특징을 이룬다. 그리고 조사대상자의 자연스러운 삶의 현장이 연구의 장이 되며, 논리적으로는 귀납적이고 탐색적인 성격을 띤다.

질적연구는 잘 알려지지 않은 주제에 대한 탐색적 접근을 하고자 하는 경우, 민감하고 정서적으로 깊이있는 주제를 심층적으로 조사하고자 하는 경우, 실제로 어떤 삶을 살고 있는 사람에게서 '생생한 경험'에 대한 이해와 그 의미를 도출하고자 하는 경우, 사회복지실천에서 프로그램이나 정책 및 기관의 내면을 탐구, 평가하고자 하는 경우에 주로 사용된다.

질적연구는 한 사람이나 일정한 환경, 한 집단의 문화적 패턴과 관점, 한 집단의 매일의 활동과 사회적 구조 사이의 관계 그리고 참여자들이 경험하는 현상 등에 관심을 둔다. 이러한 질적 조사는 조사자가 현장에 집중적으로 참여하고, 참여한 현장 활동으로부터 세부적인 자료를 수집하고, 그 수집된 자료의 의미를 해석하고 종합하는 과정을 거치며 연구를 진행하는 과정에서 조사자는 종종 문제형성 자료수집, 자료분석 그리고 결과 제시 단계를 이리저리 넘나드는 듯한 느낌을 받는다.

이러한 과정에서 조사자는 얼마든지 새로운 발견점을 토대로 조사 질문을 재구성하거나 새로운 조사대상을 찾고자 시도할 수도 있으며 새로운 질문을 갖게 되기도 한다.

질적연구의 장점은 연구자에게 포괄적인 시각을 갖게 해주는 것이다. 연구자는 연구하고자 하는 사회현상 속으로 들어가서 가능하면 완전하게 관찰해야 그 현상에 대해 자세히 이해할 수가 있다. 따라서 질적연구는 단순히 수량화할 수 없는 연구 주제에 적합하지만 반드시 그 주제에만 한정되는 것은 아니다. 질적연구는 어떠한 현상이 일어나는 과정, 일정기간에 걸친 사회과정을 연구하는데 적합하다.

2) 질적연구의 특징

질적연구에서 자연적 장면은 자료의 직접적인 출처가 되며, 조사자는 중심 도구가 된다. 따라서 질적 조사자는 조사상황에 조작을 가하지 않고 자연적으로 발생하는 현상을 기록하고 이해하려고 노력하며, 어떤 상황적 변인을 조작하거나 통제하거나 제거하려고 하지 않는다. 아울러 질적 자료는 수치보다는 글이나 그림의 형태로 수집되며 질적 조사자는 조사결과뿐 아니라 조사과정을 중요시한다. 또한 질적 조사자는 자료를 귀납적으로 분석하고자 하는데 질적 조사는 구체적인 관찰에서부터 출발해서 일반적인 원리를 구축한다는 의미에서 귀납적이다.

질적연구는 총체적 관점을 선호한다. 질적 조사자는 특정 상황에 있어서 통일적인 특성, 즉 총체성(totality)을 찾으려고 한다. 총체적 접근방법에서는 소수의 선정된 변인들 사이의 관계를 측정하고 조작하는 대신에, 연구상황에 대한 포괄적이고 온전한 모습에 관한 자료를 수집하려고 한다. 이러한 총체적 관점은 독특성, 복잡성 및 상호관련성에 관심을 기울일 수 있게 한다.

(1) 주관적인 세상

양적 접근과 질적 접근의 근본적인 차이점은 각자가 갖는 세계관에서 나타난다. 양적 접근방법에서는 관찰자로부터 독립된 객관적인 현상이 존재한다고 보지만, 질적 접근에서는 그것이 불가능하다고 본다. 따라서 연구자의 주관이 개입되지 않은 완전한 객관적인 관찰이라는 것도 믿지 않으며, 관찰이라는 바로 그 행위가 연구되는 현상에도 영향을 준다고 본다. 따라서 질적 조사연구에서는 조사자와 조사대상자들의 주관적인 인지나 느낌, 해석 등을 모두 합법적인 자료들로 간주한다.

(2) 과정에 대한 관심

일반적으로 양적 조사가 산출결과에 관심이 있다면, 질적 조사는 과정에 보다 많은 관심이 주어진다. 예를 들어 장애아동을 가진 가정을 두고서 양적 조사에서는 무엇이 원인이 되어 어떤 문제들이 발생하는지 등에 관심을 갖는다면, 질적 조사에서는 아동과 부모의 의사소통의 양식, 상호작용 및 상호변화, 외부의 영향들에 대한 반응, 가족체계의 적응과정 등에 관심을 가질 것이다.

(3) 절차의 유연성

질적 조사는 양적 조사에 비해 유연하고 직관적이다. 질적 조사에서는 조사에 필요한 절차나 단계들을 사전에 엄격하게 결정하지 않으며, 조사연구자들은 그것들에 구애받지 않고 상황에 따라 적절한 방법들을 채택해 나간다. 또한 연구자들의 경험이나 직감 등에 의존하여 조사단계나 절차들을 결정하고, 그것을 통해 새로운 설명적인 개념들을 추출해 낸다.

(4) 귀납적 방법

양적 조사들과 마찬가지로 질적 조사들도 과학적인 방법론을 주창한다. 그것은 곧 논리와 경험을 결합하여 현상에 대한 설명을 시도한다는 뜻이다. 그러나 논리와 경험을 결합하는 방법에 있어서는 두 접근 간에 차이가 있다. 양적 조사연구들은 이론에서 출발하여 그것을 경험적으로 검증해 보는 연연적인 방법을 주로 사용하지만, 질적 조사연구들은 경험들을 수집하면서 그것을 근거로 하여 잠정적인 이론에 도달하는 귀납적 과정을 선호한다.

(5) 이야기 방식의 기술적인(descriptive) 특성

질적 조사에서 나타나는 결과들은 복잡하고 풍부한 내용들을 가지고 있다. 연구대상이 되는 사람들이나 케이스들의 현실상황이나 맥락들을 중요시하며, 따라서 다양하게 연결되어 있는 상황들을 질적으로 묘사하기 위해 보통 이야기식 서술 형태를 자료로 산출하는 것이 보통이다. 이러한 접근에 의해서 도출된 결과들은 특정 문제나 현상에 대해 질적으로 풍부한 묘사를 담을 수 있고, 그로 인해 질적 조사연구자들에서는 연역적 · 양적 연구들에 비해 결정주의나 환원주의적 성향이 적게 나타난다.

(6) 일반화의 한계

질적 조사에 의해 도출된 이론들은 널리 일반화되기에는 한계가 있다. 이것은 반드시 질적 조사연구만의 한계는 아닌데, 양적 조사들에서도 일반화의 문제는 존재하기 때문이다. 다만 양적 조사에 비해서 질적 조사에서 도출되는 이론들은 보다 잠정적이라는 특성을 갖는다.

질적 조사연구는 양적 조사연구에 비해 비교적 느슨한 방법론들을 가진다. 조사에 따른 방법 절차들이 사전에 선택되지 않으며, 연구가 진행되는 상황에 따라 적절한 것으로 계속 바꾸어 나갈 수 있다. 또한 양적 조사들에서 중요시하는 측정과 샘플링, 통계분석 등의 방법 절차들에 크게 관심은 두지 않는다.

2. 질적연구의 종류에는 어떤 것들이 있는가?

1) 근거이론(현실기반이론)

근거이론은 1967년에 사회학자인 글레이저(Glaser)와 스트라우스(Strauss)에 의해서 발전된 이론이다. 이 이론은 복잡한 사회적 현상을 연구하는데 쓰이는 방법으로 근거이론의 목적은 사람이나 사건, 현상들에 대한 이론을 발전시키는데 있다. 근거이론 접근에서는 자료들에서부터 이론을 도출해 내는 데 주된 관심이 있다. 근거이론은 기존의 이론적 기반이 갖추어지지 않은 분야나 기존 이론들이 있으나 수정되거나 명확화되어야 할 필요성이 있는 분야에 적합하다. 기존 이론들이 확립되지 않은 분야에서 이론을 잠정적으로 도출하고자 할 때 주로 사용되며 현실자료에 기반을 두고 도출된 이론이라는 측면을 강조하여 현실기반이론(Grounded theory)이라고도 한다. 근거이론은 비구조화된 관찰과 면접을 통해 자료를 수집하며, 수집된 자료를 분석할 때는 개방코딩(open coding)−축코딩(axial coding)−선택코딩(selective coding) 순서로 이루어진다.

2) 현상학적 연구

현상(phenomenon)이라는 단어는 그리스어로 'phaino'로부터 나온 단어이다. 이는 '불을 밝힌다', '밝은 곳에 두다', '있는 그대로의 모습을 보이다'의 어원이다. 즉, 현상학의 뜻은 어떠한 사물이나 상태를 밝음의 장(인간의 의식)으로 내어놓는 것이라고 할 수 있다. 다시 말해 현상학적 연구란, 인간의 의식 속에 존재하는 대상에 대한 연구, 인간이 인지하는 현상을 있는 그대로 드러내는 것을 통해 사물의 본질을 탐구하고자 하는 노력이라고 할 수 있으며, 이는 인간의 주관적 경험에 관심을 갖는 것이 아니라, 인간의 경험의 본질이 무엇인가 하는 물음에 답을 구하는 것이다.

현상학적 연구는 어떤 현상에 대한 경험의 본질을 이해하기 위하여 수행되는 연구이다. 현상학적 연구는 개인이 경험한 현상의 본질적 의미 탐구이며, 인간의 경험에 의미를 부여하고, 경험을 인식으로 변화시키는 과정을 이해하는 것이다. 연구자는 연구참여자들을 그들 자신들의 관점에서 이해하려고 하며, 그들의 감정, 실제에 관한 견해, 의미 등을 이해하고자 한다. 현상학적 연구에서는 개인들의 진술로부터 일반적이고 보편적인 의미를 찾아볼 수 있다고 믿는다. 현상학적 연구는 세상에 대한 주관적인 경험과 해석을 강조하고, 자기발견적 탐구 및 자기성찰을 사용한다.

3) 민속지학연구

민속지학(ethnography)이란 연구자가 오랜 기간 동안 한 장소에서 연구대상자와 자연스럽게 함께 거주하면서 관찰하는 과정을 말한다. 민속지학에서는 관찰, 면접, 일지기록, 현존 서류분석, 사진, 비디오 녹화 등 상당히 다양한 연구기법이 사용되는데, 질적연구방법인 현지관찰, 집중진단, 심층면접, 사례연구 중 몇 가지를 중복해서 사용한다.

민속지학연구는 연구자가 오랜기간 동안 자연스런 상황에서 다른 문화 속에서 살아가면서 해당 문화를 관찰하는 과정을 일컫는다. 민속지학연구의 특징은 연구자는 연구대상의 한가운데 위치한다는 것이다. 참여자들의 준거 틀로부터 도출된 주제나 이슈를 연구하는 데 중점을 둔다. 현장에서 상당기간을 보내야만 한다. 민속지학연구에는 관찰, 인터뷰, 일기, 문헌자료 분석, 사진, 비디오 녹화 등 상당히 다양한 연구기법을 이용한다. 즉, 민속지학연구는 특정 문화 속에서 생활하는 사람들의 관점에서 문화를 연구한다는 것을 강조하기 때문에 민족지학연구(ethnographic research)라고 한다.

4) 사례연구

사례연구는 어떤 현상을 체계적으로 연구하는 데 사용되어 온 연구계획의 한 가지 유형이다. 즉, 단일한 하나의 사례 혹은 복합적인 사례에 초점을 맞추어 다각적이고, 심층적인 분석을 하는 것이다. 사례연구와 타 연구와의 구별점은 '상황 속에서의 해석'을 위한 연구계획을 수립한다는 것이며, 연구자가 연구대상을 질적이고 복합적이며 종합적인 현상을 기술하고 분석하는 과정이다. 일반적으로 사례연구의 목적은 연구대상인 어떤 현상이 지닌 중요하고 의미 있는 요인의 특성을 발견하고 파악한다. 사례연구의 대상은 특정한 개인, 특정한 프로그램, 한 학교, 한 지역 등 다양하며, 사례연구의 적용분야는 사회복지, 의학, 법률학, 인류학, 심리학, 사회학, 기업관리, 정치학, 교육학 등 두루 활용이 가능하다.

사례연구의 특성

① 개별성 : 개별적인 특수한 상황이나 사건, 프로그램, 현상이 중심적인 연구대상
② 기술성 : 연구대상의 현상에 대한 풍부한 기술(thick description)이 연구업적
③ 발견성 : 독자가 새로운 의미를 발견하여 경험을 확대하게 하고 지금까지 알고 있던 것을 확인하게 하는 것
④ 귀납성 : 미리 가설을 결정하여 확인하는 것이 아니라 새로운 관계, 개념 또는 이해를 발견하는 것
→ 사례연구는 연구방법보다는 문제 해결을 위해 어떤 의문을 제시하였고 연구결과와 어떤 관계가 있는지가 중요함

5) 참여행동연구

참여행동연구(participatory)는 조사(연구)보다는 문제의 해결에 초점을 맞춘 연구를 가리키며, 여기서 "참여"는 사람들의 직접적인 협력을 의미한다. 청소년 참여 행동

연구를 수행한다고 가정해보면, 이 연구는 청소년이 단지 '연구대상(객체)'이 아니라 '연구자(주체)'로서 성인 연구자들과 동등한 위치에서 자신들과 관련한 중요한 문제들을 함께 탐구하고, 문제 해결을 위한 실천방안을 적극적으로 모색하는 것이다.

3. 질적연구의 자료수집에는 어떤 종류가 있는가?

1) 참여관찰

참여관찰(Participation Observation)이란 연구대상자의 생활이나 활동영역에 참여하여 관찰하는 방법을 말한다. 이 방법은 어떤 특수한 행위의 미묘한 감정관계 등 외부에 나타나지 않는 사실까지 직접 경험할 수 있고, 관찰대상을 자연적인 상태에서 파악할 수 있는 장점이 있다.

(1) 유형

참여관찰은 관찰자의 참여 정도와 공개 여부에 따라 완전참여자, 관찰참여자, 참여관찰자, 완전관찰자의 4가지 유형으로 구분할 수 있다.

① 완전참여자

완전참여자는 필수적인 매일의 역할을 성공적으로 할 수 있거나 하도록 배울 수 있는 상황에서, 관찰대상의 어떤 생활영역이든 관심을 갖고 있으며, 받아들일 수 있는 영역에서 가능한 한 자연스럽게 관찰대상들과 상호작용을 한다.

② 관찰참여자

관찰참여자는 역할을 하는 연구조사자는 연구를 하는 집단에 완전히 참여하지만,

자신이 연구조사를 수행하고 있다는 것을 분명히 밝힌다.

③ 참여관찰자

참여관찰자는 자신을 조사연구자로 신분을 밝히고 사회과정에서 참여자들과 상호작용을 하지만 실제 참여자인 것처럼 언행을 하지 않는다.

④ 완전관찰자

완전관찰자는 어떤 방식으로든 사회과정의 일부가 되지 않으면서 사회과정을 관찰한다.

(2) 참여관찰의 단계

첫째, 연구장소를 선택하여야 한다.

둘째, 연구대상의 접근이다.

셋째, 표집이다.

넷째, 자료수집이다.

다섯째, 현장에서 철수한다.

여섯째, 자료 분석 및 보고를 한다.

2) 심층면접

심층면접은 응답의 이유, 의견, 가치, 동기, 경험 등 언어적인 표현뿐만 아니라 몸짓, 표정 등 비언어적인 반응까지 관찰이 가능하다. 개인면접과 달리 면접시간이 많이 걸리고 내용도 깊어져서 매우 상세한 정보를 얻을 수 있다.

(1) 비공식 대화면접

가장 개방적인 면접형태로서 관찰과정 중에서 면접자와 응답자 사이에 계획되지 않고 예측되지 않는 상호작용이다. 관찰하고 있는 사람들이 현재 일어나고 있는 일에 대해 어떻게 생각하는지에 대한 이해를 극대화하고자 할 때 자연스럽게 일어나는 면접의 유형이다.

(2) 면접지침 접근법

면접에 대해 미리 계획하여 개방적이지만, 비공식 대화면접보다는 더 구조화된 면접지침을 가지고 관찰하는 면접법이다. 이 방법은 사전에 계획되어 면접자의 편견을 줄일 수 있고 면접 후 자료 분석이나 보고서 작성에 더 효과적이다.

(3) 표준화 개방형 면접

면접에서 하게 될 질문을 미리 정확하게 써 놓고 순서와 표현에 주의를 기울이면서 면접하는 방법이다. 면접자의 영향과 편견을 최소화 하면서 일관성을 유지하고 자원이 부족하여 응답자와 포괄적으로 면접을 추구할 시간이 없을 때 유용한 방법이며, 면접에서 하게 될 질문을 정확하게 써놓은 질문을 사용한다. 또한 질문의 표현과 순서에 대해 많은 주의를 기울인다.

3) 포커스 그룹 면접

포커스 그룹 면접은 참여하는 구성원들에게 어떤 주제에 대해 구성원끼리 상호작용을 유발하여 서로의 의견 및 제안을 도출할 수 있도록 하여 자료를 수집하는 방법이다. 포커스 그룹 면접은 6명에서 12명의 사람을 동시에 면접하는데, 핵심주제에 대해 상대적으로 자유로운 토론을 하게 되고, 응답자들을 이끄는 한 사람의 사회자가 있다. 포커스 그룹 면접은 어떤 주제나 현상에 대해 예비적인 정보를 수집하는데 주로 사용되며, 예비조사로 다른 조사방법을 이용하는 조사를 발전시키기 위한 아이디어를 발견하는데 활용된다.

4. 질적연구와 양적연구는 어떻게 다른가?

질적연구방법과 양적연구방법은 현상이나 사건을 체계적으로 조사하고 탐구하기 위한 방법이란 점에서는 같지만, 각각의 방법은 적합한 상황과 연구기법에 있어 차이가 있다.

1) 연구체계

질적연구는 현상의 체계를 단순하게 만들거나 범위를 제한하려 하지 않고, 복잡한 현상을 가능한 있는 그대로 개방적인 상태에서 파악하려 한다. 반면 양적연구는 제한된 체계에서 사소하거나 예외적인 현상들을 배제하고 단순화시켜 연구자가 가설상의 설정한 관계를 확률적으로 규명하려 한다. 양적연구는 연구자가 선택한 변수 이외의 변수는 연구에서 가능한 한 배제하는 반면, 질적연구는 변수를 일정수로 제한하지 않고 오히려 고려할 가치가 있는 모든 변수들을 최대한 포함시키려고 노력한다. 또한 질적연구가 연구의 체계와 현장의 체계를 최대한 일치시키려고 노력하는 데 비해서, 양적연구는 실제 외생적인 요인들에 의해 영향을 받고 있는 현장의 체계와 연구의 체계를 분리하여 진행한다.

질적연구자는 연구의 체계를 인위적으로 설계하지 않고 현상이 전개되는 자연적인 체계 또는 일상적인 체계에 연구자가 참여하는 접근방식을 취하기 때문에, 현상을 관찰하여 기술할 때 풍부한 정보를 제시할 수 있다. 반면 양적연구는 보다 체계적이고 객관적인 것은 사실이지만, 그 때문에 미리 설계된 연구체계에서 벗어나는 상황에 대한 정보를 제시하기 어렵다.

2) 연구자와 연구대상

양적연구에서는 조사대상자의 개인적 형편이나 정서를 고려하지 않고 단지 응답자로만 취급하며, 응답은 하나의 통계적 단위로 처리된다. 또한 연구자는 조사의 전 과정에서 객관성을 유지함으로써 연구자의 개인적 영향, 즉 연구자 효과를 최소화시킬 수 있으며, 또한 같은 조건이라면 다른 연구자들도 동일한 연구결과를 산출할 수 있기 때문에 연구자는 언제든지 교체될 수 있다.

반면에, 질적연구에서는 연구자와 연구대상 모두 다른 사람으로 대체하여서는 안 된다. 조사대상자는 서로 다른 집단으로 서로 다른 세상을 살아가고 있다고 전제하기 때문에 다른 사람으로 대체되는 경우 조사의 일관성을 유지하기 어렵다.

연구대상의 행동을 관찰하는 경우, 양적연구에서 연구자는 세계와 차단된 공간에서 실험을 하거나 또한 일정한 거리를 두고 관찰을 수행하는 반면, 질적연구에서는 연구자는 연구대상자와 긴밀하게 상호작용하면서 연구를 진행한다.

3) 주관성과 객관성 및 일반화

(1) 주관성과 객관성

질적연구는 주관적인 반면, 양적연구는 객관적이다. 실증주의적 인식론에 기반을 둔 양적연구는 관찰자에 상관없이 사물이 보편적으로 실제 존재한다고 믿는 반면,

현상학적 인식론에 기반을 둔 질적연구는 관찰자에 따라 사물이 서로 다르게 인식된다고 본다.

양적연구는 계량적이고 객관적인 지표를 통해 현상의 구조를 개괄적으로 보여주기는 하지만 주관적인 내면의 세계를 심층적으로 보여주지는 못한다. 따라서 질적인 연구를 통해 주관적인 내면세계를 심층적으로 파악할 필요가 있다.

(2) 일반화

대체적으로 양적연구는 일반화 가능성이 높은 반면, 질적연구는 일반화 가능성이 낮다고 평가된다. 질적연구자들이 연구의 일반화 가능성을 높이기 위해 양적연구방법을 부분적으로 사용하는 경향이 있으나, 질적연구의 일반화를 위해서는 고려해야 할 요소들이 많다.

4) 가설과 이론

양적연구에서는 연구자가 연구에 앞서 가설을 설정하고 그 가설을 검증하기 위해서 자료를 수집하고 분석한다. 그러나 질적연구에서는 연구에 앞서 가설을 설정하지 않고, 연구 도중에 잠정적인 가설들이 부단히 형성, 기각, 수정된다. 그러나 연구자가 연구대상에 대해 어느 정도 사전 지식을 가지고 있을 때에는 잠정적인 가설을 연구에 앞서 설정할 수도 있다.

양적연구에서는 기존의 이론을 검증할 자료를 구하는 반면, 질적연구에서는 자료에 기반을 둔 이론을 산출한다. 질적연구의 이론은 자료에 기반을 둔 구체적인 이론이라는 측면에서 현실기반이론이라고도 불린다(김귀환 외, 2008: 281.283).

〈표 12-1〉 질적연구와 양적연구의 비교

구분	질적연구방법	양적연구방법
특성	• 주관적이며 과정지향적 • 일반화 가능성이 낮음 • 연구방법의 융통성이 많음 • 어떤 주제, 관계의 발견	• 객관적이며 결과지향적 • 일반화 가능성이 높음 • 연구방법에 대한 융통성 적음 • 주로 가설 검증
연구체계	개방적인 체계	제한된 체계
연구자와 연구대상	연구자와 연구대상 유지	연구자와 연구대상 교체 가능
자료분석	귀납적, 지속적	연역적, 통계적
장점	• 심층적이고 풍부한 사실 발견에 용이 • 문제에 대한 통찰력 제공 • 작은 표본 가능	• 객관적이고 측정 가능하여 일반화가 용이 • 계량화된 자료의 경우 방대한 자료에 대한 분석이 용이
단점	• 시간이 많이 소요 • 자료 조사의 현실적 어려움 존재 • 표준화된 절차의 결여	• 구체화의 문제 • 타당성 확보의 어려움 존재 • 다른 변인의 통제가 어려움

[마인드맵으로 보는 chapter 12 요약정리]

12. 질적연구

- **질적연구**
  - 개념 — 질적연구는 양적연구로의 한계점을 지적하면서, 귀납적이고 해석적인 조사방법으로 질적연구는 일어나는 과정, 일정기간에 걸친 사회과정을 연구하는데 적합하다.
  - 특징
    - 주관적 세상
    - 과정에 대한 관심
    - 절차의 유연성
    - 귀납적 방법
    - 이야기 방식의 기술적
    - 일반화의 한계
- **질적연구의 종류**
  - 근거이론(현실기반이론) — 사람이나 사건, 현상들에 대한 자료에 기반하여 이에 대한 이론을 발전시키고자 하는 것으로 귀납적인 과정을 통해 이론을 도출하고자 함
  - 현상학적 연구 — 어떤 하나의 경험이 그 경험을 한 사람에게 주는 의미가 무엇인가를 탐색함
  - 민속지학 연구 — 특정 문화를 공유하는 집단의 체계, 관습, 생활방식, 규범 등에 대한 기술을 하는 연구
  - 사례연구 — 단일한 하나의 사례 혹은 복합적인 사례에 초점을 맞추어 다각적이고 심층적인 분석을 하는 것
  - 참여행동연구 — 참여행동연구(participatory)는 조사(연구)보다는 문제의 해결에 초점을 맞춘 연구를 가리키며, 여기서 "참여"는 사람들의 직접적인 협력을 의미한다.
- **질적연구의 자료수집 방법**
  - 참여관찰
    - 개념 — 참여관찰(Participation Observation)이란 연구대상자의 생활이나 활동영역에 참여하여 관찰하는 방법을 말한다. 이 방법은 어떤 특수한 행위의 미묘한 감정관계 등 외부에 나타나지 않는 사실까지 직접 경험할 수 있고, 관찰대상을 자연적인 상태에서 파악할 수 있는 장점이 있다.
    - 유형
      - 완전참여자
      - 관찰참여자
      - 참여관찰자
      - 완전관찰자
  - 심층면접
    - 개념 — 심층면접은 응답의 이유, 의견, 가치, 동기, 경험 등 언어적인 표현뿐만 아니라 몸짓, 표정 등 비언어적인 반응까지 관찰이 가능하다. 개인면접과 달리 면접시간이 많이 걸리고 내용도 깊어져서 매우 상세한 정보를 얻을 수 있다.
    - 유형
      - 비공식 대화면접
      - 면접지침 접근법
      - 표준화 개방형 면접
  - 포커스 그룹 면접 — 포커스 그룹 면접은 참여하는 구성원들에게 어떤 주제에 대해 구성원끼리 상호작용을 유발하여 서로의 의견 및 제안을 도출할 수 있도록 하여 자료를 수집하는 방법이다.

Chapter 13

프로그램 평가조사

[학습목표]

프로그램 평가조사의 개념 및 분류, 절차에 대하여 학습한다.

1. 프로그램 평가조사란 무엇인가?

1) 프로그램 평가조사의 개념

프로그램 평가조사는 사회복지 프로그램, 개입기술의 효과성, 효율성, 공평성 등을 평가하기 위해 이용되는 개념이다. 즉, 프로그램이 임상적으로 제대로 개입이 되었는지 현재 제대로 진행되고 있는지 혹은 성취하고자 하는 목표를 얼마나 효과적으로 달성하였는지 평가하기 위한 응용조사 방법이다. 프로그램 평가조사란 프로그램의 효과성, 효율성, 적절성 등을 체계적으로 분석하여 결정권자로 하여금 합리적인 결정을 내릴 수 있도록 정보를 산출하는 사회적 과정이다. 평가조사의 대상은 프로그램의 효과성, 프로그램의 운영과정, 프로그램의 효율성, 프로그램의 내용, 프로그램 운영자의 전문성 등이다.

프로그램 평가의 개념

프로그램 평가는 실천적 조사연구의 한 유형으로 사회복지 서비스가 필요한지 서비스가 계획된 대로 수행되는지 그리고 서비스가 목적한 바대로 사람들의 욕구나 문제에 효과적이었는지를 평가하기 위해 수행된다.

2) 프로그램 평가조사의 목적

프로그램 평가조사의 목적은 프로그램의 계획이나 운영과정 개선에 필요한 환류적 정보 제공을 하고 사회복지 조직체로 하여금 책임성 있는 운영이 가능하도록 한다. 또한 이론 형성 및 새로운 프로그램 개발 검토를 하고자 함이다.

(1) 프로그램 과정상 환류적 목적

프로그램 평가조사는 평가결과의 환류를 통해 프로그램이 목표를 달성했는지를 확인하고, 이 프로그램을 지속할 것인지, 혹은 중단할 것인지를 결정하는 판단의 근거를 제시한다.

(2) 기관운영의 책임성을 이행

프로그램의 효율성과 효과성을 통해서 기관운영에 있어 책임성 이행을 확인하는 근거로 활용한다.

(3) 이론형성

프로그램 실시 전후의 차이를 확인하여 프로그램의 실시가 어떠한 영향을 미쳤는지 평가함으로써 이를 이론화하는데 활용할 수 있다.

(4) 프로그램 진행과정의 개선

프로그램 진행과정을 평가하여 프로그램을 개선하고, 환류하여 보다 나은 프로그램이 될 수 있는 근거를 마련한다.

(5) 합리적인 자원배분

프로그램 평가결과에 따라 효과적인 프로그램과 그렇지 않은 프로그램에 대한 합리적인 자원배분을 위한 근거로 활용한다.

3) 프로그램 평가조사의 중요성

최근 사회복지 분야에서는 책임성이 요구되고 있다. 이는 사회복지기관의 정체성으로도 볼 수 있다. 또한 내부적으로 효과적이고 효율적인 기관 운영이 요구되고 있다. 이를 위해 전문성 형성이 필요하고, 클라이언트 중심의 프로그램 운영도 필요하다. 최근에는 클라이언트를 복지서비스 소비자로 인식하고 있다. 아울러 운영방향의 일관성도 요구되고 있다.

2. 프로그램 평가조사는 어떻게 분류하는가?

1) 목적에 따른 분류

(1) 형성평가

프로그램 운영 도중에 이루어지는 평가로서 프로그램 형성에 초점을 둔 평가이다. 서비스 전달체계 향상 및 서비스의 효율성 증진을 도모한다.

(2) 총괄평가

총괄평가는 프로그램이 종료된 후 실시된다. 총괄평가는 프로그램의 효과성을 평가하는 것이며, 프로그램이 실행되고 난 후에 프로그램이 사회에 미친 영향을 평가하는 조사이다. 즉, 프로그램이 의도한 목적을 달성했는지, 의도하지 않았던 부정적인 효과는 없었는지 등을 평가하기 위한 조사이다.

2) 평가주체에 따른 분류

(1) 내부평가

내부평가는 프로그램의 결정, 집행을 담당하고 있는 사람들이나 같은 조직 내의 다른 구성원들이 행하는 평가이다. 내부평가의 장점은 평가자가 기관 전체에 관한 내용을 소상히 알고 있기 때문에 자료의 접근이 용이하다는 것이다. 또한 평가대상자들과 비교적 쉽게 라포를 형성할 수 있으며 평가의 시간과 비용을 절약할 수 있다. 평가 자체가 생산적이지 못할 때에는 평가의 설계를 신속히 변경할 수 있으며 평가의 활용도를 높일 수 있다는 점을 들을 수 있다. 이에 반해 단점은 형식적인 평가로 간주될 가능성이 많으며 객관적이지 못하거나 부정직한 평가로 간주될 가능성이 있다. 정당성이 결여된 인상을 받을 수 있으며 변화를 시도 또는 주도할 힘의 바탕이 약하다는 점을 들 수 있다.

(2) 외부평가

외부평가는 프로그램의 결정, 집행을 담당하는 조직체 외의 전문가인 대학교수, 연구기관의 연구원, 다른 조직체의 실무자 등이 행하는 평가이다. 외부평가자는 신뢰성, 객관성이 있는 평가가 수행될 수 있도록 기관과 조직성원들을 안심시켜야 하며, 조직 내 성원들과 긴밀한 관계를 유지해야 할 필요가 있다. 외부평가의 장점은 객관적 · 합리적 · 과학적 평가를 할 수 있으며 평가가 전문적이라는 점 등을 들 수 있다. 이에 반해 단점은 지나치게 경직된 평가가 될 수 있다. 기밀에 속하는 자료를 제한적으로 사용할 수밖에 없다. 직원들에게 초조감, 압박감을 주어 그들이 평과과정에 불참할 가능성이 있다. 평가결과를 받아들이지 않거나 선별적으로 받아들일 수 있다.

3) 기관평가와 개인평가

(1) 기관평가

프로그램을 평가하고 서비스 전달의 진행상황을 확인한다.

(2) 개인평가

프로그램 운영자 개인에 대한 평가로 자기평가, 동료평가, 행정가에 의한 구두평가 등이 있다.

4) 평가규범에 따른 분류

(1) 효과성 평가

프로그램의 목적 달성 정도를 평가하는 것이다.

(2) 효율성 평가

투입과 산출을 비교 평가하는 것이다. 즉, 비용 최소화와 산출 극대화를 평가하는 것이다.

(3) 공평성 평가

프로그램의 효과와 비용이 사회집단 간에 공평하게 배분되었는지 평가하는 것이다.

5) 평가 시점에 따른 분류

(1) 사전평가

프로그램이 종료되기 이전에 행하는 평가를 사전평가라고 한다.

(2) 사후평가

프로그램이 종료된 후에 행하는 평가로 사후평가라고 한다.

6) 프로그램 평가조사의 기법

(1) 모니터링 기법

프로그램의 운영을 직접 평가하기 위하여 사용하는 방법으로, 첫째, 프로그램을 위해 사용된 자원할당, 수혜과정의 일관성, 신빙성, 정확성 등을 검토하는 책임성 감사, 둘째, 프로그램을 수행하는 사회복지사나 지도감독자들이 실제 수행한 업무실적을 검토하는 행정감사, 셋째, 프로그램 활동에 투입된 전체시간과 프로그램 목표 달성과 직접 관련된 활동시간을 비교 검토하는 시간대비 활동조사가 있다.

(2) 사회조사 기법

사회조사 기법에는 실험과 서베이 조사, 사례연구가 있는데 주요 내용은 다음과 같다. 첫째, 실험은 프로그램 활동과 프로그램 목표 달성 간에 관련된 인과관계의 존재여부를 증명하고자 하는 것이다. 둘째, 서베이 조사는 표적 집단에 표본을 선정하고 표본에 대한 자료를 수집하고 분석하여 프로그램을 평가한다. 셋째, 사례연구는 참여관찰, 면접, 내용분석법 등과 같은 자료수집 방법을 통해 프로그램을 평가하는 방법이다.

(3) 비용분석 기법

비용분석 기법에서 중요한 비용회계는 프로그램 비용을 프로그램 산출과 관련시킨 평가이다. 또한 비용편익분석은 비용과 프로그램 활동의 결과를 금전적인 단위로 관련시키는 방법으로 평가의 목적은 비용과 목표달성의 관계를 확인하는 것이다. 비용결과분석은 프로그램 비용과 결과를 관련시키는 방법이다. 이 방법은 프로그램 투입비용의 효율성을 측정하는 방법이다.

효과성 평가와 효율성 평가의 정의

- **프로그램 효과성 평가**

프로그램의 효과성 평가는 목표를 얼마나 달성했는가를 말하는 것으로 측정대상은 서비스 받은 클라이언트의 욕구와 행동의 변화, 서비스 전달체계상의 변화이다.

- **프로그램 효율성 평가**

프로그램 효율성 평가는 투입 대비 산출이 적절했는지를 평가하는 것으로 비용-편익분석과 비용-효과분석을 주요하게 다룬다.

- 비용-편익분석 : 프로그램 비용과 성과를 화폐로 환산
- 비용-효과분석 : 프로그램 비용은 금전적 가치로 분석, 성과(편익)는 화폐 단위 환산을 포기

3. 평가의 기준 및 요소는 무엇인가?

1) 평가의 기준 및 요소

(1) 평가의 기준과 평가요소

프로그램 평가의 기준은 프로그램을 평가하기 위해 프로그램의 어느 측면을 평가

의 초점 내지는 기준으로 삼아야 할 것인가를 의미한다. 통상 평가의 기준으로 노력(efforts), 효과성(effectiveness), 예상치 못한 결과(unanticipated consequences), 효율성(efficiency) 등을 제시하고 있다.

요크(York)는 ①노력(efforts) ②효과성(effectiveness) ③효율성(efficiency), ④서비스의 질(service quality) ⑤과정(process) ⑥영향(impacts) ⑦형평성(equity)을 제시하였다. 프로그램 평가요소는 평가기준별로 평가의 대상이 되는 요소를 의미한다. 프로그램 평가기준이 설정되면 각 평가기준별로 평가의 대상이 되는 요소를 정할 수 있다.

- 요크가 제시한 평가기준을 중심으로 평가기준에 따른 평가요소를 살펴보면 다음과 같다.

① 노력(efforts)은 그 프로그램을 통해 발생한 활동의 양과 서비스의 결과인 생산량으로 측정하는 방법
② 효과성(effectiveness)은 서비스의 목표 달성 정도를 측정하는 것
③ 효율성(efficiency)은 투입과 산출의 비율로 측정하는 것
④ 서비스의 질(service quality)은 서비스를 통한 클라이언트의 변화 등을 평가하는 것
⑤ 과정(process)은 그 효과가 어떻게 또 왜 얻어지게 되었는가에 대한 인과관계를 밝히는 것
⑥ 영향(impacts)은 프로그램이 해당 지역사회의 사회문제 지표들에 얼마만한 영향을 주었는가를 측정하는 것
⑦ 형평성(equity)은 프로그램의 혜택이나 서비스가 대상 집단 내에 공평하게 잘 배분되었는가를 평가하는 것

〈표 13-1〉 평가의 기준과 평과요소

기준	정의	평가요소의 예
노력 (efforts)	프로그램 활동의 양	프로그램의 투입요소와 전환과정 • 단위활동의 수 • 이용자의 수 • 전문지식과 기술의 소유와 활동 정도(전문인력의 수) • 프로그램 예산 및 자원 • 프로그램 기간 및 하위 활동들의 단위기간 등 • 프로그램 활동에 대한 전문인력의 투입시간
효과성 (effectiveness)	프로그램 목표의 달성 정도	목표 달성과 프로그램 노력과의 인과관계 • 이용자의 인지적 · 감정적 변화 • 이용자의 행동상의 변화 • 이용자 집단의 사회적 변화 등
효율성 (efficiency)	산출대비 비용 정도	서비스 단위 산출당 소요비용 • 프로그램 노력(위의 요소들)에 대한 비용 • 프로그램 결과에 대한 비용 등
품질 (quality)	프로그램의 전문성	프로그램 제공자의 전문성 • 서비스 인력의 전문자격 소유 여부와 정도 • 프로그램에서 활동하고 있는 전문지식과 기술
과정 (process)	프로그램 결과의 경로	프로그램 운영상의 매개체 • 세부목표(수단적 목표)들의 달성 정도와 연계성 • 세부목표와 프로그램 결과 사이의 영향 정도의 차이 등
영향 (impacts)	사회문제나 이용자 욕구 변화에 미친 영향	프로그램 노력과 사회적 지표 변화 간의 관계 • 위기 집단과 표적 집단 내에서의 변화 정도 • 사회지표상의 변화에 대한 실증적 기대 정도 등
형평성 (equity)	프로그램 배분의 공평성	프로그램의 접근성 • 대상 집단에게 동일한 접근기회가 주어지는지의 여부와 그 정도 • 프로그램 활동이 지역 내에 균등하게 배분되는 정도 등

2) 프로그램 진행과정에 따른 평가요소

프로그램 평가요소는 프로그램 진행과정과 관련하여 검토해 볼 수 있다. 프로그램은 투입(inputs), 전환(throughputs), 산출(outputs), 성과(outcomes)의 과정으로 진행된다.

(1) 투입 : 이용자나 서비스 자원과 관련된 변수

투입은 프로그램의 목표달성을 위해 소요되는 자원을 의미한다. 연구자는 프로그램 목표와 관련하여 아래의 요소들을 평가할 필요가 있다.

- 대상 : 이용자
- 인적 자원 : 프로그램 담당직원, 직원의 업무 부여시간, 자원봉사자의 수 및 봉사시간
- 물적 자원 : 자금, 예산
- 시설 : 활용된 편의시설
- 설비 : 이용된 물품, 장비 등
- 프로그램에 작용하는 기제들 : 법, 규정, 규칙 등

(2) 전환 : 개입방법과 관련된 변수

전환은 서비스 전달과정, 즉 목적달성을 위해 투입되는 자원을 활용하여 프로그램을 진행시키는 과정을 의미한다.

- 서비스의 종류 : 예) 실직자 직업훈련, 취업알선, 노동 동기부여 등
- 서비스의 내용 : 직업훈련의 경우 제과, 중장비, 컴퓨터 관련 교육 등
- 개입방법 : 직업훈련의 경우 교육훈련내용, 기법 및 기술 등

(3) 산출 : 서비스의 산출과 관련된 변수

산출은 프로그램 활동을 통해 얻어진 직접적인 산물을 의미한다. 산출은 그 자체

로서 가치를 가지기보다는 대상 집단이 바라는 이익, 변화가 나타날 수 있도록 하기 때문에 중요하다.

- 상담 건수
- 서비스 참여한 수
- 서비스 제공시간
- 제공된 활동의 양
- 취업인원 등

(4) 성과 : 변화내용과 관련된 변수

성과는 이용자가 프로그램 참여를 통해 성취된 삶의 질 측면에서의 변화를 의미한다. 즉, 프로그램 서비스를 받은 후 참가자가 얻은 이익, 참가자에게 나타난 변화, 효과 등을 의미한다.

〈표 13-2〉 **프로그램 평가요소**

투입 (inputs)	전환 (throughputs)	산출 (outputs)	성과 (outcomes)
• 프로그램에 소요된 자원 －이용자 －직원, 봉사자 －자금, 예산 －시설 －장비, 소모품 • 프로그램에 적용하는 기제들 －법, 규정, 규칙	• 투입되는 자원을 활용하여 프로그램을 진행시키는 활동 －상담 －직업훈련 －치료 및 교육 －보호 －대인관계 지도 －사회적응 훈련 －재가서비스 －정보제공 및 의뢰	• 프로그램 활동의 직접적인 산물 －상담건수 －서비스에 참여한 수 －서비스 시간 －분배된 교육적 자료의 수 －취업인원 등	• 프로그램 참여를 통해 참여자들이 얻은 이익 －새로운 지식 －향상된 기술 －태도 및 가치의 변화 －행동의 수정 －향상된 조건 －변화된 지위
과정평가의 주요 평가요소		총괄평가의 주요 평가요소	

- 참가자의 지식, 기술, 태도의 변화
- 참가자의 지식, 기술, 태도의 변화에 따른 행동변화
- 참가자의 환경과 지위의 변화 등

4. 프로그램 평가조사의 절차란 무엇인가?

1) 프로그램 평가조사의 절차

프로그램 평가조사 ①평가목적 및 평가기준(내용) 결정, ②프로그램 책임자 및 담당자의 이해와 협조, ③프로그램 목표 확인, ④조사설계 결정, ⑤조사대상 변수의 선정, ⑥평가도구 선정, ⑦평가자료 수집, ⑧평가결과 분석 및 해석, ⑨평가결과 보고서 작성, ⑩평가결과 활용이라는 열 가지 절차를 거쳐 이루어진다.

평가목적 및 평가기준(내용) 결정

↓

프로그램 책임자 및 담당자의 이해와 협조

↓

프로그램 목표 확인

↓

조사설계 결정

↓

조사대상 변수의 선정

↓

평가도구 선정

↓

평가자료 수집

↓

평가결과 분석 및 해석

↓

평가결과 보고서 작성

↓

평가결과 활용

[그림 13-1] 평가조사 절차

(1) 평가목적(유형) 및 평가기준(내용) 결정

① 평가목적(유형)

가. 프로그램 평가의 경우 우선적으로 결정할 일은 평가의 목적을 결정하는 것이다.

나. 평가의 목적은 평가를 통해 도출되는 정보를 어디에 사용할 것인가에 따라 달라진다.

② 평가기준(내용)

가. 평가의 척도

나. 어떤 측면을 평가의 초점 내지는 대상으로 설정할 것인가에 대한 기준

다. 합법성, 노력성, 효과성, 효율성, 적절성, 접근가능성, 만족성, 지속성, 적합성, 포괄성, 통합성, 형평성 등에서 결정

(2) 프로그램 책임자 및 담당자의 이해와 협조

프로그램 책임자와 담당자는 평가의 목적과 방법, 내용, 범위 등에 대해서 협의와 토의가 이루어져야 한다.

(3) 프로그램 목표 확인

① 목표는 명확 · 구체적 · 측정 가능하도록 설정

② 규모가 아주 크면 평가계획서를 작성할 때 평가목표를 진술방식 중에서 하나를 선택하여 진술

③ 진술해야 할 평가목표의 수가 많지 않을 때는 계획수립 단계에서 목표도 진술하고 이원분류 하여 평가계획서에 첨부

④ '누가, 무엇을, 누구를 위해, 어느 정도의 기대되는 변화를 가져올 것이다'라는 내용으로 기술

- 누가 : 클라이언트에게 직접적으로 서비스를 제공하는 사람의 수, 자격 및 특성
- 무엇 : 클라이언트와의 접촉의 내용, 장소, 빈도, 시간, 서비스의 내용 등을 의미
- 누구를 위해 : 개입의 대상이 되는 표적인구, 즉 클라이언트를 의미
- 기대되는 변화 : 변화의 내용, 변화의 정도, 변화의 발생 시기 및 지속기간 등을 의미

(4) 조사설계 결정

① 프로그램 목표달성 정도를 정확하게 측정할 수 있는 조사설계 결정

② 독립변수와 종속변수에 대한 자료를 정밀하게 수집, 분석할 수 있는 조사설계 선정

③ 준실험설계, 실험설계, 설문조사, 관찰 등 다양한 방법을 활용

- 설문조사 : 관찰하려는 사항에 관해서 이미 일정한 정보 · 지식을 가진 것으로 생각되는 소수의 전문가 · 정보통에 대하여 질문을 하고, 그 결과를 통합하여 조사목적을 달성하려는 방법

(5) 조사대상 변수의 선정

① 가설검증을 위한 독립변수, 매개변수, 종속변수 설정

② 독립변수 : 클라이언트의 변화에 영향을 미치는 변수, 프로그램의 기술 및 방법, 관계직원의 자격 및 특성, 서비스의 지속기간, 클라이언트의 성별, 연령, 태도, 사회경제적 지위 등과 같은 투입변수를 의미

③ 매개변수 : 실제적인 개입, 활동과 개입의 결과 사이에서 인과적 연결작용을 하는 변수를 의미

④ 종속변수 : 결과적 변수로 클라이언트의 태도, 지식, 행동, 지위, 생산성 등의 변화 정도를 측정하는 변수를 의미

⑤ 운영변수 : 프로그램의 운영과 관련된 변수, 서비스의 전달자의 계속성 여부, 클라이언트의 참여빈도, 서비스 간의 협조 정도, 다른 관련 프로그램에의 참여 등을 측정하는 변수를 의미

(6) 평가도구 선정

① 이미 제작되어 널리 사용되고 있는 측정도구를 그대로 사용할 것인가, 일부 수정 · 보완해서 사용할 것인가 또는 완전히 새로 제작해서 사용할 것인가를 결정

② 신뢰도, 타당도가 높은 측정도구 선정

(7) 평가자료 수집

① 평가를 실제로 수행 시에 측정도구를 사용하여 자료를 언제 어떻게 수집할 것인지 결정하여 조사활동 수행

② 프로그램의 평가를 위해서 체계적인 정보들을 광범위하게 수집하는 것도 좋지

만 그로 인해 지불해야 하는 비용들에 대해서도 충분한 고려가 필요

③ 프로그램의 관련자와의 관계, 역할 등에 있어서 갈등 감소를 위해 지속적인 이해와 협조관계 유지

(8) 평가결과 분석 및 해석

① 수집된 자료를 가지고 통계적인 처리를 하거나 정리 및 요약하여 도표를 활용하여 결과를 분석

② 수리적인 통계기법뿐만이 아니라 SPSS 등 통계적 수단이 많이 사용됨

(9) 평가결과 보고서 작성

① 평가결과를 분석한 것을 정리 및 요약하여 일정한 형식을 갖추어서 보고서를 작성한다. 이러한 보고서 작성은 보고를 해야 할 이해당사자에 따라서 조금씩 다른 형식을 가지게 된다.

② 프로그램 평가를 통해 나타난 문제점 및 건의사항 포함

(10) 평가결과 활용

① 프로그램 개선을 위한 객관적인 정보의 축적

② 평가서의 활용을 통해서 외부의 제 3자에게 합리적인 답변이 가능하며 기관 혹은 프로그램의 필요성을 확인하고 계속적인 유지를 가능케 한다.

③ 불필요한 외부간섭까지 평가를 통해서 배제할 수가 있다.

평가조사의 장애요인

평가조사는 궁극적으로 클라이언트에 대한 서비스 질을 행상시키고, 정책형성이나 임상개입의 효과성을 높이는 것을 목적으로 한다. 이를 위해 평가결과는 평가 이전의 상태를 변화시키기 위해 사용되어야 한다. 그러나 현실에서는 평가결과를 이용하는 데 다음과 같은 몇 가지 장애요인들이 있다.

첫째, 평가자의 오류이다. 평가의 설계나 실행에서의 오류로 인해 평가결과가 애매모호할 수 있다. 변화에 대한 정당화가 불충분하거나 변화의 방향에 대한 이유가 불분명하면 변화를 추진하기 위해서 많은 어려움에 봉착하게 된다. 그러므로 평가를 할 때는 어떤 프로그램이 추구하지 않아야 할 내용뿐만 아니라 추구해야 할 내용과 그 이유까지도 고려하여야 한다.

둘째, 평가조사에서 의사소통의 한계로 인해 평가결과가 제대로 이용되지 못할 수 있다. 연구자들 간의 의사소통에서는 서로 공유하는 지식이 있기 때문에 이에 대해서는 자세히 설명하지 않고 평가결과를 제시하는 경우가 많다. 이럴 경우 연구자와 실천가 사이의 의사소통에 문제가 발생될 수 있으며 이로 인해 평가결과가 제대로 이용되지 못할 수 있다. 그러므로 평가조사의 결과는 가급적 이해하기 쉽게 작성되어야 한다.

셋째, 연구자가 적극적인 홍보의 역할을 수행하지 않기 때문이다. 일반적으로 연구자는 객관적인 자료 분석만을 자신의 역할이라고 생각하고 연구결과를 적극적으로 채택하도록 홍보하는 것은 자신의 역할이 아니라고 생각한다. 그러나 프로그램을 변화시키는 것과 관련하여 다양한 이해관계가 복잡하게 얽혀 있으므로, 연구자는 적극적으로 연구결과를 채택하도록 홍보하여야 한다.

넷째, 변화에 대한 저항이다. 많은 사람들은 기존의 프로그램이나 절차에 익숙하기 때문에 변화에 대해 호의적이지 않을 가능성이 높다. 그러므로 정책 입안가나 프로그램 운영자는 평가결과의 활용을 적극적으로 홍보하고 추진하여야 할 것이다.

〈표 13-3〉 프로그램 평가지표 참고자료

평가지표		문항배점	비고
1. 사업계획	1-1. 사업계획서의 수립	2	
	1-2. 사업계획의 적정성	2	
2. 사업추진 및 수행	2-1. 사업추진의 체계성	8	
3. 사업평가 및 환류	3-1. 사업평가 및 환류	8	
소 계		20	
1. 사업계획	1-1. 사업계획서의 수립	2	
	1-2. 사업계획의 적정성	2	
2. 사업추진 및 수행	2-1. 사업추진의 체계성	8	
3. 사업평가 및 환류	3-1. 사업평가 및 환류	8	
소 계		20	
1. 사업계획	1-1. 사업계획서의 수립	2	
	1-2. 사업계획의 적정성	2	
2. 사업추진 및 수행	2-1. 사업추진의 체계성	8	
3. 사업평가 및 환류	3-1. 사업평가 및 환류	8	
소 계		20	
1. 사업계획	1-1. 사업계획서의 수립	1	
	1-2. 사업계획의 적정성	1	
2. 사업추진 및 수행	2-1. 사업추진의 체계성	2	
3. 사업평가 및 환류	3-1. 사업평가 및 환류	2	
소 계		6	
1. 사업계획	1-1. 사업계획서의 수립	2	
	1-2. 사업계획의 적정성	2	
2. 사업추진 및 수행	2-1. 사업추진의 체계성	10	
3. 사업평가 및 환류	3-1. 사업평가 및 환류	10	
소 계		24	
1. 평가위원 종합평가	자체평가의 정확성	2	
	사업평가의 준비성 및 협력성	3	
	사업전반에 대한 평가위원 종합점수	5	
소 계		10	
총 점		100	

[마인드맵으로 보는 chapter 13 요약정리]

13. 프로그램 평가조사

- **평가조사**
  - 개념: 평가조사는 사회복지 프로그램, 개입기술의 효과성, 효율성, 공평성 등을 평가하기 위해 이용되는 개념이다.
  - 평가의 목적
    - 프로그램 과정상 환류적 목적
    - 기관운영의 책임성을 이행
    - 이론형성
    - 프로그램 진행과정의 개선
    - 합리적인 자원배분
- **평가조사의 분류**
  - 목적에 따라
    - 형성평가 – 프로그램 운영 도중에 이뤄지는 평가
    - 총괄평가 – 프로그램이 종료된 후 실시
  - 평가주체에 따라
    - 내부평가
    - 외부평가
  - 기관 및 개인에 따라
    - 기관평가
    - 개인평가
  - 평가규범에 따라
    - 효과성 평가
    - 효율성 평가
    - 공정성 평가
  - 평가시점에 따라
    - 사전평가
    - 사후평가
- **평가기준**
  - 노력
  - 효과성
  - 효율성
  - 서비스의 질
  - 과정
  - 영향
  - 형평성
- **평가조사의 절차**
  - ① 평가목적 및 평가기준 결정
  - ② 프로그램 책임자 및 담당자의 이해와 협조
  - ③ 프로그램 목표 확인
  - ④ 조사설계 결정
  - ⑤ 조사대상 변수의 선정
  - ⑥ 평가도구 선정
  - ⑦ 평가자료 수집
  - ⑧ 평가결과 분석 및 해석
  - ⑨ 평가결과 활용

Chapter 14

조사보고서 작성

[학습목표]

사회복지조사와 관련하여 조사보고서 작성 및 절차에 대하여 알아본다.

1. 조사계획서 개념 및 절차는 무엇인가?

1) 조사계획서 개념

조사계획서는 조사의 목적설정, 조사내용의 소개, 조사대상의 선정계획, 자료수집 방법과 조사도구계획, 조사일정, 조사비용 등을 명확히 밝힘으로써 조사담당자, 조사의뢰자, 조사감독자 및 기타 이해 관련자들이 조사수행에 필요한 사항이나 자원을 미리 준비하고, 조사의 흐름과 방향을 이해하며, 조사 실시 여부에 대한 의사결정을 하는 데 필요한 정보를 제공하는 문서이다.

2) 조사계획의 절차

체계적인 조사계획의 구체적 절차는 조사자가 조사목적을 설정하고, 조사내용을 결정하며, 자료수집 방법과 조사도구를 계획하고 조사담당자를 내정하고, 분석방법을 결정하며, 조사보고서를 작성하고, 조사일정과 예산을 결정한다.

(1) 조사목적의 설정

조사를 실시함에 있어 먼저 조사를 실시하는 목적을 설정하고, 이를 구체화하는 목표를 세워야 한다. 일반적으로 조사의 목적으로 탐색, 기술, 설명, 인과관계 파악, 예측 등을 들 수 있다. 특정한 사회조사를 계획함에 있어 조사의 목적은 특정한 현상을 좀 더 이해하기 위한 또는 연구의 타당성을 검토하기 위한 탐색적 목적인지, 상황이나 사건을 기술하는 기술적 목적인지, 현상에 대한 원인과 결과를 조사하는 설명적 목적인지 아니면 미래의 상태를 진술하려는 예측적 목적인지에 따라 결정해야 한다.

(2) 조사내용의 소개

조사를 통해 얻어야 할 정보의 내용들을 규명하는 단계로서 조사내용이 지나치게 방대하면 시간과 비용의 낭비를 가져오고 반면에 지나치게 적으면 조사문제의 해결에 필요한 해답을 충분히 구할 수 없다. 조사내용의 목적을 간단히 요약하고 세부사항들을 항목별로 자세히 설명해야 한다. 세부사항은 설문지, 면접조사표, 관찰조사표를 통해 나타낸다. 세부적인 조사내용에 무엇을 포함시킬 것인지를 조사계획서에 포함시킨다.

(3) 조사대상 선정 계획

조사계획의 세 번째 단계는 조사대상을 결정하는 것이다. 조사대상을 특정 모집단 전체를 대상으로 할 것인지, 모집단을 대표하는 표본으로 할 것인지, 표본은 어떤 방법으로 수집할 것인지, 표본의 크기는 얼마로 할 것인지 등에 대해 결정을 하여야 한다.

(4) 자료수집 방법과 조사도구 계획

자료수집 방법으로 관찰, 우편조사, 면접조사, 전화조사, 온라인조사, 내용분석법 중 어떤 방법을 택할 것인지를 결정하고, 결정된 자료수집 방법의 장단점을 검토한다. 이에 따라 조사도구로서 설문지, 면접조사표, 관찰조사표, 온라인조사표 가운데 적절한 도구를 택하여 어떻게 작성할 것인가를 결정한다. 또한 예비조사를 실시할 것인지 여부에 대해서도 결정해야 한다.

(5) 분석방법 결정

분석방법을 결정할 때에는 실험방법으로 할 것인지 혹은 비실험방법으로 할 것인지를 선택해야 한다.

(6) 조사보고서 작성

조사보고서를 어떤 형식으로 작성하며, 무슨 내용을 포함하여야 할 것인지는 사전에 계획을 수립하여야 한다. 또한 조사일정은 PERT 차트나 Gantt 도표(차트)를 이용해 나타내면 저자의 전반적인 일정을 파악하기 쉽다.

2. 조사보고서 작성의 의의 및 유형은 무엇인가?

1) 조사보고서 작성의 의의

조사의 최종단계는 보고서를 작성하는 것이다. 훌륭한 설계에 의해 좋은 결과를 얻었다 하더라도 그것을 다른 사람들에게 효과적으로 전달하지 못한다면 조사 자체가 무의미한 것으로 끝나버릴 수도 있다. 보고서를 작성하는 목적은 조사결과에 관심을 가진 많은 사람들에게 알림과 동시에 이를 공개해서 그것의 보편타당성과 객관성을 검증받는 데 있다.

조사보고서 작성에는 일정한 법칙이 있는 것이 아니고 자기의 연구결과를 잘 알릴 수 있도록 각자가 알아서 결정하면 된다.

※ 사회복지실천현장에서 조사보고서 작성 이후에 가능하다면 '조사보고회'를 열어 조사내용을 클라이언트(복지서비스 소비자)를 대상으로 설명할 것을 권한다.

2) 조사보고서 유형

조사보고서는 조사와 관련된 사항이나 조사결과를 독자들에게 알리는 데 그 목적이 있다. 조사보고서는 조사의 수준과 목적에 따라 탐색적 조사보고서, 기술적 조사보고서, 설명적 조사보고서, 제안적 조사보고서로 구분할 수 있다.

첫째, 탐색적 조사보고서는 조사문제를 규명하거나 가설을 정립하는데 도움을 준다. 향후 보다 논리적이며 정교한 조사를 실시하도록 하기 위해 수행한 조사의 결과를 보고하는 문서이다. 보고가 탐색적 목적을 가지고 있으며, 여기서 내린 결론은 단정적인 것이 아니라 잠정적인 것임을 밝혀야 한다.

둘째, 기술적 조사보고서는 조사문제와 관련된 사회적 현상의 특성과 변수 간의 상호관계성을 서술하기 위해서 수행되어진 조사의 결과를 보고하는 문서이다. 보고의 목적이 기술적인 것임을 밝혀야 하고, 기술적인 내용이 모집단 전체에 관한 것인지 아니면 표본에만 한정된 것인지와 통계적 오차의 범위에 대해서도 기술해야 한다.

셋째, 설명적 조사보고서는 변수 간의 인과관계를 밝히기 위해 수행된 조사결과를 보고하는 문서이다. 보고의 목적이 설명적인 것임을 밝혀야 하고, 독자들이 원인과 결과 간의 관계를 어느 정도 신뢰할 수 있는지를 판단할 수 있는 근거를 제시해야 한다. 또한 추리통계분석 결과를 간략히 요약하되, 세부적인 통계분석 결과는 부록에 첨부하여 제시하는 것이 바람직하다.

넷째, 제안적 조사보고서는 수집된 자료의 분석결과에 따라 특정한 정책대안이나 개입방안을 개발하여 보고하는 문서이다. 보고의 목적이 제안적인 것임을 밝혀야 하고, 제안하고 있는 정책대안이나 개입방안들이 자료분석을 통해 어떻게 도출되어졌나 하는 과정을 논리적으로 제시하여야 한다.

정리하기

조사보고서는 조사와 관련된 사항이나 조사결과를 독자들에게 알리는 데 그 목적이 있다. 조사보고서는 조사의 수준과 목적에 따라 탐색적 조사보고서, 기술적 조사보고서, 설명적 조사보고서, 제안적 조사보고서로 구분할 수 있다.

3. 조사보고서 작성 및 구조는 무엇인가?

1) 조사보고서의 작성

조사보고서는 조사의 목적, 보고대상, 보고방법 등에 따라 서로 다른 형태를 취하게 되지만 일반적으로 유의해야 할 사항과 작성요령은 다음과 같다.

첫째, 조사보고서는 보고대상에 적합하게 작성되어야 한다.

둘째, 문장표현에 주의를 기울여야 한다. 문장의 시제는 과거와 현재를 혼용하되, 구분해서 사용하는 것이 좋다.

셋째, 통계자료분석의 결과는 가능한 도표 등을 사용하여 제시한다.

넷째, 조사보고서는 정확하고 명료해야 한다.

다섯째, 조사보고서는 간결해야 한다.

2) 조사보고서의 구조

(1) 표제

표제에는 조사제목, 조사자 혹은 조사기관의 이름, 의뢰조사인 경우 조사 의뢰기관의 이름과 작성일자 등을 표기한다.

(2) 목차

목차는 보고서의 세부 내용을 나타내는 세부 제목들을 순서에 따라 나열하고, 해당 면을 표시하여 독자들이 쉽게 내용을 찾을 수 있도록 한다.

(3) 개요

개요란 조사보고서의 전체 가운데 중요한 부분을 요약해 정리함으로써 짧은 시간 내에 조사보고서의 전체 내용을 개관할 수 있도록 작성한 부분이다.

(4) 서론

서론에서는 조사의 취지 또는 필요성, 조사의 목적, 조사범위, 기존의 연구와 비교, 용어의 설명 등을 기술한다. 또한 조사의 목적이나 주요 관심사를 구체적으로 언급해야 하며, 조사문제와 가설 그리고 조사의 범위 등에 대해서도 간략히 언급해야 한다.

(5) 본문

본문에는 서론에서 간략히 언급한 내용을 상세히 기술해야 한다.

① 조사의 목적

조사의 목적이 탐색적 목적인지, 기술적 목적인지, 설명적 목적인지, 제안적 목적인지를 명확히 밝혀야 한다.

② 문제와 가설

조사문제를 서술하고, 만일 가설검증을 포함하는 연구라면 가설에 대해 설명해야 한다. 또한 가설에서 사용된 개념들을 개념적으로 정의한 후, 조작적 정의를 하여야 한다.

③ 이론적 배경

조사문제와 조사방법에 대한 이론적 배경을 서술한다. 이론적 배경에 대한 고찰은 기존의 연구결과를 검토하고 비교함으로써 수행된다. 본 조사가 사회적으로 또는 학문적으로 어떻게 기여할 수 있는가를 제시하여야 한다.

④ 조사설계 및 조사방법

조사설계, 자료수집 방법, 표본추출, 통계적 자료분석 방법과 조사결과에 대해 자세히 언급한다.

(6) 결론 및 제언

본문에서 조사결과가 정리되면 이를 토대로 결론을 내리고 제언을 하게 된다. 이 부분에서는 전체적으로 조사목적, 조사과정, 조사방법, 조사내용 등을 간략히 언급하고, 조사결과를 토대로 결론을 내린다. 결론부분에서는 조사상의 제한점과 오류 발생 가능성을 정직하게 제시하여야 한다. 이는 조사결과에 대해서 보고대상자가 본 조사의 가치와 결론의 신빙성 여부를 판단할 수 있도록 하여주고, 조사결과를 어느 정도 일반화시킬 수 있을 것인가를 알려주는 기회가 된다. 또한 조사윤리를 침해하지 않기 위해서 노력한 결과도 언급한다. 만일 어떤 조사문제에 대해 해답을 얻을 수 없는 경우에는 그 이유를 논리적으로 명백하게 언급하여야 한다.

(7) 참고문헌

이 부분에서는 조사를 계획하고 실시하고 평가하는 과정에서 참고한 자료의 출처를 밝힌다. 최근에는 문헌자료뿐만 아니라 인터넷 상의 사이버 자료들도 많이 사용하는데 이러한 자료들도 그 출처를 밝혀주어야 한다.

(8) 부록

부록에는 통계분포, 사회지표, 프로그램 소개, 이용자 현황, 설문지 원본 등과 같이 복잡하거나, 세부적이거나, 전문적인 지식을 필요로 하는 자료 또는 부수적인 자료를 첨부한다.

[마인드맵으로 보는 chapter ⑭ 요약정리]

- **14. 조사보고서 작성**
  - **조사보고서 작성**
    - 개념: 조사계획서는 조사의 목적설정, 조사내용의 소개, 조사대상의 선정계획, 자료수집 방법과 조사도구 계획, 조사일정, 조사비용 등을 명확히 밝히는 문서이다.
    - 절차
      - ① 조사목적의 설정
      - ② 조사내용의 소개
      - ③ 조사대상 선정 및 계획
      - ④ 자료수집 방법과 조사도구 계획
      - ⑤ 분석방법 결정
      - ⑥ 조사보고서 작성
  - **조사보고서 유형**
    - 설명적 조사보고서
    - 기술적 조사보고서
    - 탐색적 조사보고서
    - 제안적 조사보고서
  - **조사보고서 구조**
    - 표제
    - 목차
    - 개요
    - 서론
    - 본론
      - 조사의 목적
      - 문제와 가설
      - 이론적 배경
      - 조사설계와 조사방법
    - 결론 및 제언
    - 참고문헌
    - 부록

❙ 참고문헌 ❙

강영걸, 박성복(2008), 사회복지조사론, 학현사.

강종수(2009), 사회복지조사방법론, 양서원.

강종수(2013), 사회복지조사방법론, 제2판, 양서원.

공계순, 서인혜(2006), '증거기반 사회복지실천에 대한 이해와 한국에서의 적용가능성에 관한 연구', 사회복지연구, 31, pp.77-102.

김갑용 외(2008), 사회복지조사론, 학현사.

김경동, 이온죽(2008), 사회복지조사방법론, 박영사.

김기원(2001), "한국 사회복지학 연구방법론에 대한 분석과 고찰: 질적 연구방법의 유용성 제고를 위한 논의", 한국사회복지학, 55, pp.55-81.

김기원(2001), 사회복지조사론, 나눔의 집.

김기덕, 최소연, 권자영(2017), 사회복지윤리와 철학, 양서원.

김영종(2007), 사회복지조사론, 학지사.

김영종(2015), 사회복지조사론: 이해와 활용, 학지사.

김익균, 고순철(1999), 학국지역사회복지론, 대학출판사.

김정우, 양심영(2009), 사회복지조사론, 제2판, 양서원.

김치영(2007), 사회복지조사론, 교문사.

김치형, 황인옥(2015), 사회복지조사론, 동문사.

김태성 외(2006), 사회복지조사방법론, 청목출판사.

김통원(2003), 사회복지 프로그램 개발과 평가, 학지사.

김형식(1997), 사회복지 프로그램 평가기법, 아시아 미디어 리서치.

남세진, 최성재(1996), 사회복지조사방법론, 서울대학교 출판부.

노경섬(2015), 제대로 알고 쓰는 논문통계분석, 한빛아카데미.

박이문(1993), 과학철학은 무엇인가, 민음사.

성규탁(1998), 사회복지행정론, 법문사.

성숙진 외 역(2005), 사회복지조사방법론(Rubin & Babbie 저), 시그마프레스.

성태제, 시기자(2006), 사회복지조사방법론, 학지사.

손병덕, 신연희, 양혜원, 이상무(2010), 사회복지조사방법론: 이해와 실천, 학지사.
양정하 외(2003), 사회복지조사방법론, 학현사.
양정하 외(2006), 사회복지조사방법론, 공동체.
양정하 외(2013), 사회복지조사론, 정민사.
유영준(2014), 사회복지조사론의 이해, 학지사.
원석조(2013), 사회복지조사론, 공동체.
이근석(2016), 연구절차에 따른 통합조사방법론, 공동체.
아종승(2009), 교육 · 심리 · 사회 연구방법론, 교육과학사.
이창희 외(2007), 사회복지조사론, 창지사.
정무성(2008), 사회복지프로그램 개발론, 학현사.
정무성, 정진모(2001), 사회복지 프로그램 평가와 개발, 양서원.
정영숙(2006), 사회복지조사방법론, 공동체.
조흥식 외 역(2010), 질적 연구방법론: 다섯 가지 접근, 제2판, 학지사.
지은구(2009), 사회복지프로그램 개발과 평가, 학지사.
채구묵(2003), 사회복지조사방법론, 양서원.
채구묵(2005), 사회복지조사방법론, 제2판, 양서원,
채서일(2005), 사회과학조사방법론, 제3판, 비앤엠북스.
최선희(2012), 사회복지조사방법론, 공동체.
최성재(2005), 사회복지조사방법론, 나남출판.
최성철 외(2010), 사회복지조사방법론, 공동체.
한동우(2000), "사회복지 프로그램 평가의 방향과 실천," 2000년 추계학술대회 및 워크숍, 한국 사회복지행정학회.
황성동(2006), 알기 쉬운 사회복지조사방법론, 학지사.
황성동(2015), 알기 쉬운 사회복지조사방법론, 제2판, 학지사.
황성철(2010), 사회복지 프로그램 개발과 평가, 공동체.
황창순 외(2015), 사회복지조사론, 양서원.

| 찾아보기 |

(ㅊ)

(ㅋ)

(ㅌ)

❙ 저자소개 ❙

▪ 이 세 형

성균관대학교 사회복지학과 졸업
서울시립대학교 사회복지학과 석사 및 박사
現) 신구대학교 사회복지과 교수
前) 양천장애인종합복지관 지역복지팀장
사회복지공동모금회 서울지회 배분사업팀 과장
사회복지법인 따뜻한동행 총괄부장
KBS강태원복지재단 총괄팀장

〈주요 활동〉
서울시복지재단 장애인지역통합전문가 양성과정 설계위원
국가직무능력표준(NCS) 개발위원
한국사회복지협의회 우수교수
서울시 사회복지기금 평가위원
서울시 복지상 최우수상 수상(2014)
서울영동주간보호센터 운영위원
방아골종합사회복지관 운영위원
방이복지관 자문위원
번동5단지복지관 자문위원
노원교육복지재단 배분심의위원
스포츠토토 사회공헌 자문위원

〈주요 논문 및 연구실적〉
기업 사회공헌활동의 적합성과 참여동기가 조직성과에 미치는 영향과 조직신뢰 매개효과(2019)
기업 임직원 봉사활동 경험에 관한 질적연구(2018)
서울시「장애인복지사무」성과평가지침 설계(2018)
사회복지행정실무(2017)
해피빈「단체 투명성」평가지침 설계(2016)
국가직무능력표준(NCS) 사회복지영역(지역사회분석, 사회문제) 집필(2015)

사회복지조사론

1판 1쇄 인쇄 — 2019년 8월 26일
1판 1쇄 발행 — 2019년 8월 30일

저　　자 - 이 세 형
발 행 인 - 강 철 원
발 행 처 - 양 성 원
주　　소 - 경기도 파주시 검산로 173번길 29-20
전　　화 - 031-946-3861(代)
팩　　스 - 031-946-3864
이 메 일 - tnwpub@naver.com
홈페이지 - tnwpub.co.kr
출판등록 - 2015년 8월 31일 제 2015-000211 호

ISBN 979-11-6126-220-8

정가 19,000원